Melanie Raabe • Kreativität

MELANIE RAABE

Kreativität

Wie sie uns mutiger, glücklicher und stärker macht

btb

*»Practicing any art, no matter how well or badly,
is a way to make your soul grow.«*

Kurt Vonnegut

»In a time of destruction, create something.«

Maxine Hong Kingston

Vorwort

»Wann haben Sie mit dem Schreiben begonnen?«

Diese Frage wird mir ziemlich häufig gestellt.

Viele Autorinnen und Autoren haben spektakuläre Antworten darauf. Stephen King berichtet in seiner Autobiografie, wie er zunächst die Geschichten aus seinen Lieblingscomics kopierte, schließlich jedoch auf Anraten seiner Mutter eigene schrieb. Da war er in der ersten Klasse.

Ich weiß nicht, wie es anderen geht, aber mich haben solche Geschichten immer eingeschüchtert. Vielleicht, weil meine eigene im Vergleich so enttäuschend ist.

Auch ich war ein fantasiebegabtes Kind – aber waren wir das nicht alle? Auch ich mochte Geschichten, und auch ich habe mir gerne alles Mögliche ausgedacht – aber haben wir das nicht alle? Aufgeschrieben habe ich meine Ideen in ganz jungen Jahren jedenfalls noch nicht. Ich habe lieber mit den anderen Kindern Hütten gebaut, Fußball gespielt oder bin auf Bäume geklettert. Ich schätze, ich war kein sonderlich beeindruckendes kleines Mädchen, und ich glaube nicht, dass meine Eltern mich rückblickend als besonders kreatives Kind bezeichnen würden.

Kurz: Ich bin das Gegenteil eines Wunderkindes. Auch als ich älter wurde, zeichnete sich noch nicht ab, dass ich einmal erfolgreich Bücher schreiben würde. Ich habe viele verschiedene kreative Dinge ausprobiert. Ich bin zum Beispiel gescheiterte Lyrikerin. (Die weinerlichen Gedichte, die ich als Teenager schrieb, sind mir inzwischen ausgesprochen peinlich.) Ich bin gescheiterte Tänzerin und Schauspielerin. (Wenn ich mir heute die Videoaufnahmen von Stücken anschaue, an denen ich als Jugendliche mitwirkte, möchte ich weinen.) Ich bin gescheiterte Musikerin. (Meinen Gitarrenunterricht hielt ich kein halbes Jahr durch, und wenn ich singe, bitten mich selbst Menschen, die mich innig lieben, sofort wieder damit aufzuhören.)

Ich habe lange dafür gebraucht, herauszufinden, dass ich eine Geschichtenerzählerin bin. Und auch, als ich begriffen hatte, dass das Romanschreiben die Ausdrucksform ist, nach der ich so lange gesucht habe, gab es kein singuläres Ereignis, das mein Leben veränderte, kein fabelhaftes Erweckungserlebnis.

Um einen Verlag zu finden, brauchte ich fünf Anläufe und fast zehn Jahre. Ich bin kein Genie, auf das die Welt gewartet hat. Aber zum Glück muss ich das auch gar nicht sein, um ein kreatives Leben zu führen. Zum Glück kann auch ein eher durchschnittlicher Mensch wie ich sich kreativ ausdrücken, etwas erschaffen – und im Idealfall nicht nur sich selbst, sondern auch anderen Menschen damit Freude bereiten. Wie man das macht? Genau darum geht es in diesem Buch.

Zwei, drei Dinge vorab, bevor wir loslegen.

Kreativität hat viele Formen. Sie durchzieht unser ganzes Leben – und je mehr wir diese Superpower nutzen, desto interessanter, schöner und aufregender wird es. Kreativität kommt in den unterschiedlichsten Bereichen vor. In der Universität und in der Küche, im Labor und im Atelier, in der Werkstatt und in der Kita, im Konzertsaal und im Pflegeheim. Kreativität hilft uns dabei, einen unvergesslichen Kindergeburtstag zu organisieren oder zum Mars zu fliegen, einen Rosengarten anzulegen oder einen einzigartigen Kurzurlaub zu planen. Sie verändert die Welt und bereichert unser tägliches Leben. Daher können die Techniken, die ich für mich entdeckt und die ich im Folgenden notiert habe, für alles Mögliche genutzt werden. Ich selbst verwende sie ja auch nicht nur, um meine Bücher zu schreiben, sondern in allen möglichen Bereichen und vor allem in meinem Alltag.

Für mich ist Kreativität so viel mehr als nur eine zündende Idee hier und da. Kreativität ist ein permanenter, fortlaufender Prozess. Kreativität ist eine Lebenseinstellung. (Eine sehr schöne, sehr sexy Lebenseinstellung, wenn du mich fragst.)

Noch etwas: Ich bin keine Wissenschaftlerin, keine Therapeutin, kein *Life Coach*. Und dennoch gebe ich seit vielen Jahren Rat in Sachen Kreativität. Nach meinen Lesungen am Signiertisch, online – und seit 2019 auch im Rahmen eines Podcasts. »Raabe & Kampf« ist ein wöchentliches Format, das ich mit meiner Freundin, der Künstlerin, Designerin und Erfinderin Laura Kampf, be-

treibe, und in dem wir über alles sprechen, was mit Kreativität zu tun hat – und unsere Erfahrungen teilen.

Unsere Podcasts laufen meistens gerade einmal eine
knappe Dreiviertelstunde. Am Signiertisch habe ich noch
weniger Zeit. Daher bin ich froh, dass ich dieses Buch
schreiben konnte. Alles, was ich in meiner bisherigen kreativen Karriere gelernt habe, habe ich hier für dich zu-
sammengefasst. In der Hoffnung, dass dir irgendetwas
davon weiterhilft.

Wenn du bereits kreativ arbeitest – sei es beruflich, sei es
privat –, dann ist dieses Buch für dich. Wenn du glaubst,
dass du überhaupt nicht kreativ bist, es aber gerne wärst,
dann ist es erst recht für dich. Denn eines weiß ich ganz
sicher: Wir *alle* sind kreativ. Ob wir uns dessen bewusst
sind und unsere Fähigkeiten nutzen oder nicht. Es gibt
viele Dinge, die man tun kann, um bessere Ideen zu
haben und auf Dauer inspiriert und produktiv zu bleiben.
Denn diese Fähigkeiten funktionieren wie ein Muskel,
und einen Muskel kann man trainieren. Ich verrate hier,
wie ich es angestellt habe – und wie du es tun kannst.
Und das macht viel mehr Spaß als der Muskelaufbau im
Fitnessstudio. Versprochen.

1

Das Kapitel, in dem wir uns anschauen,
was Kreativität eigentlich ist –
und wie sie unser Leben
schöner und reicher macht

»I am a great admirer of mystery and magic.
Look at this life – all mystery and magic.«

Harry Houdini

Kreative sind etwas ganz Besonderes. Brillante Künstler beispielsweise – oder geniale Erfinder. Leonardo da Vinci. Thomas Edison. Johann Wolfgang von Goethe. Kreative sind selten und außergewöhnlich. Sie ticken nicht wie »normale« Menschen. Sie sind von den Musen geküsste, von den Göttern bevorzugte Geschöpfe.

Kleiner Scherz. Wenn du das Vorwort gelesen hast, weißt du bereits, dass ich nicht so denke. Und das solltest du auch nicht.

Die Wahrheit ist: Kreative sind überhaupt nichts Besonderes. Hochbegabte mögen besonders sein. Aber es braucht keinen genialen Geist, um kreativ zu sein.

Kreativität heißt auch nicht, in einem bestimmten künstlerischen Bereich von Natur aus besonders gut zu sein, vielleicht gut zeichnen oder schön singen zu können. Das ist *Talent*.

Kreativität ist etwas völlig anderes, und sie ist weder den Künstlerinnen vorbehalten noch den Erfindern.

Kreativität ist weder selten noch elitär.

Und kreativ zu sein heißt auch nicht, den ganzen Tag auf einer Chaiselongue zu liegen und auf den göttlichen Funken der Inspiration zu warten. Inspiration spielt zwar durchaus eine Rolle im kreativen Prozess, aber Handwerk und vor allem Durchhaltevermögen sind genauso wichtig.

Um zu begreifen, was Kreativität ist, sollten wir all die Mythen (und all die einschüchternden Genies), die wir mit diesem Begriff in Verbindung bringen, einen Moment lang vergessen. Lass uns stattdessen eine Reise ins New York City der siebziger Jahre unternehmen. Woran denkst du dabei? Ich denke an Freiheitsliebe, gute Musik und vor allem: wilde Partys! Drogen, Sex und jede Menge Glitzer und Glamour. So stellen sich das die meisten, die diese Zeit nur aus Filmen kennen, doch vor. Rockstars und Models, die im legendären New Yorker Club *Studio 54* ausgelassen feiern. Klingt erst einmal großartig. Angesagte Clubs haben allerdings überall auf der Welt und zu jeder Zeit einen gewaltigen Nachteil: Sie sind exklusiv! In New York kam in den hauptsächlich schwarzen »Ghettos« in den Siebzigern daher eine ganz neue Art zu feiern in Mode. In teils abrissreifen Häusern trafen sich diejenigen zu selbst organisierten Partys, die keinen Zugang zu oder kein Interesse an den schicken Clubs in Manhattan hatten. Zur Unterhaltung und zum Anheizen der Menge auf diesen *Blockpartys* diente eine ganz neue musikalische Form, bei der gereimte Texte in einem bestimmten Rhythmus vorgetragen wurden und die zunächst eine *Street Art* war: Rap!

Du willst feiern, kommst aber nicht in den Club? Du willst Musik machen, hast aber kein Instrument? Nicht ideal, aber kein Grund, sich aufhalten zu lassen. Wenn du weißt, wie man aus der Not eine Tugend macht, kann es der Anfang von etwas ganz Neuem sein.

Das ist Kreativität.

Lass uns noch einen Trip machen. Dieses Mal nach Schweden, ins Jahr 2018. Das Land hat mit einer für Skandinavien ungewöhnlichen Hitzewelle zu kämpfen. Ein sicheres Zeichen dafür, dass der menschengemachte Klimawandel voranschreitet, da sind sich viele im Land sicher. Aber was kann man als einzelne Person schon tun?

An einem Freitag im August setzt sich eine fünfzehnjährige Schülerin mit einem selbst gemalten Schild vor das schwedische Parlament – »SKOLSTREJK FÖR KLIMATET« steht darauf –, um für besseren Klimaschutz in ihrem Land zu protestieren. Ein Schulstreik fürs Klima! Darauf war vor ihr noch niemand gekommen. Damit traf Greta Thunberg einen Nerv. So einfach! So wirksam!

Das ist Kreativität.

Und jetzt stell dir Deutschland Ende der Neunziger vor. Genauer: Wiehl, meine Heimatstadt. Ich bin siebzehn, habe unreine Haut, schwärme für Jungs, bei denen ich keine Chance habe, und besuche mit einer Freundin einen Erste-Hilfe-Kurs. Schließlich will ich bald meinen Führerschein machen! Ich lerne alles, was man wissen muss – aber als der Kurs beendet ist, mache ich mir dennoch Sorgen. Könnte ich dieses neue Wissen im Ernstfall überhaupt abrufen? Man muss so vieles bedenken! Einen bewusstlosen Menschen in die stabile Seitenlage zu bringen, bekäme ich vielleicht noch hin. Aber wie um Himmels willen soll ich in einer Ausnahmesituation ein Herz wieder zum Schlagen bringen? Und dabei auch noch genau den richtigen Rhythmus für die Druckmassage finden?

Wie ich inzwischen gelernt habe, wird potenziellen Ersthelferinnen und Ersthelfern mittlerweile beigebracht, bei der Herzdruckmassage an »Staying Alive« von den Bee Gees zu denken. Die hundert Beats pro Minute dieses Klassikers geben den richtigen Takt vor. Dass es in dem Lied inhaltlich darum geht, am Leben zu bleiben, ist ein schöner Nebeneffekt.

Eine womöglich lebensrettende Eselsbrücke für Extremsituationen.

Das ist Kreativität.

Ob es auch eine Stufe darunter geht? Natürlich!

Du bekommst unangemeldet Gäste und kreierst aus den Zutaten, die du noch daheim hast und die scheinbar gar nicht zusammenpassen, ein nie dagewesenes Menü?

Du legst das Lehrbuch beiseite und findest einen ganz neuen Weg, um deinem Nachhilfeschüler dieses mathematische Problem, das er einfach nicht begreift, verständlich zu machen?

Du bist Kostüme von der Stange leid und entwirfst für die nächste Karnevalsparty dein eigenes?

Du erfindest für deine Tochter, die mit Mumps im Bett liegt, eine neue Gute-Nacht-Geschichte?

Das alles ist Kreativität.

Kreativität hat oft in irgendeiner Form mit Problemlösung zu tun. Probleme haben wir erst einmal alle nicht so gerne. Dabei sind sie häufig ein wirkungsvoller Katalysator für Kreativität.

Okay, »Problemlösung«, das klingt erst einmal unsexy. Was haben die Sixtinische Kapelle, Beethovens Fünfte oder ein Roman von Toni Morrison mit Problemlösung zu tun? Nun, natürlich spielen bei der Kunst auch viele andere Themen mit hinein. Aber wenn man einmal genauer hinschaut, wird klar, dass auch die Kunst in gewisser Weise immer mit Problemlösung beschäftigt ist.

Nehmen wir meine Arbeit, das Bücherschreiben. Geschichten zu entwickeln hat viel mit mir zu tun, mit den Dingen, die mich interessieren und anziehen. Aber von der handwerklichen Seite aus betrachtet geht es immer um die Lösung von Problemen. Als Schriftstellerin denke ich permanent über bestimmte Fragen nach. Vor allen Dingen über diese: »Und was passiert als Nächstes?« Neue und interessante Antworten auf diese Frage zu finden ist ein Problem, das es Mal um Mal zu lösen gilt.

Probleme können innovative Ansätze inspirieren. Oft ist es im Nachhinein gar nicht mehr so offensichtlich, dass eine Innovation auf ein bestimmtes Problem zurückgeht. Und so soll es ja auch sein. Ein Beispiel aus dem Showbusiness: Am 13. Dezember 2013 wurde die Musikindustrie von einer Art Erdbeben erschüttert. Beyoncé Knowles hatte ihr brandneues Album veröffentlicht. Das war zunächst einmal nichts Besonderes, das hatte sie zuvor schon viermal getan. Doch dieses Mal war alles anders: Es hatte vorher keine Pressemitteilungen, keine Werbung, keinen Buzz gegeben. Niemand außerhalb des engsten Kreises der Sängerin wusste, dass etwas Neues von ihr erscheinen würde. Ihr fünftes Album, schlicht »Beyoncé« betitelt, war ein Secret Album. Es war einfach plötzlich da. Von einer Sekunde auf die andere online verfügbar. Ungewöhnlich! Noch nie dagewesen! Natürlich brach die Hölle los.

Doch damit nicht genug. Die Künstlerin beschritt auch in der Darreichungsform ihrer Musik neue Wege. Während sie – wie in der Branche üblich – zuvor nur für jede Singleauskopplung aus einem Album ein Musikvideo gedreht hatte, war »Beyoncé« ein Visual Album. Jeder einzelne Song wartete mit einem Musikvideo auf, und die einzelnen Clips verbanden sich zu einem großen Gesamtkunstwerk.

Hatte Beyoncé schlicht Lust, ihre Fans mit einem Album zu überraschen? Und war ihr einfach danach, zu jedem Song ein Video zu machen? Nein und nein. Die Künstlerin hatte zwei Probleme. Zum einen ärgerte sie sich darüber, dass es im Internet-Zeitalter normal geworden war, dass unveröffentlichte Tracks »leakten«, also frühzeitig und illegal online auftauchten. Zum anderen beklagte sie die Tatsache, dass die Menschen in Zeiten von Downloads und Streams keine kompletten Alben mehr hörten, sondern nur noch einzelne Tracks. Es war praktisch unmöglich geworden, Leute dazu zu bringen, ein Werk in seiner Gänze zu hören.

Indem sie »Beyoncé« bis zum letzten Moment komplett geheim hielt, unterband sie Leaks. Und die aufwändig produzierten Videos brachten die Fans dazu, sich mit jedem einzelnen Song zu befassen, statt nur die Singles zu hören.

Problem gelöst.

Die Prozesse in unseren Gehirnen, die wir für diese Art von Problemlösung nutzen, laufen meist im Hintergrund ab.

Indem wir sie uns bewusst machen, können wir lernen, sie gezielt einzusetzen und zu verbessern. Ganz unabhängig davon, ob wir einen Thriller schreiben, die nächste Beyoncé werden oder zum Mars fliegen wollen. Und mit »wir« meine ich uns alle. Jede und jeder von uns ist kreativ. Wir sind es nur nicht alle auf dieselbe Art.

Wie ein kreativer Blick auf die Welt unser Leben verändert

Neulich machte ich, nachdem die Corona-Krise meine ursprünglichen Urlaubspläne über den Haufen geworfen hatte, eine kleine Wandertour an der Saar. Während einer dieser Wanderungen führte mich der Weg an einem Waldkindergarten vorbei. Plötzlich entdeckte ich am Wegesrand einen bunt bemalten Stein im Gras. Ich bückte mich, um zu sehen, was darauf gemalt war – und fand noch einen. Und noch einen. Und noch einen. Der ganze Weg war von ganz unterschiedlich bemalten Steinen gesäumt. Steine mit Mustern. Mit Sonnen. Mit Regenbögen. Mit Marienkäfern. Steine mit Figuren, mit Schrift, mit Bäumen und Sternen. Bestimmt zwanzig Meter weit. Ich war in eine wunderschöne kleine Ausstellung gestolpert. Einfach so. Schließlich stieß ich auf ein Schild:

> »*ACHTUNG! Liebe Kinder, liebe Eltern,*
> *liebe Spaziergänger,*
> *bemalt doch zu Hause einen Stein und legt ihn bei*
> *eurem nächsten Spaziergang hier dazu.*
> *Mal sehen, wie lang unsere Steinschlange in dieser*
> *Corona-Zeit wird. Wie weit werden wir es wohl*
> *schaffen?!*
> *Bleibt gesund und haltet Abstand ;)*
> *Macht bitte mit!!!!*«

Ich fühlte mich nach der Entdeckung dieser ganz besonderen Outdoor-Ausstellung wie nach einem Lottogewinn. Diese kleinen Kunstwerke haben mich unwahrscheinlich glücklich gemacht. (Und ich vermute, den Künstlerinnen und Künstlern ging es nicht anders.) Mein Tag war nach diesem Moment ein anderer. Mein Blick auf die Welt hatte sich ein kleines bisschen verschoben, ich lächelte unwillkürlich und war gleich einen Hauch zufriedener.

Was ich damit sagen will, ist Folgendes: Wenn wir etwas kreieren, dann machen wir einen Unterschied. Manchmal für uns, manchmal auch für andere. Ob wir ein Bild erschaffen, das irgendwann im Louvre hängen wird, oder ob wir einen Regenbogen auf einen Stein malen, ist egal.

Wenn wir unsere eigene Schöpferkraft begreifen, wird uns klar, dass die Welt, in der wir leben, nicht statisch, sondern formbar ist. Wie Knetmasse. Wir können unsere Welt gestalten. Wie die Kinder aus dem Waldkindergarten »ihren« Wanderweg.

Und dennoch begegnen mir immer wieder Menschen, die von sich selbst behaupten, absolut nicht kreativ zu sein. Ist das nicht merkwürdig? Da verfügen wir alle über eine ganz besondere Fähigkeit, die uns wahnsinnig dienlich sein kann – aber manche von uns wissen es nicht. Oder sie leugnen sogar, dass sie diese Fähigkeit besitzen. Was schade ist, denn Kreativität macht uns das Leben so viel leichter.

Inwiefern?

Stell dir vor, du bist auf einer einsamen Insel gestrandet. Mit nur einer anderen Person. Frag mich nicht, wie ihr da hingekommen seid, ich möchte nicht in einen Roman abdriften. Auf jeden Fall befindet ihr euch jetzt zu zweit auf einer kargen kleinen Insel mit Sand und Kokospalmen – wie man sich das eben so vorstellt, Robinson-Crusoe-Style. Wen hättest du in dieser Situation am liebsten bei dir? Einen besonders klugen oder einen besonders starken Menschen? Ich würde mich für einen besonders kreativen Menschen entscheiden. Weil ich zum einen glaube, dass ich mit ihm oder ihr am besten in der Lage wäre, die Probleme zu lösen, die auf uns zukommen. Im Handumdrehen. Und zum anderen, weil ich mir ziemlich sicher bin, dass wir noch dazu eine ausgesprochen unterhaltsame und lustige Zeit hätten, bevor wir wieder von dieser verdammten Insel runterkämen.

Es ist doch so: Alle Erfindungen, von denen wir heute profitieren, kamen durch kreative Akte zustande. Und auch wir selbst lösen ständig kleine oder große Probleme. Und das fühlt sich verdammt gut an – dieser Moment, wenn der Knoten platzt. Dazu kommt die beruhigende Gewissheit, sich selbst helfen zu können. Kreativität hat auch eine sehr pragmatische Seite.

Hinzu kommt Folgendes: Die Tatsache, dass Kreativität gut für unsere geistige und körperliche Gesundheit ist, ist hinreichend belegt. Dass es gesund ist, zu musizieren, haben wir wahrscheinlich alle schon mal gehört. Doch auch Dinge wie stricken oder diese hübschen Malbücher für Erwachsene ausmalen, die es in praktisch jeder Buchhandlung gibt, können uns glücklicher und gesünder machen, Stress abbauen und dafür sorgen, dass wir resilienter

werden. Wieso kreativer Output uns
so glücklich macht? Das hat vor allem
mit zwei Dingen zu tun: mit dem Zustand, in den wir dabei idealerweise geraten, dem Flow. Und mit der Tatsache, dass
es in der Natur der Sache liegt, dass am Ende
des kreativen Prozesses ein konkretes Ergebnis steht! Das Malbuch ist nicht mehr nur
schwarz-weiß, sondern bunt, wir haben
ein Knäuel Wolle in einen Schal verwandelt, aus dem Holz in unserem Schuppen
einen Tisch gemacht, aus dem Wirrwarr in
unserem Kopf einen Brief. Wir sind Menschen.
Und als solche lieben wir diese Art von Erfolgserlebnis, so klein es auch sein mag.

Kreativer Ausdruck wirkt wie das Ventil für den
Dampfkochtopf. Er hilft uns dabei, uns auszudrücken; das rauszulassen, was raus will. Er hilft uns
dabei, unseren Blick auf die Welt zu zeigen – oder
überhaupt erst einen klaren Blick auf die Welt
zu bekommen. Bedeutsame kreative Akte können ganz klein sein. Es geht nicht darum, täglich
eine weltbewegende Idee zu haben, sondern darum, eine einzigartige Perspektive auf die Welt zu
entwickeln. Es geht um Fantasie – und ein Stück
weit natürlich auch um Achtsamkeit.

   Sich der eigenen Kreativität bewusst zu werden
kann lebensverändernd sein. In »Die Kunst ein
kreatives Leben zu führen« schreibt Autor Frank

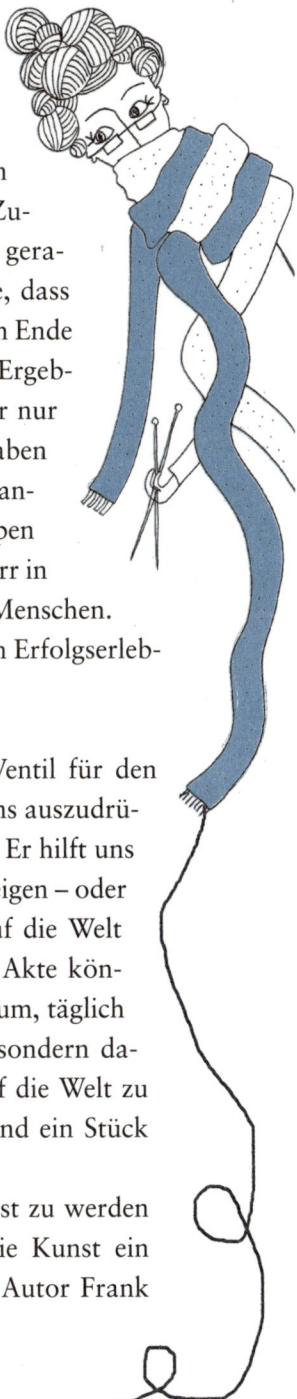

Berzbach: »Wer sich entscheidet, die Kreativität zum Mittelpunkt seines Lebens zu machen, der tritt einem Orden bei, von dem er gar nicht wusste, dass er existiert.«

Die Kreativität als weltlicher Orden! Ich finde diesen Gedanken wunderschön. Gleichzeitig bin ich der Meinung, dass auch die, die dem Orden nicht beitreten können oder wollen, sondern vielleicht nur hin und wieder als Gäste vorbeischauen möchten, unfassbar profitieren können.

Wenn wir uns mit der eigenen Kreativität beschäftigen und ein paar Techniken erlernen, um sie zu fördern, werden wir plötzlich Dinge (und Möglichkeiten) wahrnehmen, die uns vorher entgangen sind. Das hat etwas Magisches. Unsere Umgebung sieht plötzlich anders aus. Es ist, als täte sich eine neue, aufregendere Welt auf – ganz so, als würden wir gerade völlig unvermutet erfahren, dass wir eine übernatürliche Fähigkeit besitzen, von der wir nichts ahnten. Nur braucht es dafür keinen Brief aus Hogwarts wie bei Harry Potter (obwohl ich ehrlich gesagt immer noch auf meinen warte) und auch keinen Spinnenbiss wie bei Spiderman. Alles, was wir brauchen, haben wir bereits.

Wieso Kreativität eine Superpower ist, die uns durch schwierige Zeiten hilft

Resilienz ist in den letzten Jahren zu einem echten Modebegriff geworden. Meiner Meinung nach völlig zu Recht. Resilienz bezeichnet unsere psychische Widerstandskraft. Unsere Fähigkeit, schwierige Situationen durchzustehen, ohne langfristig Schaden zu nehmen. Wer bitte möchte nicht wissen, wie das geht?

Ich habe, während ich mich ein bisschen eingelesen habe, Folgendes festgestellt: Wenn Fallstudien oder Geschichten besonders resilienter Individuen vorgestellt werden, dann ähneln sie denen besonders kreativer Menschen häufig enorm.

Kreativität und Resilienz sind anscheinend miteinander verwandt.

Und tatsächlich: Die Forschung zum Thema Kreativität und Resilienz legt nahe, dass beides sich wechselseitig beeinflusst. Das heißt: Kreativität ist einerseits Teil von resilientem Verhalten. Und andererseits macht Kreativität auch tatsächlich resilienter.

In ihrem Buch »The Resilient Self« beschreiben Steven J. und Sybil Wolin Resilienz als die Fähigkeit, etwas Konstruktives aus unserem Schmerz zu machen.

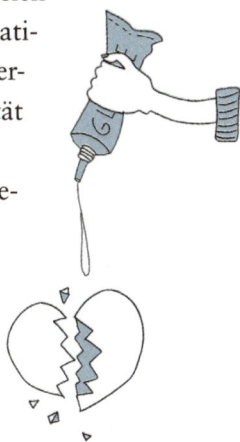

Ich finde den Gedanken, dass kreatives Schaffen resilienter macht, ganz wundervoll. Und je mehr ich darüber lese und je mehr ich darüber nachdenke, desto logischer erscheint mir das. Wenn Kreativität die Fähigkeit mit sich bringt, Probleme zu lösen, dann macht es doch Sinn, dass Menschen, die ein besonders kreatives Leben führen, besonders gut in Problemlösung sind. Sie sind durch Übung besser geworden. Sie sind nicht gleich frustriert durch jede kleine Schwierigkeit. Sie sind an Schwierigkeiten gewöhnt. Und dementsprechend sind sie auch besser darauf vorbereitet, mit allem Möglichen umzugehen, das das Leben ihnen vorsetzt.

Zudem sind Menschen, die ihre Kreativität ausleben, es gewohnt, Dinge (und Situationen) nicht einfach hinzunehmen, sondern sie zu gestalten.

In unserer kreativen Arbeit lernen wir so vieles. Wir lernen, Dinge auszuprobieren. Wir lernen, zu scheitern und wieder aufzustehen.

Wir lernen, Dinge und Situationen aus verschiedenen Blickwinkeln zu betrachten.

Wir lernen, dass es für jedes Problem mehr als eine Lösung gibt. Und wir lernen, dass wir in der Lage sind, immer wieder Lösungen für unsere Probleme zu finden.

Was mich in meinem Leben immer und immer wieder inspiriert, sind die Biografien außergewöhnlicher Menschen. Meine liebste Autobiografie ist die von Nelson Mandela, »Der lange Weg zur Freiheit«. Für mich war Mandela immer die faszinierendste Persönlichkeit überhaupt. Die Eckdaten von Mandelas Leben – südafrikanischer Aktivist und späterer Präsident – kennen sicher die meisten von uns. Auch dass er unfassbare siebenundzwanzig Jahre im Gefängnis verbrachte, haben viele schon einmal gehört. Als er das Gefängnis wieder verließ, war Mandela mit einundsiebzig Jahren ein alter Mann. Er hätte bitter sein können. Gebrochen. Stattdessen stand er aufrecht, stattdessen war er voller Energie. Pure Resilienz.

Mir fiel, als ich über Nelson Mandela und seine unglaubliche psychische Widerstandskraft (die sicherlich viele unterschiedliche Quellen hatte) nachdachte, etwas wieder ein, das ich vor Jahren in seiner Autobiografie gelesen hatte und das mir im Gedächtnis geblieben war. Nämlich die Tatsache, dass Mandela in der kargen Erde auf Robben Island mit größter Hartnäckigkeit einen kleinen Gemüsegarten anlegte (er musste lange darum kämpfen, überhaupt die Erlaubnis dazu zu erhalten) und Tomaten, Chilis und Zwiebeln anbaute. »Ein Garten war im Gefängnis eines der wenigen Dinge, über die man selbst bestimmen konnte«, schreibt Mandela und erinnert sich daran, dass es ihm eine »einfache, aber dauerhafte Zufriedenheit« geboten habe, einen Samen in die Erde zu legen, das entstehende Pflänzchen zu hegen und zu pflegen und schließlich etwas ernten zu können. Mandela beschrieb das so: »Das Gefühl, der Verwalter dieses kleinen Stückchens Erde zu sein, beinhaltete einen Hauch Freiheit.«

So wie Mandela über seinen Garten denkt, denke ich über alle unsere kreativen Werke. Egal, worin sie bestehen… Sie gehören ganz uns. Wenn wir etwas kreieren, gestalten wir nach unseren Wünschen. Wenn wir etwas kreieren, dann sind wir zufrieden – und wir sind frei. Ich glaube, wenn wir wenigstens *einen* Bereich in unserem Leben haben, der uns zufrieden macht und uns ein Gefühl von Freiheit gibt, dann kommen wir mit den Herausforderungen des Lebens ein ganz kleines bisschen besser klar – und dieses kleine bisschen kann einen riesigen Unterschied machen.

Glücklicherweise müssen wir dafür keine große Kunst kreieren oder weltbewegende Erfindungen machen. Wir können unser kreatives Potenzial auch in ganz alltäglichen Situationen entfalten.

Kreativ im Alltag

Ich bin der Meinung, dass Kreativität unser Leben schöner und reicher macht – im Großen wie im Kleinen.

Kreativität ist der Unterschied zwischen einem Blumenstrauß, den du im Laden kaufst, und einem, den du selber bindest... oder pflückst.

Kreativität ist der Unterschied zwischen einer ganz normalen Sprachnachricht auf der Mailbox deiner besten Freundin und einer, die sie zum Lachen bringt.

Wenn wir uns unser Leben als Kunstwerk vorstellen, das es zu gestalten gilt, dann nehmen wir allem gegenüber einen künstlerischen Blick ein. Wenn wir aufmerksam und mit einem Blick für Schönes und Interessantes durch die Welt gehen, dann begegnet es uns überall. Und schließlich bieten sich jeden Tag Hunderte Gelegenheiten für kleine kreative Akte. In der Kommunikation beispielsweise. Wir können alles, was wir mitteilen möchten, auf herkömmliche oder auf kreative Art und Weise sagen. Wir können beispielsweise eine ungewöhnliche Form wählen. Ich habe mal einen Entschuldigungsbrief bekommen. Der wurde mir aber nicht per Post zugestellt oder einfach ausgehändigt, er kam in der Form eines Papierflugzeugs angeflogen. (Ich musste sofort lächeln und war augenblicklich entwaffnet.) Es fällt mir auch jedes Mal positiv auf, wenn kreativ mit eigentlich gängigen Inhalten umgegangen wird. Im Prospekt eines Winzers, den ich mag, fand ich kürzlich diese Beschreibung eines Rieslings:

>*feine Sponti-Nase, duftig-fein*
phänomenal fruchtig-erfrischende Säure
zum Reinlegen (Info: für ein Vollbad benötigt
man ca. 160 Flaschen)«

Ich musste bei der Info zum Vollbad einfach sofort schmunzeln! Keine große Sache, schon klar. Aber ein bisschen Humor, eine unerwartete Wendung in einem ansonsten herkömmlichen Prospekt... und schon ist die Welt ein klein wenig bunter.

Eine Freundin von mir hat eine Schiefertafel bei sich im Flur aufgehängt. Jedes Mal, wenn ich bei ihr bin, steht ein anderes schönes Zitat darauf. Oder sie hat etwas gezeichnet. Ich stelle mir vor, wie sie morgens nach dem

Zähneputzen mit Kreide an diese Tafel tritt, sie aus-
wischt, kurz überlegt, was sie heute mit ihr anstellen will
und loslegt. Was für ein hübsches kleines Ritual!

Ich mag so etwas.

Als ich einst bei einem befreundeten Paar zu Besuch
war, stellte ich fest, dass sie ein Spiel herumstehen hatten, das ich noch aus meiner Kindheit kannte: Es besteht
aus einem Plastikkrokodil mit weit geöffnetem Maul.
Man kann abwechselnd auf die Zähne des Krokodils
drücken – und irgendwann schnappt es zu. Ich fand dieses Spiel als Kind wahnsinnig aufregend. Besagtes Pärchen verwendet es allerdings nicht zum Zeitvertreib, sondern um Streits über Kleinigkeiten, wie die Frage, wer
den Müll rausbringen muss, zu vermeiden. Wenn sie sich
uneinig sind, holen sie das Krokodil heraus, spielen eine
Runde – und wer »geschnappt« wird, bringt ohne zu
murren den Müll weg. Plastikkrokodile können Bezie-
hungen retten! Wenn das keine kreative Problemlösung
ist, dann weiß ich auch nicht.

Es gibt Menschen, die all die winzigen Möglichkeiten, kreativ zu werden, ganz automatisch nutzen. Oft haben sie etwas Spielerisches und mögen
kleine Albernheiten. Wenn eine besonders öde Sitzung oder ein ungeliebter Vortrag ansteht, werden sie vielleicht vorschlagen, Bullshit-Bingo zu
spielen, oder ihren ganz eigenen Zeitvertreib erfinden,
um sich die Langeweile zu vertreiben. Wenn sie in den
Himmel schauen, dann sehen sie nicht Wolken, sondern
Schildkröten, Einhörner oder Kaninchen im Sprung.

Besonders kreative Menschen sehen nicht nur was ist, sondern was sein könnte. Sie denken häufiger »Was wäre, wenn …?« Aus dieser Frage können kreative Werke und außergewöhnliche Erlebnisse resultieren.

Für die meisten von uns findet ein Konzert in einer Konzerthalle statt. Aber was, wenn wir sehr früh aufstünden, uns Campingstühle schnappten und in den Wald führen, um uns ein Vogelkonzert anzuhören?

Die Menschen in meinem Umfeld, bei denen die Fähigkeit, kreative Möglichkeiten zu erkennen, besonders ausgeprägt ist, empfinden ganz Alltägliches als aufregend und besonders. Kein Wunder, dass sie meistens ziemlich glücklich sind. Sie brauchen weniger dafür als andere.

Ich nenne das Mikrokreativität.

Wir werden nicht jeden Tag eine weltbewegende Idee haben – aber vielleicht einen kleinen Einfall, der uns oder anderen eine Freude macht. Vielleicht setzen wir uns an den Schreibtisch und schreiben von Hand einen langen, schönen Brief an unsere Oma. Vielleicht verzieren wir ihn mit Blumen, die wir zwischen den Seiten des dicksten Wälzers in unserem Bücherregal getrocknet haben. Vielleicht nehmen wir uns ein Beispiel an den Kindern in unserem Umfeld, die Erwachsenen häufig Bilder malen. Vielleicht versehen wir den Einkaufszettel, mit dem wir unseren Mitbewohner in den Super-

markt schicken, mit Zeichnungen statt mit Worten. Vielleicht kreieren wir aber auch mit den Lebensmitteln, die wir noch im Haus haben, ein ganz neues Gericht. Oder wir richten eine altbekannte Speise auf ganz neue Art an! (Haute Cuisine hübsch aussehen zu lassen ist leicht, aber probier das mal mit einer einfachen Erbsensuppe oder einem Käsebrötchen!) Oder wir überraschen unseren Freund mit einem Gedicht. Oder einem kleinen, rasch auf der Akustikgitarre komponierten Lied. Vielleicht schreiben wir auch einfach einen witzigen Tweet oder knipsen ein schönes Foto für Instagram. All das sind kleine kreative Akte.

Einer meiner Lieblingsschauspieler ist – seit meiner Kindheit – Bill Murray. Als Kind habe ich seine Filme wahnsinnig gerne gesehen. Im Fernsehen oder auf VHS. »Ghostbusters«, »Und täglich grüßt das Murmeltier«, »Die Geister, die ich rief« – all das eben. Und als Erwachsene habe ich ihn dann in Filmen wie »Lost In Translation« bewundert. Irgendwie hatte ich immer eine Schwäche für Bill Murrays Humor und sein knautschiges Gesicht. Und ich hatte immer das Gefühl, dass Bill Murray im echten Leben bestimmt ein cooler Typ ist. (Es ist natürlich kein Zufall, dass der Hund der Protagonistin aus meinem vierten Roman »Die Wälder«, der im Buch eine sehr wichtige Rolle spielt, Bill Murray heißt – »Billy« für seine Freunde.)

Irgendwann stellte ich durch völligen Zufall fest, dass es online jede Menge verrückte Geschichten über Bill Murray gibt. Wie diese hier, die jemand auf Facebook postete und die auf BuzzFeed Verbreitung fand: »Ich aß bei Wendy's zu Mittag, als Bill Murray sich an meinen Tisch setzte, eine Fritte klaute, sie in meinen Milchshake dippte und sie aufaß. Dann schaute er mich an, sagte ›Niemand wird dir glauben‹ und ging wieder.«

Ich musste sehr lachen über diese Geschichte. Was für ein irrer kleiner Stunt. Nun bin ich die Erste, die folgenden Satz unterschreiben würde: Du sollst nicht alles glauben, was im Internet steht. Dennoch war ich angefixt und fing an, Bill Murray gezielt zu googeln. Dabei stellte ich fest, dass es zahllose solcher Storys über ihn gibt (manche fotografisch oder sonst wie dokumentiert) – und sogar eine Website, die sie sammelt. Hier ein paar meiner Favoriten:

Bill Murray taucht uneingeladen bei einem Junggesellenabschied auf und gibt dem Bräutigam in spe Ratschläge fürs Leben.

Bill Murray spielt in einer Kneipe spontan den Bartender und schenkt an alle Tequilashots aus – unabhängig davon, was sie bestellt haben.

Bill Murray wird von ein paar jungen Leuten zu einer Party bei irgendwem daheim eingeladen. Er nimmt die Einladung an, feiert und trinkt mit ihnen. Bevor er wieder geht, spült er aber noch das ganze Geschirr, das sich in der Spüle der Studentenbude stapelt.

Bill Murray kommt an der Baustelle einer New Yorker Bibliothek vorbei, setzt sich einen Bauarbeiterhelm auf und liest den Arbeitern Gedichte vor.

Oft sind wir ein bisschen in unserem Trott gefangen. Ganz unabhängig davon, ob wir uns für kreative Köpfe halten oder nicht, manchmal scheint der Alltag irgendwie grau. Und genau deswegen mag ich diese Geschichten so gerne. Ich mag das Kindliche, das da mitschwingt. Das Verspielte, die Leichtigkeit. Wenn ich einen Preis für kreativen Lifestyle ausloben könnte, bekäme ihn Bill Murray.

Womit ich nicht dafür plädieren will, öfters mal Partys zu crashen oder für Fremde Gedichte zu rezitieren. Mir geht es darum, dass wir alle immer mal wieder auf kreative Art aus unserem Alltag ausbrechen und uns selbst überraschen. So, wie es uns entspricht.

Auf die schönste Art, kleine kreative Ideen in den eigenen Alltag zu integrieren, stieß ich in den frühen Nuller Jahren: »Random Acts of Kindness«, also eher zufällige freundliche Taten. Ich wurde durch den britischen Comedian, Autor und Filmemacher Danny Wallace darauf aufmerksam, der ein kleines Buch zu dem Thema geschrieben hat: »Random Acts of Kindness: 365 Ways To Make the World A Nicer Place«.

Random Acts of Kindness können relativ offensichtliche Dinge sein: der Kassiererin im Supermarkt ein (angemessenes) Kompliment machen. Einen netten Kommentar hinterlassen, wenn du online etwas gelesen oder gesehen hast, das dir gefallen hat. Ein Kompliment in die Küche schicken, wenn dir das Essen im Restaurant geschmeckt hat.

Natürlich sind der Kreativität keine Grenzen gesetzt. Genau darum geht es ja: immer neue kleine Ideen zu finden, mit denen man den Menschen in der eigenen Umgebung den Tag schöner, lustiger, heller oder bunter machen kann. Im Coffeeshop nicht nur den eigenen Kaffee bezahlen, sondern auch den der Person hinter dir, ist ein Klassiker. Einem Unternehmen, das häufig mit Beschwerden zu tun hat (wie die Deutsche Bahn zum Beispiel) ein Lob auszusprechen, wenn etwas besonders gut gelaufen ist, ist ein weiterer.

Im Film »Evan Allmächtig« aus dem Jahr 2007 begegnet die Hauptfigur Evan dem lieben Gott höchstpersönlich. Gott, gespielt von Morgan Freeman, verrät Evan in einer Szene, wie man die Welt verändert: »One act of random kindness at a time.«

Ich finde, da ist was dran. Und selbst wenn nicht – es macht Spaß und ist eine der spannendsten Arten, Kreativität zu üben.

Zwölf kreative Ideen
für Random Acts of Kindness

* Setze ein schönes Buch aus. Schreib vorne was Nettes rein und lass es liegen. Auf einer Parkbank, in der Bahn oder im Wartezimmer.
* Lass am Süßigkeitenautomaten oder im Waschsalon ein paar 50-Cent-Stücke liegen.
* Bedanke dich bei jemandem, der selten ein Danke zu hören bekommt.
* Verschicke einen Blumenstrauß.
* Stell nicht nur deine Mülltonnen raus, sondern auch die deiner Nachbarn.

* Feuere deine Kollegin bei ihrem ersten Marathon an.
* Lies jemandem etwas vor.
* Verschicke eine selbst gemachte Dankeskarte.
* Sammle am Strand oder am Flussufer Müll ein.
* Verstecke kleine Nachrichten in dem Buch, das dein Liebster, deine Liebste gerade liest.
* Bring jemandem ein Ständchen.
* Lass einer wohnungslosen Person ein übertrieben großzügiges Geldgeschenk da.

Heimliche »Random Acts of Kindness« sind die besten. Es geht nicht darum, gut dazustehen. Es geht darum, nette kleine Ideen zu haben. Es geht darum, Gelegenheiten und Handlungsspielräume wahrzunehmen, die anderen verborgen bleiben.

2

Das Kapitel,
in dem du herausfindest,
dass auch in dir
ein kleines Genie steckt

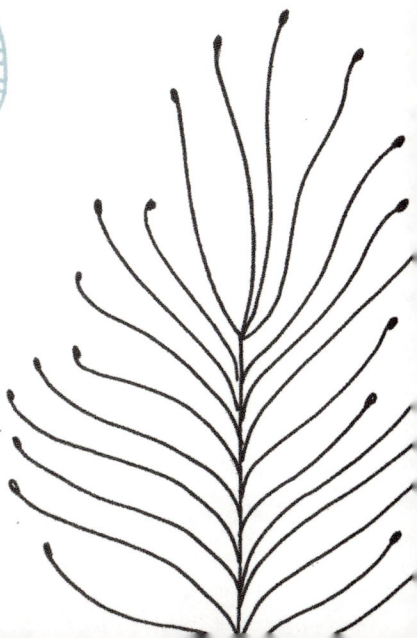

*»Write it. Shoot it. Publish it. Crochet it,
sauté it, whatever. MAKE.«*

Joss Whedon

Wenden wir uns nun einmal der Person zu, um die es
hier wirklich geht: dir. Vielleicht lebst du bereits ein kreatives Leben und nutzt dieses Buch hier bloß als Ergän-
zung. Vielleicht denkst du gerade aber auch so etwas wie:
»Wenn wir alle kreativ sind, wieso zeige ich dann bisher
keinerlei Anzeichen dafür?«

Nun, ich würde vermuten, dass du einfach noch nicht
»dein Ding« gefunden hast. Manche entdecken es früh,
andere spät oder gar nicht. Aber bei jedem gibt es etwas.
Bei jeder ist da etwas. Es lohnt sich, danach zu suchen.
Und ihm nachzugehen. Wir müssen keine »offiziell« an-
erkannten Künstlerinnen und Künstler werden. Darum
geht es nicht, obwohl das natürlich eine Konsequenz dieses Prozesses sein kann. Mir geht es vielmehr darum, dass
wir aufblühen, wenn wir uns kreativ ausdrücken und die
Talente, die uns in die Wiege gelegt wurden, nutzen.

Wie du »dein Ding« und damit auch ein Stück weit dich selbst findest

Manchmal ist es Arbeit, diese eine Sache zu finden, die wir besonders gut können. Das liegt unter anderem daran, dass es nicht nur darauf ankommt, welches Talent wir haben, sondern auch darauf, *wie* wir es ausschöpfen. Wenn du beispielsweise von Natur aus gut malen und zeichnen kannst, könntest du dich natürlich entscheiden, Malerin zu sein. (Erneut: ob als Hobby oder als Beruf spielt keine Rolle.) Aber du könntest auch feststellen, dass du viel lieber Illustratorin, Grafikerin, Modedesignerin, Street Artist, Bauzeichnerin, Kunstlehrerin oder Tätowiererin sein möchtest. Wenn du schon immer gut mit Sprache umgehen konntest, kannst du natürlich Romane oder Sachbücher schreiben. Du könntest sie aber auch lektorieren oder besprechen. Oder du schreibst Drehbücher, Artikel, Reden, Gebrauchsanweisungen, Liebesbriefe, Tweets, Werbeslogans oder Gags. Die Möglichkeiten sind endlos. Wichtig ist auch, sich klarzumachen, dass nicht

alle Talente so offensichtlich sind, wie wenn jemand schön malen oder singen kann. Ich bin beispielsweise immer wieder beeindruckt von Menschen, die die Fähigkeit besitzen, selbst komplizierte Sachverhalte verständlich zu erklären. Auch das ist ein Talent.

Dafür zu sorgen, dass andere sich wohl und gesehen fühlen, ist ein Talent. Unvergessliche Partys schmeißen zu können, ist ein Talent. Bei organisatorischen Tätigkeiten hundert Dinge gleichzeitig im Blick zu behalten, ist ein Talent. Und so weiter.

Ich habe die Menschen in meinem Umfeld, bei denen immer ganz klar war, was ihr Talent war und dass sie ihm folgen würden, stets beneidet. Beispielsweise diesen einen Schulfreund von mir, der schon als Kind in der Theatergruppe unseres kleinen Ortes brillierte, in deren Leiter er früh einen Mentor fand, und der sich schließlich an einer Schauspielschule bewarb und genommen wurde. Nicht für jeden verläuft die kreative Laufbahn so pfeilgerade.

Meiner Meinung nach sind zwei Dinge ganz entscheidend für unseren kreativen Weg: unsere eigenen Neigungen und Talente. Und unsere Umgebung. Oft glauben wir, dass die Menschen, die auf ihrem kreativen Weg sehr erfolgreich sind, einfach so geboren wurden und in jedem beliebigen Umfeld Erfolg gehabt hätten. Ich bin mir ziemlich sicher, dass das nicht stimmt. Mozart beispielsweise, ein typisches Wunderkind, war zweifelsfrei ein Genie, aber er wurde auch extrem früh von seinem ehrgeizigen und ebenfalls sehr musikalischen Vater gefördert. Ganz ähnlich stand es mit Beyoncé, die in Interviews erzählt, dass sie von ihrem Vater bereits im Grundschulalter regelrecht gedrillt wurde. Und Picassos Vater? War auch Maler, sodass der junge Pablo sich schon früh eine Menge abschauen konnte. Auch mein Schulfreund, der heute als Schauspieler erfolgreich ist, musste ja erst einmal die Gelegenheit bekommen, bereits als Kind irgendwo auf einer Bühne zu stehen und professionelle Anleitung und liebevolle Ermutigung durch einen frühen Mentor zu erfahren.

Es gibt also überhaupt keinen Grund, entmutigt zu sein, wenn du »dein Ding« noch nicht gefunden hast. Dass manche ihren Weg so früh schon kannten, hat nicht nur mit ihnen, sondern auch viel mit ihrem Umfeld zu tun. Sie hatten das Glück, früh günstige Gelegenheiten geboten zu bekommen.

Gelegenheit macht Liebe. Und genauso verhält es sich auch mit unserem kreativen Weg. Zum Glück können wir viele Gelegenheiten selbst schaffen.

Wenn ich meinen eigenen Pfad rückblickend betrachte, fällt mir auf, dass ich viele Irrwege beschritten habe. Es war zwar eigentlich immer klar, dass es mich zu den Büchern und zum Erzählen zog, doch ging ich dieser Neigung zunächst nicht wirklich konzentriert nach. Das hat sicher auch damit zu tun, dass ich mich selbst noch nicht sonderlich gut kannte.

So kam es, dass ich mir – ich war vielleicht zwölf oder dreizehn – in den Kopf setzte, musikalisch zu werden. Ich hatte Poster von *Take That* im Kinderzimmer, und meine

Freundinnen und ich nahmen uns gegenseitig Lieder von Mariah Carey auf Kassette auf. Musik war cool.

Vermutlich lag es genau daran, dass ich plötzlich davon träumte, singen und ein Instrument spielen zu können. Denn mit Talent hatte mein Ausflug in die Welt der Musik ganz bestimmt nichts zu tun. Dementsprechend schnell endete er auch wieder. Die Akustikgitarre, die meine Eltern für mich anschafften, steht heute noch in meinem Keller. Eine Art Mahnmal. Ich liebe Musik, aber ich weiß heute, dass ich absolut nicht dafür geschaffen bin, sie zu machen. Ich bin damals in eine Falle getappt, in die viele Kreative geraten: die Coolness-Falle.

Ja. Musik zu machen ist cool. Auf einer Bühne zu stehen ist cool. Aber unsere Neigungen und Talente richten sich nicht danach, was in unserer Gesellschaft gerade als sexy gilt.

Jeder, der die vergangenen Jahrzehnte nicht fernab jeglicher Zivilisation in einer Höhle verbracht hat, kennt verwirrte Kreative. Denn viele TV-Formate leben von ihnen. Viele Castingshows wären gar nicht denkbar ohne Heerscharen von Menschen, die sich einen Platz im Rampenlicht wünschen – aber eigentlich gar nicht singen können, ja, vielleicht sogar gänzlich unmusikalisch sind. Sie sind lediglich dazu da, die, die tatsächlich etwas können, noch heller strahlen zu lassen. Und um eine boshafte Schadenfreude des Publikums zu befriedigen natürlich. Ich betrachte diese verwirrten Kreativen mit Empathie – nicht zuletzt, weil ich früher selbst eine von ihnen war. Viele von ihnen gehen ihrem Wunsch, Sänger oder Sängerin zu werden, mit riesigem Engagement nach. Sie bringen den Mut auf, vor Jurys zu treten, die für ihre bösartigen bis vernichtenden Kommentare bekannt sind. Sie setzen sich der Gefahr aus, sich der Lächerlichkeit preiszugeben. Eventuell investieren sie viel Zeit und Geld in Gesangsstunden – obwohl sie keinerlei Talent haben.

Die Fragen, die wir uns – bewusst oder unterbewusst – stellen, und die Antworten, die wir uns selbst darauf geben, formen unser Leben. Verwirrte Kreative konzentrieren sich, so stelle ich es mir vor, auf folgende Fragen: *Was bewundere ich an anderen? Wofür bekommen andere Applaus? Wie kann ich bekommen, was die haben?*

Das sind die falschen Fragen. Wir erkennen unsere Talente, indem wir auf uns selbst und nicht indem wir auf andere schauen. Und indem wir uns ein paar bessere Fragen stellen und sie ehrlich beantworten. Fragen wie diese:

- *Was tue ich gerne? Was habe ich schon immer gerne getan?*
- *Worin war ich als Kind gut?*
- *Welche Tätigkeit würde ich am liebsten jeden Tag ausüben? (Malen? Zeichnen? Kochen? Klavier spielen? Komponieren? Schreiben? Komplizierte mathematische Probleme lösen?)*
- *Womit würde ich meine Zeit verbringen, wenn ich kein Geld verdienen müsste?*
- *Wie arbeite ich gerne? (Alleine? Mit anderen? Langsam und stetig oder in kreativen Sprints? Geordnet? Intuitiv?)*

- *Blühe ich auf, wenn ich multitaske und an verschiedenen Projekten gleichzeitig arbeite? Oder versenke ich mich gerne über einen längeren Zeitraum in eine einzelne Aufgabe?*

Das sind die richtigen Fragen. Und so einfach sie klingen mögen, für manche von uns sind sie gar nicht so leicht zu beantworten. Bisweilen fällt es uns schwer, uns selbst einzugestehen, dass wir uns nach der Malerei sehnen, die wir vor Jahrzehnten aufgegeben haben, obwohl Job und Kinder uns alles abverlangen, und es uns egoistisch oder prätentiös erscheint, jetzt plötzlich wieder unserem kreativen Hobby nachgehen zu wollen. Vielleicht betrauern wir die verlorenen Jahre. Oder sorgen uns darum, was unser Umfeld denken wird. Vielleicht glauben wir, dass wir den Plan, wieder an die Staffelei zu gehen oder doch noch mal Klavierstunden zu nehmen oder endlich unser Drehbuch zu beenden, ohnehin nicht umsetzen können. Aber darum geht es in dieser frühen Phase der Erkenntnis noch nicht. Darum brauchen wir uns noch keine Gedanken machen. Wir müssen ja erst einmal in Bewegung kommen. Ein Schritt nach dem anderen. Wenn wir herausgefunden haben, woran wir gerne arbeiten würden und auf welche Weise, sollten wir versuchen, unsere Ziele und Wünsche ehrlich zu benennen. Nimm dir ein bisschen Zeit, um Antworten auf die folgenden Fragen zu finden:

- *Was ist mir wichtig? Will ich in meiner kreativen Tätigkeit besser werden? Oder will ich einfach nur Spaß daran haben?*

- *Was ist mein Ziel? Suche ich eine Herausforderung? Oder eher Entspannung? Oder beides?*
- *Geht es mir um ein erfüllendes Hobby? Oder will ich vielleicht irgendwann von meiner Kreativität leben?*

Es hilft, wenn wir uns all das klargemacht haben, bevor wir beginnen. Sagen wir einmal, wir würden gerne (wieder) Klavier spielen. Möglicherweise wissen wir, dass es zu spät ist, um es noch zu wahrer Virtuosität zu bringen, haben aber die Vision, eines Tages kleine Konzerte zu geben. Vielleicht für die Familie und den Freundeskreis, vielleicht auch für ein fremdes Publikum. Dann sollten wir natürlich eine ganz andere Herangehensweise wählen als jemand, der davon träumt, vorm Zubettgehen nur für sich selbst die »Mondscheinsonate« zu spielen, oder sich hin und wieder nach dem Abendessen entspannt ans Klavier zu setzen.

Übrigens möchte ich gar nicht behaupten, dass es schlimm ist, anfangs ein bisschen verwirrt zu sein. Wie erwähnt, dachte ich lange Zeit, dass ich Musikerin, Lyrikerin, Tänzerin oder gar Schauspielerin werden sollte. Diese Dinge waren völlig ungeeignet für mich, und entsprechend häufig fiel ich auf die Nase. Aber genau das war gut für mich. Diese Erfahrungen haben meinen Horizont geweitet, und ich habe jedes Mal irgendetwas gelernt, das mir heute noch dienlich ist. Rumprobieren ist eine gute Sache. Eine verwirrte Kreative zu sein ist okay. Zu suchen ist okay. Hauptsache, wir bleiben nicht stecken, ehe wir die richtige Form für uns gefunden haben.

Was das Richtige für dich ist, entscheidet übrigens niemand außer dir selbst. Die Meinung der anderen ist erst einmal unerheblich. Wenn du dich auf der Bühne lebendiger fühlst als je zuvor in deinem Leben, dann gehörst du auf die Bühne. Wenn du dich in die Arbeit an der Staffelei verliebst, dann gehörst du an die Staffelei!

Meistens zieht es uns ganz selbstverständlich zu Dingen, die wir von Natur aus gut können. Manchmal unterschätzen wir nur, dass das, was wir gut können, auch etwas Besonderes ist. Dass wir genau dem mit noch mehr Leidenschaft nachgehen sollten. Wenn wir unser »Ding« einmal gefunden haben, wollen wir es übrigens meistens nie wieder aufgeben. Wir verlieben uns in unsere Kunst. Es ist wie Atmen. Wir suchen uns das nicht aus, es passiert einfach. Und diese »Kunst« kann alles sein. Vielleicht merken wir, dass wir aufblühen, wenn wir Cupcakes backen, im Garten arbeiten, Haikus schreiben oder Videos für YouTube drehen. Vielleicht stellen wir fest, dass wir uns am lebendigsten fühlen, wenn wir Alben alter Familienfotos anlegen, töpfern, Cocktails mixen, Möbel bauen oder Marmelade kochen. Vielleicht finden wir heraus, dass wir Imkerin werden und unser eigenes Bienenvolk haben möchten, vielleicht treten wir aber auch einer Schauspieltruppe bei oder trauen uns bei der offenen Bühne, die immer donnerstags in der Kneipe um die Ecke stattfindet, unser kleines Stand-up-Comedy-Programm vorzutragen. Was auch immer es ist: Wenn wir »unser Ding« gefunden haben, dann spüren wir es.

Genau so bin ich Schriftstellerin geworden. Als ich das Romanschreiben einmal für mich entdeckt hatte, spürte ich instinktiv, dass es das Richtige für mich war. Denn egal, wie viel Enthusiasmus ich zuvor in Schauspiel, Musik, Lyrik oder Tanz gesteckt hatte – da war immer ein Hauch von Zweifel, eine innere Distanz. Ein Teil von mir wusste, dass ich das Richtige noch nicht gefunden hatte. Das war beim Romanschreiben mit einem Schlag anders.

Auch wenn sich nie ein Verlag für mich interessiert hätte, hätte ich weiter geschrieben. Vielleicht hätte ich irgendwann aufgehört, meine Werke Verlagen anzubieten, um mir die schmerzlichen Absagen zu ersparen. Aber ganz sicher hätte ich mich nicht selbst der Freude beraubt, die mir meine kreative Praxis schenkt!

Insofern: Nein, ausbleibender (Publikums-)Erfolg ist absolut kein Grund, aufzuhören.

Was du kreieren willst, ist zu einhundert Prozent deine Sache. Sei also ausnahmsweise einmal vollkommen egoistisch und tu, was du liebst. Stell dir die richtigen Fragen. Beantworte sie ehrlich. So richtest du deinen inneren Kompass aus. Alles, was du dann noch tun musst, ist losgehen.

»Und ... Action!« – Tricks fürs Anfangen

Während ich dieses Kapitel schreibe, sitze ich an meinem Schreibtisch in Köln. Draußen erwacht die Stadt. Die Piratenflagge, die am Haus gegenüber den Balkon schmückt, weht leise im Wind, und gerade beginnen die Kirchenglocken zu läuten. Anfänge haben etwas Magisches. Ein neuer Tag, der anbricht. Ein neues Jahr, das uns das Gefühl gibt, dass alles möglich ist, dass wir eine neue Chance erhalten. Ein neues Kapitel, das wir komplett nach unseren Wünschen und Vorstellungen gestalten können.

Doch so zauberhaft ein Neubeginn sein kann, so anstrengend ist er auch. Ein neuer Tag heißt vielleicht, dass wir uns Herausforderungen stellen müssen, denen wir uns nicht gewachsen fühlen. Neujahr setzt uns womöglich unter Druck. Und der Anfang eines Textes, eines Bildes, eines Musikstücks ist für gewöhnlich der schwierigste Teil.

Das gilt nicht nur für Anfängerinnen und Anfänger, sondern für uns alle.

Ein Beispiel: Der Kapiteleinstieg, den ich hier gewählt habe, ist alles andere als originell, und ich bin mir relativ sicher, dass sich kaum jemand dafür interessiert, wie es vor meinem Fenster aussieht. Aber es ist ein Anfang, und den brauchte ich dringend. Zuvor hatte ich mir nämlich lange Gedanken darüber gemacht, was der perfekte Ein-

stieg für dieses Kapitel wäre. Ich habe mir über einen längeren Zeitraum Notizen gemacht, in denen ich festgehalten habe, worum es in diesem Kapitel gehen soll. Dann habe ich die Notizen korrigiert. Sie noch einmal neu geschrieben. Dann habe ich mir einen frischen Kaffee gekocht. Dann habe ich mir Gedanken darüber gemacht, ob ich heute beim Schreiben eine bestimmte Playlist hören oder Ruhe haben möchte. Schließlich bin ich online gegangen und habe eine Seite besucht, von der aus man die Sounds verschiedener Coffeeshops abspielen kann – dieses leise Gemurmel und Kaffeetassengeklapper beruhigt mich für gewöhnlich. Dann habe ich die leere Textdatei auf meinem Computer angestarrt. Und noch einmal in meine Notizen gesehen. Kurz gesagt: Ich habe getan, was viele von uns tun, wenn sie anfangen sollen. Ich habe prokrastiniert. Dann ist mir allerdings klar geworden, was ich da tue, und ich habe mich selbst vom Haken gelassen. Ich habe mir gesagt, dass der Anfang nicht perfekt sein muss. Dass ich ihn jederzeit ändern kann, wenn ich das möchte. Ich habe mir gesagt, dass es okay ist, dass ich mich derzeit nicht sonderlich motiviert oder inspiriert fühle, dass die Motivation von ganz allein kommen würde, wenn ich die ersten paar Sätze getippt hätte. (Ich hatte recht.) Ich habe mir gesagt, dass der Anfang zwar wichtig ist, aber nicht alles. Und ich habe begonnen.

Ob wir nun gerade die ersten Schritte auf unserem kreativen Weg machen oder alte Häsinnen und Hasen sind – manchmal ist aller Anfang tatsächlich schwer. Natürlich gibt es Projekte, in die wir uns Hals über Kopf hineinstürzen. Aber wenn ich in den vielen Jahren, die ich bereits mit anderen Menschen über ihre kreativen Ambitionen spreche, eines gelernt habe, dann das: Nichts bereitet bestimmten Leuten so große Schwierigkeiten wie anzufangen. Also schieben sie den Beginn ihres Projekts immer weiter auf. Ich nenne sie verhinderte Kreative.

Meistens kann man sie in zwei Gruppen teilen. Gruppe eins erfindet viele gute Ausreden, um nicht mit dem Projekt, von dem sie eigentlich träumt, beginnen zu müssen. *Ich habe nicht genug Zeit!*, ist die häufigste. *Ich habe nicht genug Geld, ich bin zu alt, ich bin zu jung, mir fehlt das nötige Know-how, das Talent, das Umfeld!*, sind gängige Varianten.

Die zweite Gruppe der verhinderten Kreativen tut vor sich und vor anderen so, als wolle und werde sie wirklich sehr, sehr bald anfangen, bleibt aber in ewigen Vorbereitungen stecken. Statt einfach mit einem alten Bleistift eine Zeichnung aufs Papier zu werfen, klappern sie erst einmal dreiundvierzig Läden für Kunstbedarf ab, um diese ganz bestimmte japanische Bleistiftmarke zu finden, ohne die sie einfach nicht arbeiten können! Das Erstaunliche an beiden Gruppen: Wenn man ihnen zuhört, klingt das, was sie sagen, vollkommen plausibel.

Als ich noch journalistisch tätig war, freundete ich mich in einer Redaktion mit einem Kollegen an. Er war ein begabter Maler, der allerdings inzwischen nicht mehr die Zeit fand, Neues auf die Leinwand zu bringen. Wenn man privat mit ihm zusammen war, erzählte er häufig, wie gerne er wieder mehr malen würde. Doch leider sei das vollkommen unmöglich. Der Job fordere ihn stark, und nach Feierabend wolle er für seine Familie da sein. Absolut verständlich, oder? Ich jedenfalls habe diese Argumentation damals nicht hinterfragt. Schon allein, weil mir das ausgesprochen anmaßend vorgekommen wäre. Doch inzwischen sind ein paar Jahre ins Land gegangen, und ich habe jede Menge Leute kennengelernt, die beruflich und familiär ebenso stark eingebunden sind wie besagter verhinderter Maler und die trotzdem die Zeit finden, ihren kreativen Hobbys nachzugehen. Wo liegt der Unterschied? In erster Linie ist es so, dass die, die trotzdem Zeit für kreative Unternehmungen finden, einfach anders priorisieren. Dass sie vielleicht früher aufstehen oder Zeit von anderen Tätigkeiten abzwacken, um sich das Malen, Musizieren oder Schreiben doch irgendwie leisten zu können. Zeitmangel ist also nicht das eigentliche Problem.

Wenn ich nach Lesungen aus meinen Romanen am Signiertisch sitze, komme ich häufig mit Leuten ins Gespräch, die auch gerne einmal ein Buch schreiben würden. Ich sage dann immer dasselbe: »Bitte tun Sie es doch einfach! Wenn Sie es nicht wenigstens versuchen, bereuen Sie es vielleicht irgendwann!« Häufig antwortet man mir dann, dass die nötige Zeit einfach nicht da sei. Ich rate dann immer, ganz kleine Schritte zu machen. Sich jeden Tag eine Stunde zu nehmen. Und wenn das nicht geht, eine halbe. Ich feilsche. »Fünfzehn Minuten! Zehn! Fünf?« Oft höre ich dann eine Variation dieser Antwort: »Nur fünf Minuten am Tag? Wissen Sie, wie alt ich sein werde, wenn ich dann mit meinem Buch fertig bin?«

Ja, das weiß ich. Genauso alt, wie Sie sein werden, wenn Sie es nicht tun. (Als ich noch einmal in »Der Weg des Künstlers« von Julia Cameron geschaut habe, ein Buch, das vor vielen Jahren mein Leben verändert hat, stellte ich fest, dass sie ganz ähnlich antwortet. Das hat mich natürlich nur weiter bestärkt.)

In all den Gesprächen, die ich über dieses Thema geführt habe, ist mir eines aufgefallen. Die, die sich hinter ihren Ausreden verstecken, wollen meist gar nicht, dass ihnen jemand einen Ausweg zeigt, und werden oft sogar sehr wütend, wenn man ihnen freundlich nahelegt, wie sie vielleicht doch noch Zeit für diese eine Sache finden könnten, die sie – wie sie selbst sagen – so verzweifelt gerne tun würden.

Der Grund ist immer derselbe: Angst.

Genau so steht es um verhinderte Kreative, die in ewigen Vorbereitungen stecken bleiben. Sie wirken zwar aktiv, und es sieht von Weitem so aus, als würden sie bald loslegen. Jemand, der gerne – sagen wir – ein Drehbuch schreiben würde, aber zu große Angst davor hat, wirklich damit anzufangen, wird in etwa so vorgehen: Er wird wahnsinnig viele Filme schauen und Drehbücher lesen, um sich inspirieren zu lassen. (Daran ist erst einmal nichts Falsches.) Er wird vielleicht einen Drehbuch-Workshop besuchen. (Eigentlich eine Superidee!) Er wird viel Zeit darauf verwenden, mit anderen über seine Ideen zu sprechen. (Im Grunde nicht verkehrt.) Er wird sich vielleicht schöne Notizbücher und tolle Stifte kaufen und viel Zeit investieren, um die perfekte Schreibsoftware zu finden. (Per se eine gute Sache.) Was er *nicht* tun wird, ist Folgendes: ein ganz normales Textdokument öffnen und anfangen.

Ich sympathisiere übrigens mit allen, die solche Ausreden verwenden, um nicht loslegen zu müssen; das habe ich selbst lange genug getan. Warum es so schwer ist, zu beginnen? Wie gesagt: weil wir Angst haben. Angst davor, in etwas, das uns viel bedeutet, eigentlich gar nicht gut zu sein. Angst, von anderen negativ beurteilt zu werden. Angst, nie und nimmer zu genügen.

Dahinter steckt zum einen ein ganz ungesunder Perfektionismusgedanke. Wir glauben, dass nur die Dinge einen Wert haben, in denen wir auch wirklich Weltklasse sind. Wir wollen keine Anfängerinnen und Anfänger sein. Uns mit ungelenken Zeichnungen und verpatzten ersten Bühnenauftritten der Lächerlichkeit preisgeben. Wir wollen glänzen! Wir wollen Lob und Bewunderung! Wir wollen keinen vielleicht langwierigen Prozess, in dem wir Stück für Stück besser werden. Wir wollen von Anfang an toll sein! Die Ausnahme! Naturtalente!

Die schlechte Nachricht ist die: So funktioniert es nicht, und ein Teil von uns weiß das auch. Es dauert lange, bis wir besser und vielleicht irgendwann richtig gut werden. Und dieser Prozess endet nie. Wir sind niemals fertig. Aber es gibt auch eine gute Nachricht: Dieser Prozess ist nicht nur anstrengend und geprägt von Herausforderungen und Rückschritten, er ist auch wunderschön.

Das Gegenmittel für Angst heißt Akzeptanz. Falls wir gerne unsere kreativen Ambitionen ausleben würden, es bisher aber nicht getan haben, dann müssen wir die Tatsache anerkennen, dass wir deswegen noch nicht begonnen haben, weil wir uns fürchten. Enttäuschungen tun weh, und es gibt keinen sichereren Weg, sich vor der Enttäuschung zu schützen, als *es* – was auch immer dieses Es sein mag – gar nicht erst zu versuchen. Wenn wir unsere Ängste anerkennen, verlieren sie ein Stück weit ihre Macht über uns, und wir werden ein bisschen freier.

Wenn wir es geschafft haben, die Tatsache anzuerkennen, dass es Furcht ist, die uns zurückhält, können wir damit beginnen, die Realitäten zu akzeptieren. Kreatives Arbeiten ist risikoreiches Arbeiten. Ob wir nun schon lange kreativ tätig sind oder gerade erst damit beginnen: Eine Garantie für Erfolg hat niemand von uns. Kreative Projekte sind immer Wagnisse. Das liegt in der Natur der Sache. Wenn wir akzeptieren, dass wir noch viel zu lernen haben, dass wir Fehler machen und vielleicht kritisiert werden, wenn wir begreifen, dass wir womöglich niemals Perfektion erreichen werden, dann wird der Weg frei für etwas anderes, Besseres: für Spaß an der Sache. Für Freude am Tun. Für Flow. Und genau da liegt der eigentliche Lohn kreativer Arbeit. Der Lohn ist der Prozess, nicht der Applaus, der vielleicht irgendwann folgt.

So enttäuschend das für alle, die nicht in die Gänge kommen, klingen mag: Man fängt an, indem man anfängt. Diesen Schritt kann uns niemand abnehmen. Allerdings habe ich in den vergangenen Jahren und Jahrzehnten ein paar Tricks entwickelt und aufgeschnappt, die ich hilfreich finde, wenn ich mal so gar nicht in die Gänge komme.

Tipp Nummer eins – Nicht am Anfang beginnen! Dem ersten Satz eines Romans wird allergrößte Bedeutung beigemessen. »Der erste Satz eines Romans ist ein Versprechen des Autors an den Leser«, sagt mein Literaturagent immer. Wieder und wieder habe ich gehört, dass die Leute im Verlag oder in der Agentur, die Manuskripte prüfen, behaupten, schon nach dem ersten Absatz oder gar nach dem ersten Satz sagen zu können, ob ein Text etwas taugt oder nicht. Der Kult um den ersten Satz ist groß, allein im Internet finden sich zahllose Listen, in denen den schönsten ersten Sätzen der Literaturgeschichte gehuldigt wird. Dementsprechend riesig ist der Druck für Romanautorinnen wie mich, einen guten Anfang abzuliefern. Ich habe mich früh entschieden, dieser Hürde den Schrecken zu nehmen, indem ich achronologisch schreibe: Wenn mir zu Beginn eines Projekts ein toller erster Satz zufliegt, dann schreibe ich ihn natürlich auf. Aber wenn das nicht passiert, gehe ich einfach darüber hinweg. Wer sagt denn, dass ich den ersten Satz des Romans als Erstes schreiben muss? Wenn ich will, kann ich erst alle vierhundert Seiten eines Buches schreiben und mir dann, wenn ich anderthalb Jahre später damit fertig bin, Gedanken über den ersten Satz machen. Bei kreativen Projekten machen wir unsere eigenen Regeln. Wir entscheiden selbst, wie wir arbeiten. Und wir entscheiden selbst, wie wir beginnen.

Tipp Nummer zwei – Es kann helfen, sich selbst ein Limit zu setzen. Die US-amerikanische Autorin Elizabeth Gilbert betrieb eine Zeit lang einen Podcast, »Magic Lessons«, in dem sie Fragen zum Thema Kreativität beantwortete. In einer Episode sprach sie mit einer niederländischen Schriftstellerin, die mit ihrem ersten Buch recht erfolgreich gewesen war und nun Schwierigkeiten hatte, ihr zweites Werk zu beginnen. Was sie nun tun solle? Elizabeth Gilberts Antwort war genial. Sie riet der Autorin nicht, sich locker zu machen und einfach loszulegen. Manchmal sind wir so blockiert, dass wir uns einfach nicht überwinden können. Das liegt oft daran, dass das Projekt, das vor uns liegt, wie ein riesiger, unüberwindlicher Berg erscheint. Elizabeth Gilbert riet der Autorin, sich eine Begrenzung aufzuerlegen, statt weiter und weiter zu versuchen, ein hohes tägliches Schreibpensum zu schaffen (und Tag für Tag zu scheitern). Sie dürfe ab jetzt jeden Tag nur noch eine bestimmte, sehr kurze Zeit schreiben. Den Rest des Tages sei ihr das Schreiben *verboten*.

Das Schöne an besagtem Podcast: Gilbert sprach Monate später noch einmal mit der Schriftstellerin, um zu hören, wie es ihr ergangen war. Und siehe da, der Trick hatte Wirkung gezeigt. Die Tatsache, dass sie nur noch ganz wenig Zeit pro Tag auf ihren Text verwenden durfte, hatte dazu geführt, dass sie anfing – und weitermachen wollte.

Begrenzungen können unendlich hilfreich sein. Falls du Schwierigkeiten hast, anzufangen, dann schließe einen Pakt mit dir selbst. Du darfst heute nur einen

Satz schreiben. Dir nur eine Liedzeile ausdenken. Nur einen einzelnen Pinselstrich setzen. Der Vorsatz »Roman schreiben« ist diffus und einschüchternd. Der Vorsatz: »einen Satz für meinen Roman schreiben« ist konkret und machbar. Selbst, wenn du danach aufhörst... Ein Anfang ist gemacht. Und das ist viel. Danach kommen die Dinge häufig von ganz alleine in Schwung.

Tipp Nummer drei wende ich auch heute immer wieder an. Ich nenne ihn »das Baby im Brutkasten lassen«. Ich ging von Anfang an schüchtern mit meinen Texten um. Daran hat sich nichts geändert. Zwar teile ich meine Werke inzwischen mit der ganzen Welt, aber wenn ich einen Text zum ersten Mal herzeigen soll, fällt mir das immer noch schwer. Kreative Werke in einem frühen Stadium zu teilen ist für mich kontraproduktiv. Also mache ich es auch nicht.

Ich kann gerade deswegen immer wieder neue Projekte beginnen und unbeschwert arbeiten, weil ich am Anfang eben noch *nicht* teile. Weil ich weiß: Das hier mache ich erst mal nur für mich.

Tipp Nummer vier funktioniert eher gegenteilig.

Sich immer wieder zu sagen, dass das, was man gerade erschafft, überhaupt niemand sehen muss, wenn man das nicht will, kann ein sehr hilfreicher Gedanke sein, um die innere Hürde zu nehmen und anzufangen. Aber natürlich gibt es auch jede Menge Menschen, die da genau gegenteilig gestrickt sind und für die es höchst motivierend ist, ihre Werke *früh* zu teilen. Hier lautet das Stichwort:

Rechenschaft ablegen. Wir kennen das vom Sport. Couch Potatoes wie mir wird immer geraten, sich eine Freundin zu suchen, die ebenfalls sportlicher werden will, und sich mit ihr fürs Training zu verabreden. Die Tatsache, dass man seine Freundin nicht hängen lassen möchte, sorge dann dafür, dass man regelmäßig ins Fitnessstudio gehe. Dieses Prinzip können wir uns abgewandelt auch bei kreativen Unternehmungen zunutze machen, wenn wir zu denen gehören, die ihre Werke gerne in einem frühen Stadium teilen.

Du könntest dir jemanden in deinem Umfeld oder sogar online suchen, dem du vertraust, und der deinen Fortschritt begleitet. Andere nicht enttäuschen zu wollen hat einen ähnlichen Effekt wie eine Deadline: Du hast einen externen Grund, anzufangen. Einem anderen Menschen gegenüber Rechenschaft ablegen zu müssen kann sehr motivierend sein.

Tipp Nummer fünf klingt erst einmal verrückt, ist aber besonders wirkungsvoll: Mach, was auch immer du machen willst, so schlecht wie möglich!

Im kreativen Prozess können wir nichts erzwingen. Wenn wir zu verbissen vorgehen, fällt uns ohnehin nichts ein. Kreativität mag Leichtigkeit, Spielerisches. Wenn du das Gefühl hast, nur Schrott hervorzubringen, oder wenn du glaubst, nicht gut genug zu sein und daher gar nicht erst beginnen magst, versuche einmal Folgendes. Nimm dir vor, die vor dir liegende Aufgabe – den Song, den du schreiben sollst, die Zeichnung, die du anfertigen willst, den Rock, den du entwerfen möchtest, was auch immer! – so schlecht wie möglich zu erledigen. Gib dir allergrößte Mühe, einen wahrlich grauenhaften Anfang für ein Drehbuch zu schreiben. Sorge dafür, dass der Beginn deiner Tanzchoreografie so absurd schlecht ist, dass das imaginäre Publikum nicht wissen wird, ob es lachen oder weinen soll. Komponiere den Auftakt einer Sinfonie, der im wahrsten Sinne des Wortes haarsträubend ist. Du schlägst damit zwei Fliegen mit einer Klappe. Zum einen ist das eine kraftvolle kreative Technik, um mal ganz neue Wege einzuschlagen, das Hirn in neue Bahnen zu lenken und Vertrautes unter einem anderen Blickwinkel zu betrachten. Und zum anderen hast du dich locker gemacht – und angefangen. Jetzt hast du etwas, das du entweder wegwerfen und noch einmal neu machen oder behalten und graduell verbessern kannst.

Mach dir außerdem klar, dass es auch Vorteile hat, Anfängerin oder Anfänger zu sein. Andere sind noch nicht so streng mit dir, Stichwort: Welpenschutz. Und es gibt tatsächlich so etwas wie Anfängerglück. Noch nicht alle Regeln zu kennen kann nämlich manchmal dazu führen, dass man etwas besonders Interessantes erschafft, auf das die Profis nie gekommen wären.

Also: Falls du es bisher aufgeschoben hast… Leg deine Erwartungen an dich selbst und an dein potenzielles Publikum beiseite und fang an. (Farbe zu kaufen ist kein Anfang, ein einzelner Pinselstrich schon. Deine Bleistifte anzuspitzen ist kein Anfang, ein erster Satz schon.)

Und hab keine Angst! Der Beginn ist wichtig, aber er ist nicht alles. Der Anfang dieses Kapitels war mäßig. Aber hättest du jetzt noch daran gedacht, wenn ich dich nicht daran erinnert hätte?

So findest du deinen eigenen Stil

Mehr als 7,7 Milliarden Menschen bevölkern derzeit die Erde. Eine Milliarde, das sind tausend Millionen. Eine Milliarde, das ist eine Eins mit neun Nullen dahinter.

Es gibt unfassbar viele von uns. Und dennoch sind wir alle einzigartig. Klingt abgedroschen, stimmt aber. Alles an uns ist einmalig und wiedererkennbar. Unsere Erfahrungen und Emotionen. Die Art, wie wir denken und uns ausdrücken. Unsere Handschrift würden Experten unter Tausenden wiedererkennen, selbst dann, wenn wir uns Mühe gäben, sie zu verstellen. Künstliche Intelligenz ist nicht nur in der Lage zur Gesichtserkennung, sie erkennt uns sogar an unserem Gang. Selbst in den banalsten Dingen drückt sich unser Wesen auf eine Art aus, die uns von allen anderen unterscheidet. Ist das nicht faszinierend?

Ob wir Bildhauer sind oder Tattookünstlerinnen, ob wir nähen oder backen oder in Drag Shows auftreten: Nichts, was wir tun, tun wir auf exakt dieselbe Art wie jemand anderes.

Wenn ich als Kind über Musik nachgedacht habe, hat es mich fasziniert, dass es immer wieder neue Melodien gibt – obwohl schon so vieles existiert. Ich bin in musikalischer Hinsicht leider ziemlich ungebildet und kann noch nicht einmal Noten lesen, aber selbst ich weiß, dass es nur eine sehr begrenzte Anzahl von ihnen gibt. Jedes Musikstück, das wir kennen – sei es ein Stück von Tschaikowsky, ein Lied von Patti Smith, die Hook Line eines HipHop-Songs von Jay-Z oder ein Jazzstück von Ella Fitzgerald, sei es in Kenia entstanden oder in Malaysia, in Syrien oder in Kanada, vor tausend Jahren oder gestern –, setzt sich aus ihnen zusammen. John Lennons *Imagine* ist aus demselben Stoff gewebt wie ein improvisiertes Stück, das Ravi Shankar auf der Sitar spielt.

Als Kind habe ich immer gedacht, dass die Noten und das, was man mit ihnen machen kann, doch irgendwann aufgebraucht sein müssten. Dass irgendwann keine Lieder mehr übrig sein könnten. Aber so ist es nicht. Uns gehen niemals die Lieder aus, ebensowenig wie die Bilder oder Geschichten. Das hat vor allem zwei Gründe. Der erste liegt nahe: Die Welt dreht sich weiter, wir Menschen entwickeln uns. In der Welt von Clara Schumann gab es kein Autotune, Shakespeare konnte nicht über den Klimawandel schreiben und Tizian keine digitale Konzeptkunst erschaffen. Der zweite Grund, warum es im wahrsten Sinne des Wortes unendlich viele Möglichkeiten gibt, etwas völlig Eigenes zu kreieren? Stil.

Unser Ding finden wir, indem wir ehrlich zu uns selbst sind. Mit dem eigenen Stil verhält es sich ähnlich. Wir können uns einen eigenen Stil erarbeiten, aber wir können uns nicht aktiv für einen bestimmten eigenen Stil entscheiden. Es ist wie mit Geschmack. Wir entscheiden uns nicht aktiv dazu, Süßkirschen zu mögen oder Chicorée zu verabscheuen. Es ist einfach so.

Wenn ich einen Roman schreibe, dann entscheide ich mich für ein grundlegendes Thema, für die handelnden Personen, für die Zeit, in der er spielt, für den Ort und für die Handlung, und ich treffe tausend weitere große und kleine Entscheidungen. Aber mein Stil ist, wie er ist. Ich klinge, wie ich klinge. Zwar entwickele ich mich über die Jahre weiter – aber erzwingen oder beschleunigen kann ich diesen Prozess nicht.

Wir finden unseren eigenen Stil also nicht wirklich – wir legen ihn frei!

Es gibt eine schöne Anekdote darüber, wie Michelangelo den Prozess, eine Statue zu erschaffen, beschrieb. »Verraten Sie mir das Geheimnis Ihres Genies. Wie haben Sie die Statue von David erschaffen – dieses Meisterwerk aller Meisterwerke?«, soll der Papst ihn gefragt haben. »Ganz einfach«, antwortete Michelangelo der Überlieferung nach. »Ich entfernte alles, was nicht David ist.«

Ob dieser Dialog so stattgefunden hat oder nicht, ich finde dieses Bild faszinierend. Michelangelo fand sich vor einem riesigen, tonnenschweren Block wieder und sah bereits den fertigen David darin. Also machte er sich daran, die Figur, die er vor seinem inneren Auge sah, aus dem Marmor zu befreien. Diese Anekdote zeugt nicht nur vom Genie Michelangelos. Für mich beschreibt sie auch perfekt, wie wir vorgehen sollten, wenn wir uns auf der Suche nach unserem eigenen Stil befinden. Wenn wir dieser Anekdote folgen, dann ist unser Stil von Anfang an in uns angelegt, so wie die Statue schon im Marmor ist, auch wenn sie noch von anderem überdeckt wird. Aber wie legt man ihn frei?

Falls du noch am Anfang deiner kreativen Tätigkeit bist, fragst du dich vermutlich, ob du überhaupt einen eigenen Stil hast. Keine Sorge! Hast du. Vielleicht ist er für dich und andere nur noch nicht so klar erkennbar. Deine eigenen Abneigungen und Präferenzen zeigen dir, wo es langgeht. Falls du Musikerin bist, dann hast du garantiert jede Menge Lieblingslieder, von denen du dir wünschen würdest, du hättest sie geschrieben. Und gleichzeitig gibt es sicherlich ganze Musikrichtungen, die du ablehnst. Gäste, die dich daheim besuchen, könnten mit einem Blick auf dein CD- oder Plattenregal oder in deine Playlists bei Spotify sicher deinen Musikgeschmack ablesen. Und genau da geht's lang. Unsere kreative Arbeit ist erst einmal für uns selbst da – und im nächsten Schritt, sofern wir uns dazu entscheiden, fürs Publikum. Da versteht es sich von selbst, dass wir Dinge kreieren, die wir auch selbst gerne konsumieren würden! Wir machen Lieder, die wir selbst gerne hören würden. Wir drehen Filme, die wir selbst gerne sehen würden. Ich schreibe Bücher, die ich selbst gerne lesen würde. Daher kann es hilfreich sein, einmal genau hinzuschauen, zu welchen Kunstwerken es uns hinzieht, und aktiv darüber nachzudenken, was uns an ihnen beeindruckt, fasziniert oder anrührt.

Äußere Einflüsse sind wichtig. Manche können wir uns aussuchen, andere nicht. Wen wir uns zum Vorbild nehmen, das können wir selbst entscheiden, und wir sollten uns Vorbilder und Lehrerinnen oder Lehrer suchen, die uns irgendwie anziehen, mit denen wir auf einer Wellenlänge sind. Sie werden unseren Stil mitprägen.

Vorbilder sind am Anfang wirklich wichtig. Zwar ist es essentiell, dass wir uns irgendwann auch wieder von ihnen lösen, wenn wir unseren ganz eigenen Stil finden wollen. Aber zunächst einmal ist es ganz natürlich, so sein zu wollen wie jemand, der oder die einen inspiriert. Such dir also Vorbilder. Eifere ihnen nach. Imitation ist zunächst ein ganz legitimes Mittel, um ins Machen zu kommen, die Techniken deiner Kunstform zu analysieren und auszuprobieren und um graduell besser zu werden. Irgendwann wirst du genug davon haben, jemanden nachzuahmen, und dein eigener Stil wird sich langsam, aber sicher zeigen. Das musst du nicht forcieren, das passiert von ganz alleine.

Übrigens: Natürlich haben nicht alle von uns Zugang zu großartigen Lehrern oder erfahrenen Mentorinnen. Müssen wir aber auch nicht unbedingt. Wir lernen am Modell, und dafür brauchen wir keinen direkten Zugang zu einem bestimmten Menschen. Du bist eine junge Autorin, die am liebsten Fan-

tasyliteratur schreibt und schwärmst für Neil Gaiman – kannst ihn aber natürlich nicht einfach anrufen? Kein Problem. Du hast auch so Zugang zu seinen Gedanken. Du könntest zunächst alles lesen, was Neil Gaiman jemals veröffentlicht hat. (Wenn du ein Fan bist, dann hast du das vermutlich längst getan – und eine Menge dabei gelernt.) Als Nächstes könntest du die Interviews lesen, die Neil Gaiman über das Schreiben gegeben hat. Du könntest dich mit seinen Blogeinträgen befassen, in denen er jungen Autorinnen und Autoren immer wieder Tipps an die Hand gibt, du könntest Podcasts hören, in denen er über seine Arbeit spricht, seine Tweets durchforsten, schauen, was du auf YouTube über ihn findest, und letztlich – falls du das nötige Kleingeld hast, sogar seinen Online-Schreibkurs buchen. Am Ende hast du vermutlich einen so guten Einblick gewonnen, wie Neil Gaiman arbeitet, was ihm beim Schreiben wichtig ist und was er einer Anfängerin wie dir raten würde, dass du gar keinen persönlichen Zugang mehr zu ihm brauchst.

Wenn du dir ausreichend Gedanken darüber gemacht hast, was dir gefällt, dann wende dich nun dem Gegenteil zu. Was gefällt dir überhaupt nicht? Wir kennen das doch alle: Hin und wieder sehen wir ein Stück Kunst und rümpfen unwillkürlich die Nase. Manchmal ist es uns gar nicht so bewusst, aber hinter diesem Naserümpfen steckt häufig der Gedanke »Das hätte ich aber ganz anders gemacht«. Das kleine Wörtchen *ich* ist in diesem Kontext sehr interessant, denn es heißt ja, dass es plötzlich nicht mehr um das geht, was jemand anderes kreiert hat, sondern um das, was *du* gerne kreieren *würdest*. Du hättest das anders gemacht. Super! Und wie? Dinge, die uns frustrieren, können gute Lehrmeister sein.

Vielleicht bist du ein angehender Drehbuchautor. Du sitzt im Kino, schaust dir einen Film an, stopfst Popcorn in dich rein und bist eigentlich ganz vergnügt – bis fünf Minuten vor Schluss. Denn dann passiert etwas, das dir den ganzen Film verdirbt. Was für ein fürchterliches Ende! Als du mit deinem besten Freund den Kinosaal verlässt, bist du immer noch sprachlos, aber als ihr noch im Café nebenan beisammensitzt und über den Film quatscht, redest du dich in Rage. Hätte der Film ein anderes Ende gehabt, wäre er perfekt gewesen, aber so?

Freu dich! Solche Momente bieten kreative Impulse. Etwas schlecht zu finden ist einfach. Nicht ganz so einfach ist es, sich Gedanken darüber zu machen, warum man etwas schlecht findet und was genau man selbst anders gemacht hätte. Es könnte also eine ganz gute Übung für dich als angehenden Drehbuchautor sein, dir ein alternatives Ende für den Film zu überlegen, den du gerade gesehen hast, und es aufzuschreiben. Das ist nicht so anspruchsvoll, wie eine eigene Idee für einen Film zu haben und sie von hinten bis vorne umzusetzen. Aber dennoch ist es eine tolle Übung.

Das gilt für jede Kunstform. Falls du noch nicht weißt, was du selbst kreieren möchtest und wie, dann orientiere dich an dem, was dir gefällt. Und falls dir klar wird, was du anders machen würdest: Tu es! Das Wichtigste ist, ins Machen zu kommen. Bleib nicht bei Bewunderung für oder Kritik an kreativen Werken stehen. Etwas wahrzunehmen und eine Meinung dazu zu haben, ist kein kreativer Akt. Etwas Bestehendes zu nehmen und es zu transformieren schon.

Ich weiß nicht, ob du gerne Serien schaust – ich schon. Ich finde, da wurden in den letzten fünf bis zehn Jahren ein paar wirklich spannende Geschichten erzählt. Eine Serie, die mich ziemlich beeindruckt hat, war »Mr Robot«. Die Show folgt einem soziophoben Hacker namens Elliot, der versucht, mit anarchistischen Aktionen die Welt zu verändern. Am Anfang stand ich der Serie im Gegensatz zu vielen anderen etwas kritisch gegenüber. Um zu verstehen, warum, musst du wissen, dass ich den Film »Fight Club« von David Fincher, als ich ihn irgendwann in den Neunzigern erstmals sah, für ein erzählerisches Meisterwerk hielt. (Ein düsteres, brutales, nihilistisches Meisterwerk – aber ein Meisterwerk.) Die Schlussszene, in der sich ein gewaltiges Werk der Zerstörung entfaltet, während »Where Is My Mind?« von den Pixies läuft, ist unvergesslich.

Als ich die ersten Episoden von »Mr Robot« sah, fielen mir sofort die Parallelen zu »Fight Club« auf. Ich dachte: Das gibt's ja nicht. Das ist nicht »Mr Robot«, das ist »Fight Club Reloaded«! Ich schaute trotzdem weiter. Als dann in einer Episode »Fight Club« ganz offen zitiert wurde und dabei auch noch »Where Is My Mind?«

Imitation

lief, freute ich mich. Das war eine Hommage! Das gefiel mir. Zumal die Serie sich spannend (und immer eigenständiger) entwickelte. In der letzten Staffel hatte die Show schließlich den Mut zu stilistischen Wagnissen, die ich so noch nie zuvor im Mainstream gesehen hatte: Eine Folge ist wie ein Kammerspiel im Theater inszeniert; eine andere kommt komplett (!) ohne Dialoge aus. Selten habe ich ein beeindruckenderes Beispiel für ein Kunstwerk gesehen, das offensichtlich ein konkretes Vorbild hatte und dann so kraftvoll zu etwas ganz Eigenem, Neuem wurde.

Ich habe keine Ahnung, ob Autor und Showrunner Sam Esmail Fan von David Finchers modernem Klassiker ist und das alles auch so sehen würde. Aber für mich ist klar: Was anfangs wie eine Verneigung vor einem Kultfilm aus den Neunzigern wirkte, entwickelte sich nach einer Weile zu etwas völlig Eigenständigem, Besonderem. Mit einer ganz eigenen Handschrift und einem völlig unvergleichlichen Stil.

Und natürlich will ich dich hier nicht dazu verführen, jetzt sofort alle Staffeln »Mr Robot« anzuschauen. Wir wollen ja kreieren, nicht konsumieren. Ich will lediglich klar machen, dass aus Imitation auch eigenständige Dinge erwachsen können.

Kreiere etwas. Probiere ein bisschen herum. *Trial and Error* sind deine wichtigsten Werkzeuge. Und hab Geduld. Ein eigener Stil entsteht nicht von heute auf morgen. Imitation und Nacheifern sind deine Schwimmflügelchen. Bald wirst du sie nicht mehr brauchen. Der Tag, an dem du nicht mehr darauf schielst, was andere machen, und aus dir selbst heraus kreierst, wird kommen. Irgendwann wirst du den Dingen, die du erschaffst, etwas von dir selbst mitgeben wollen. Einen Gedanken, ein Bild, eine Erfahrung oder ein Gefühl. Dann ist es an der Zeit, die Schwimmflügel abzustreifen und rauszuschwimmen. Vielleicht merkst du erst jetzt, wie schwer es ist, etwas zu kreieren, ohne sich auf das zu stützen, was andere gemacht haben. Das ist aber total okay.

Du hast dich ausgiebig damit beschäftigt, was dir gefällt und was dir nicht gefällt. Du hast deinen Instinkt geschärft und gelernt, auf dein Bauchgefühl zu hören und deinem eigenen Geschmack zu vertrauen. Nun horch einfach noch ein bisschen genauer in dich hinein. Welche Themen beschäftigen dich gerade in deinem Leben? Wie fühlst du dich? Was macht dich glücklich? Was macht dich wütend? Worüber hast du zuletzt geweint? Worüber hast du dich zuletzt gewundert? Wann hast du zuletzt gedacht: »Das gibt's doch nicht!« Oder »Wie cool ist das denn?!« Schau einfach mal, was deine Themen sind. Und dann mach was daraus.

Noch ein Tipp: So hilfreich es am Anfang sein kann, dich mit den Werken anderer zu beschäftigen, so lähmend kann es auch sein, wenn du dort hängen bleibst.

Ich muss immer an diese eine Situation in der Schule denken, als wir als Klassenarbeit einen Aufsatz schreiben sollten. Ich liebte Aufsätze und schrieb – anders als in Mathe oder Physik – eigentlich immer Einsen. Einmal schielte ich allerdings zu meiner Banknachbarin hinüber und sah, worüber sie schrieb. Sofort kam mir mein eigenes Thema, mit dem ich bis zu diesem Moment eigentlich ganz zufrieden gewesen war, nur noch halb so spannend vor. Ich hatte etwas getan, das sehr lähmend für die Kreativität sein kann: Ich hatte angefangen, mich mit anderen zu vergleichen.

Also: Es ist gerade anfangs sehr okay, zu kopieren und zu imitieren. Dabei lässt sich viel lernen. Doch sobald du in Fahrt gekommen bist: Schau nicht mehr nach links oder rechts.

Bleib bei dir. Jedes Mal, wenn ich ein neues Buch schreibe, höre ich auf, Romane anderer Autorinnen oder Autoren zu lesen. Die Entzugssymptome sind jedes Mal schlimm, denn Lesen ist mein liebster Zeitvertreib. Aber das Leseverbot hilft mir, wahrzunehmen, was *ich* kreieren möchte. Wenn ich dann am Schreibtisch sitze, gehen mir keine Sätze von anderen durch den Kopf, sondern ich höre meine eigene innere Stimme. Sie klingt wie ich. Sie bestimmt meinen Stil.

3

Das Kapitel,
in dem wir uns gemeinsam auf den Weg
in ein kreativ(er)es Leben machen

»You can't use up creativity.
The more you use, the more you have.«

Maya Angelou

Ganz unabhängig davon, auf welchen Gebieten wir kreativ sind, ist es hilfreich, ein paar Grundlagen zu kennen. Wie kommt man auf gute Ideen? Wie wird oder bleibt man inspiriert? Wie bringt man sich selbst etwas bei, wenn man keinen Zugang zu Lehrerinnen oder Mentoren hat? Wie schafft man etwas, das authentisch und originell und besonders ist? Und: Wie bleibt man dran, wenn es mal schwierig wird? All diese Dinge (und noch einige mehr) möchte ich dir im Folgenden vermitteln.

Ist das alles, was du wissen musst? Absolut nicht! Wir lernen niemals aus. Aber es ist alles, was ich in den letzten Jahrzehnten gelernt habe und dir gerne mit auf den Weg geben möchte. Es ist alles, worauf ich mein ganz persönliches kreatives Leben (und meine Karriere) aufgebaut habe.

Ideenfindung

In Interviews oder Gesprächsrunden ist das hier eine der Fragen, die am häufigsten auftauchen: »Wie kommen Sie auf Ihre Ideen?« Viele Autoren fürchten diese Frage, Stephen King zum Beispiel. Er ist der Meinung, dass es auf diese Frage gar keine Antwort geben kann, und ein Stück weit stimme ich ihm zu. Es ist im Nachhinein oft gar nicht so einfach zu sagen, wo eine bestimmte Idee herkam. Manchmal kann man sich aber durchaus noch daran erinnern, und darüber ein bisschen nachzudenken kann hilfreich sein, um zu verstehen, wie man mehr gute Ideen generieren kann.

Als ich Anfang zwanzig war, studierte ich in Bochum Medienwissenschaft und Allgemeine und Vergleichende Literaturwissenschaft. Ich wohnte – wie sich das für eine Studentin gehört – in einer winzigen Wohnung und fuhr einen alten, etwas klapprigen VW Polo. Er war dunkelblau, ich fand ihn wunderschön und taufte ihn auf den Namen »Angie«, was weder mit der Bundeskanzlerin noch mit der von den Rolling Stones besungenen Angie zu tun hatte, aber das nur nebenbei. Eines Nachts besuchte ich meinen Freund, der zur damaligen Zeit auf dem Land lebte. Auf dem Heimweg fuhr ich eine schmale Landstraße entlang. Links von mir dichter Wald, rechts von mir eine mondbeschienene Böschung. Plötzlich tauchte im Licht meiner Autoscheinwerfer ein Hindernis auf und zwang mich zum Anhalten. Schnell sah ich, dass es ein Reifen war, der da mitten auf der Straße im Weg lag. Sollte ich aussteigen und ihn wegräumen? Ich zögerte. Natürlich gingen mir die Bilder aller Horrorfilme, die ich je in meinem Leben gesehen hatte, durch den Kopf. Ich sah vor mir, wie ich die Fahrertür öffne, den Wagen verlasse – und wie dann etwas Furchteinflößendes passiert. Vielleicht würde etwas aus dem Wald herauskommen. Vielleicht hielt sich jemand in den Schatten verborgen, der den Reifen dort absichtlich hingelegt hatte und nur darauf wartete, dass jemand dumm genug wäre, die Sicherheit seines Autos zu verlassen. Vielleicht würde auch gar nichts geschehen. Vielleicht würde ich aussteigen, so schnell wie möglich die paar Meter bis zu dem vermaledeiten Reifen zurücklegen, mich hektisch umsehen, ihn beiseite wuchten, panisch wieder in mein Auto zurückkehren, die Tür hinter mir zuschlagen, das Knöpfchen runterdrücken – und ausatmen. Um dann mit einem Blick in den Rückspiegel festzustellen, dass sich jemand auf meiner Rückbank befindet.

Um es kurz zu machen: Ich bin damals nicht aus dem Auto gestiegen. Ich habe den Reifen umständlich umfahren und Gas gegeben. Und mich gefragt, was wohl passiert wäre, wenn ich ausgestiegen wäre. Vielleicht etwas Schlimmes. Vielleicht etwas Lustiges. Vielleicht etwas Überraschendes. Vielleicht gar nichts. Aus diesen »Vielleichts« werden Ideen geboren.

Manchmal trifft es einen wie der Blitz aus heiterem Himmel, und manchmal passiert es erst deutlich später.

Fünfzehn Jahre nach meinem eigentlich unspektakulären Erlebnis auf einer nächtlichen Landstraße war ich in New York unterwegs. Die Literaturstudentin von damals hatte ihr Auto abgeschafft, war nach Köln gezogen und erst Journalistin und schließlich Schriftstellerin geworden.

Ich hatte zu diesem Zeitpunkt bereits zwei erfolgreiche Bücher herausgebracht; das dritte würde bald erscheinen. Unterdessen machte ich mir bereits Gedanken über das vierte. Ich hatte mit der Arbeit an einem Exposé begonnen, als sich mir plötzlich der Wald als Schauplatz aufzudrängen begann. Das war seltsam. Da befand ich mich in der für meine Begriffe tollsten und aufregendsten Stadt der Welt. In einem echten Großstadtdschungel – und dachte plötzlich über die Wälder nach. Ich erinnerte mich daran, wie ich als sehr junge Frau eine nächtliche Straße entlangfuhr und von einem Reifen zum Anhalten gezwungen wurde. Und auch eine andere kleine Geschichte fiel mir wieder ein, die mir – ebenfalls vor vielen Jahren – ein Schulfreund erzählt hatte. Der war ebenfalls im Auto nachts eine Straße entlanggefahren, die ein Waldstück durchschnitt. Plötzlich musste er hart in die Eisen steigen, weil vor ihm, wie aus dem Nichts, ein Mann aufgetaucht war. Der Mann rannte in mörderischem Tempo rechts aus dem Wald heraus auf die Straße, überquerte sie, ohne auf den Verkehr zu achten – und tauchte auf der anderen Seite wieder in den Wald ein.

Mir stellten sich, als ich diese Geschichte hörte, so viele Fragen! Wovor lief der Mann weg? War jemand hinter ihm her? Oder etwas? Ein Verfolger? Eine Horde Wildschweine? Oder war das, was ihm so offensichtlich Angst machte, nur in seinem Kopf? Was, wenn mein Schulfreund einen Hauch schneller gefahren wäre und ihn erwischt hätte?

Das ist eine der wichtigsten Fragen im kreativen Prozess: Was wäre wenn ...?

Während ich durch New York lief, vorbei an Supermodels und Obdachlosen, an Pop-up-Stores und Hot-Dog-Ständen, begann ich, über diese beiden Begebenheiten und über meine lebenslange Faszination für den nächtlichen Wald nachzudenken. Schließlich schnappte ich mir meinen Laptop, setzte mich in einen Coffeeshop und begann, mir Notizen zu machen für einen Roman, der nachts im Wald spielt.

Und vielleicht lag es daran, dass ich alleine in der großen, fremden Stadt war und mich womöglich ein bisschen nach meinen Freundinnen und Freunden sehnte – auf jeden Fall entschied ich mich an Ort und Stelle, das Setting des unheimlichen nächtlichen Waldes mit einer Geschichte über Freundschaft zu verquicken. So wurde die Idee zu »Die Wälder«, meinem vierten Roman, geboren.

Es ist nicht schwer, Ideen zu haben. Eine Idee zu haben ist im Grunde der leichteste Teil des kreativen Prozesses – wenn man erst einmal begriffen hat, was eine Idee überhaupt ist und wie man sie erkennt und festhält.

Wenn es um die Ideenfindung geht, sind unsere eigenen Interessen, Erlebnisse und Emotionen unser größtes Pfund. Wir können aus allem schöpfen, was wir erleben oder jemals erlebt haben. Wir können alles verwenden, was wir jemals gehört, gesehen, gefühlt, geschmeckt oder gerochen haben. Ja! Selbst Gerüche können Ideen triggern.

Ich war einmal spät abends in einem kleinen Dorf an der Mosel unterwegs, in dem ich ein Weinfest besuchte. Es war niemand mehr auf der Straße, es war leise, und ich wähnte mich völlig alleine. Bis ich einen leichten, süßlichen Geruch wahrnahm, den ich nicht sofort einordnen konnte. Es dauerte einen Moment, bis ich begriff, dass es Pfeifentabak war. Ich sah mich um. Links von mir die Dorfstraße und ein paar Häuser, hinter deren Fenstern die Lichter längst verloschen waren, und keine Menschenseele. Rechts von mir: eine Hecke. Wiese. Gärten. Weit und breit niemand zu sehen. Mir wurde klar, dass hinter dieser Hecke jemand stand. Ganz still. Und eine Pfeife rauchte. Dieser Moment, dieser Geruch ist mir hängen geblieben und tauchte Jahre später an einer entscheidenden Stelle in meinem dritten Roman »Der Schatten« auf.

Wir erleben alle jeden Tag Dutzende, Hunderte, vielleicht Tausende kleiner und großer Dinge. Wir bewegen uns in einer bestimmten Umgebung, wir begegnen bestimmten Menschen, wir hören vielleicht eine interessante Konversation in der U-Bahn auf dem Weg zur Arbeit, sehen ein toll designtes Plakat, das unsere Fantasie anregt, oder begegnen, während wir nach einem ausgedehnten Barabend frühmorgens nach Hause wanken, einem Fuchs, der im Licht der Straßenlaternen die Großstadt durchstreift.

Jeder Tag ist randvoll mit interessanten Begebenheiten. Der Trick ist, sie wahrzunehmen.

Wenn du mehr oder bessere Ideen generieren möchtest – was meiner Meinung nach dasselbe ist –, dann musst du deine Antennen aufstellen. Triff den Entschluss, das Leben nicht mehr einfach so wegrauschen zu lassen. Nimm dir vor, mit offenen Augen und Ohren und mit offenem Herzen durch die Welt zu gehen. Versuche selbst dann, wenn du im vermeintlich drögen Alltag gefangen zu sein scheinst, deine Umgebung so wahrzunehmen, als sähest du sie zum ersten Mal.

Wir müssen nicht in jeder Sekunde unseres Lebens hundertprozentig präsent sein. Wir müssen uns nur bewusst machen, dass unsere Umgebung voll von Geschichten, Bildern, Rhythmen, Theaterstücken, Designobjekten und Liedern ist – dann wird unser Gehirn ganz automatisch darauf achten. Denn es ist darauf programmiert, uns immer das zu zeigen, von dem es glaubt, dass es uns nützlich ist.

Es gibt dazu ein ganz spannendes, mittlerweile berühmtes Experiment. Es hat mit einer Basketballmannschaft zu tun. Und mit einer Person in einem Gorillakostüm. Aber von Anfang an. Die Psychologen Christopher Chabris und Daniel Simons hatten für eine Studie verschiedenen Probanden die Aufgabe gestellt, sechs Basketballspieler in einem Video genau zu beobachten. Die eine Hälfte der Spieler trug weiße, die andere Hälfte schwarze Trikots. Und sie warfen sich gegenseitig Bälle zu. Die Probandinnen und Probanden sollten nun zählen, wie viele Pässe die weiß gekleideten Spieler warfen. Nach einer Weile lief ein als Gorilla verkleideter Mann ins Bild. Er war deutlich zu sehen. Am Ende des Experiments konnten die Probanden die Zahl der Pässe nennen. Doch auf die Frage, ob ihnen in dem Video etwas Ungewöhnliches aufgefallen sei, mussten die meisten von ihnen passen. Sie hatten den »Gorilla« schlicht nicht wahrgenommen. Und das ist ganz normal, so funktionieren wir alle. Dieses Phänomen heißt Unaufmerksamkeitsblindheit. Es beschreibt, dass wir selbst das Offensichtliche übersehen, wenn wir von etwas anderem absorbiert sind. Für mich erklärt das ein Stück weit, warum manche Menschen ständig Ideen haben und andere nicht. Es ist einfach so: Menschen, die permanent Ideen generieren, achten auf die Dinge in ihrem Leben, die ihnen Ideen liefern können. Im übertragenen Sinne haben sie ihrem Gehirn die Aufgabe gestellt: Achte auf den Gorilla! Natürlich sehen sie ihn dann auch, wenn er auftaucht. Und währenddessen zählen die anderen Pässe.

Nimm dir heute einmal vor, deine Antennen aufzustellen, und alles, was dich irgendwie interessiert, inspiriert, dir vielleicht auch einfach merkwürdig erscheint, wahrzunehmen. Du wirst erstaunt sein, wie viele spannende Dinge jeden Tag in deinem Umfeld vor sich gehen.

Wenn dir etwas aufgefallen ist, das du irgendwie interessant findest, dann halte es fest. Mach dir zunächst einmal keine Gedanken darüber, ob deine Beobachtung »gut« ist oder verwendbar. Halte sie einfach nur fest, ohne sie zu bewerten.

Ich selbst laufe meist mit einem Büchlein in der Handtasche durch die Gegend und mache mir eine schnelle Notiz, wenn mir etwas ein- oder auffällt. Wenn ich mein Büchlein nicht dabei habe, improvisiere ich. Ich habe mir Ideen auch schon auf Bierdeckel, Papierservietten oder auf meiner eigenen Handinnenfläche notiert. Du kannst dir natürlich auch Dinge in deinem Smartphone aufschreiben oder eine kurze Sprachaufnahme starten. Oder du machst als Gedankenstütze ein Foto. Wie du deine kleine Idee festhältst, ist erst einmal egal. Wichtig ist nur, dass du es tust. Ich weiß aus leidvoller Erfahrung, dass selbst Ideen, die uns unheimlich prägnant erscheinen, einfach wegrauschen, wenn wir sie nicht festhalten.

Also: Schreib alles auf. Sammele einfach den Tag über. Und schau dann abends mal, wie deine Ausbeute ist! Ist dir etwas aufgefallen, das dich inspiriert hat? Hattest du eine »echte« Idee? Oder hast du nur ein paar interessante Denkanstöße, Bilder, Satzfetzen gesammelt? Das ist alles wertvoll. Heb das, was du auch jetzt, ein paar Stunden später, noch interessant findest, auf. Wirf es nicht weg, auch wenn du noch nicht weißt, was du damit machen könntest. Manche Ideen brauchen Zeit. Übrigens: Das ist zwar eine Schreibübung, doch sie ist nicht nur für Autorinnen oder Autoren geeignet. Es geht ums Sammeln von Ideen – egal, ob die für Backrezepte, für deine nächste Mottoparty, ein Business oder ein Buch sind! Und falls du dir nicht gerne Dinge notierst, dann finde deinen eigenen Weg, Ideen zu sammeln. Hauptsache, du tust es!

Das Wichtigste ist, deinen Blick zu öffnen. Denn Ideenfindung ist nichts, was man punktuell betreibt. Wenn ich immer nur über eine Idee für ein Buch nachdenken würde, wenn es an der Zeit ist, mit einem neuen Roman zu beginnen, würde mich das massiv unter Druck setzen. Für mich ist Ideenfindung ein andauernder Prozess, der einfach nebenher läuft und mich weder Zeit noch Mühe kostet. Wenn mir etwas Interessantes auf- oder einfällt, notiere ich es. Das kann man machen, während man arbeitet, einen Spaziergang unternimmt, während man Bahn fährt oder im Supermarkt an der Kasse ansteht. Irgendwann hat man dann einen reichen Fundus an Ideen, aus denen man schöpfen kann. Und – was noch wichtiger ist – man hat am eigenen Leib erfahren, wie leicht es ist, Interessantes wahrzunehmen und daraus Ideen zu generieren.

Ein Eindruck, ein Bild, zwei oder drei Sätze aus einem Gespräch sind noch keine fertige Idee für ein Werk. Aber es könnte eine daraus werden.

In ihrem Buch »Kreativität – Wie unser Denken die Welt immer wieder neu erschafft« beschreiben David Eagleman und Anthony Brandt drei kognitive Strategien der Kreativität: Biegen, Brechen und Verbinden. Mit Biegen ist die Veränderung oder Weiterentwicklung von bereits Bestehendem gemeint. Die Coverversion eines Songs zum Beispiel. Eine, die ich besonders gerne mag, ist von der deutschen Band »Die Nerven«. Sie haben aus Lana del Reys schwüler Pophymne »Summertime Sadness« einen schlüssigen Punksong gemacht.

Die zweite Strategie heißt »Brechen«. Etwas in seine Teile zu zerlegen ermöglicht neue Perspektiven, und gibt uns darüber hinaus die Möglichkeit, die einzelnen Teile neu wieder zusammenzusetzen. Picassos »Guernica« ist ein gutes Beispiel. Indem er alle Figuren auf dem Bild »zerbrach« und auf ungewohnte Art zusammensetzte, zeigte er die Gräuel des Krieges.

Am häufigsten nutzen wir jedoch Strategie Nummer drei, wenn wir Neues kreieren: Wir verbinden! Das heißt, wir vollbringen die Hirnleistung, Dinge zu kombinieren, die zunächst nicht zusammengehören. Die kreative Küche ist ein gutes Beispiel dafür. Die wenigsten von uns kämen auf die Idee, Zander mit Pflaumenkompott zu kombinieren oder ein fruchtiges Sorbet mit Wasabi zu schärfen. Doch mit genau diesen extravaganten Kombinationen feiern Spitzenköche Erfolge. (Also, nicht mit exakt diesen, die habe ich mir gerade ausgedacht. Aber du verstehst, was ich meine!)

Zwei Dinge auf neue, frische Art miteinander zu verbinden klingt einfacher, als es ist. Zum einen sind viele Verbindungen schon gezogen worden. Zum anderen ergibt sich natürlich nicht aus jeder beliebigen Verbindung etwas Sinnvolles oder Interessantes. Vor allem aber sind viele von uns in gängigen Denkmustern gefangen und haben daher Schwierigkeiten, überhaupt wahrzunehmen, wie man durch spannende Kombinationen etwas Neues erschaffen könnte. Das hat mit der Art und Weise zu tun, wie unser Gehirn funktioniert. Es bewegt sich gerne auf bekanntem Terrain. Bleiben wir einmal bei dem Beispiel der modernen Küche. Wenn ich *Pasta* schreibe, dann denken die meisten automatisch an Spaghetti, Tomatensauce, Italien, Bolognese, Parmesan, Olivenöl. Wenn ich *Sushi* schreibe, dann assoziieren die meisten sicherlich Fisch, Reis, Sojasauce, Wasabi. Japan, Seetang, Stäbchen – und so weiter. Unser Gehirn assoziiert auf ausgetretenen Pfaden. Frans Johansson nennt die gedanklichen Barrieren in unserem Kopf, die uns daran hindern, ungewöhnliche Kombinationen zu sehen, in seinem Buch »Der Medici-Effekt – Wie Innovation entsteht« assoziative Barrieren. Als Kreative müssen wir daran arbeiten, unsere assoziativen Barrieren abzubauen. Dann sind wir vielleicht in der Lage, bei Sushi zwar immer noch an Reis – aber vielleicht an Milchreis zu denken. Und damit sind wir sofort bei Dessert und kreieren womöglich eine süße Variante ganz ohne Fisch. Bei Pasta assoziieren wir vielleicht immer noch Spaghetti, aber der Weg endet nicht dort. Vielleicht erinnert uns das Bild von aufgedrehten Spaghetti auf einem Teller, das wir vor unserem inneren Auge haben, plötzlich an die Nester von fadenartigen Algen, die wir im Urlaub am Strand gesehen haben, und wir kreieren Seetang-Pasta.

Wenn man ausgetretene Wege verlässt, tun sich plötzlich zahllose aufregende Möglichkeiten auf.

Doch wie senkt man die eigenen assoziativen Barrieren? Johansson erklärt unter anderem, wie hilfreich es ist, Kontakt zu unterschiedlichen Kulturen zu haben. Das öffnet den Blick und macht das Repertoire, aus dem man schöpfen kann, unendlich reicher. Ein Beispiel: Als ich mit meinem zweiten Roman »Die Wahrheit« begann, wusste ich, dass ich ein Buch schreiben wollte, das sowohl als Thriller als auch als Liebesgeschichte funktioniert. (Eine ziemliche Herausforderung.) Zudem wollte ich, dass das Buch ein paar märchenhafte Elemente aufweist. Märchenhafte Elemente in einem Thriller? Das war definitiv ein Wagnis, aber darauf will ich gar nicht hinaus. Der Punkt ist: Ich bin Europäerin. Bei *Märchen* denke ich reflexhaft an die Brüder Grimm und als Nächstes an Hans Christian Andersen. Tatsächlich verwendete ich schließlich – natürlich nur ganz subtil – einige Elemente aus Andersens Märchen »Die Schneekönigin« für meinen Thriller. Als Europäerin beim Stichwort Märchen auf Andersen zu kommen, ist naheliegend. Doch was wäre, wenn ich die ersten acht Jahre meines Lebens nicht in Thüringen, sondern – sagen wir – in Ghana verbracht hätte? Oder wenn meine Oma, die mir die Grimmschen Märchen vorlas, keine Deutsche gewesen wäre, sondern eine Russin? Oder eine Inderin? Oder eine Cherokee?

Sicher hätten sich zu Grimms und zu Andersen noch ganz andere spannende Märchen und Sagen gesellt. Und meinen Roman womöglich auf ganz andere Art befruchtet.

Ein weiterer Weg, assoziative Barrieren abzubauen, den Johansson nennt, ist der, gängige Annahmen auf den Kopf zu stellen. Ein schönes Beispiel, das mir immer imponiert hat, führt uns in die Welt der Musik.

Als am 29. August 1952 das Publikum in der Maverick Concert Hall nahe Woodstock im Staat New York seine Plätze einnahm, erwartete es, Musik zu hören. Schließlich war es gekommen, um einem Konzert beizuwohnen. Pianist David Tudor spielte jedoch nicht. Er saß an seinem Steinway-Flügel... und schien zu warten. Insgesamt vier Minuten und dreiunddreißig Sekunden lang. Zwischendurch klappte er lediglich den Klavierdeckel sehr leise auf und wieder zu, um Anfang und Ende des jeweiligen »Satzes« anzuzeigen.

Schon nach kurzer Zeit wurde das Publikum unruhig. Die Uraufführung des Stückes des US-amerikanischen Komponisten John Cage war absolut nicht das, was man erwartet hatte, und sorgte letztlich für einen handfesten Skandal. Ein Konzert ohne Musik! Unfassbar!

John Cage zählt zu den einflussreichsten Musikern des vergangenen Jahrhunderts, und »4'33« ist sein vielleicht berühmtestes Stück. Es warf zahlreiche Fragen auf. Was hörten die Menschen im Konzertsaal? Hörten sie Stille? Das Räuspern der Leute um sie herum? Das Rascheln eines Hustenbonbons, das leise ausgewickelt wurde? Entnervtes Schnauben? Den eigenen Atem? Fakt ist, dass der vielseitig interessierte und viel gereiste Cage sehr niedrige assoziative Barrieren hatte und wirklich *neue* Musik erfand. Für »4'33« stellte er die Annahme, dass ein Konzertstück aus Tönen besteht, völlig auf den Kopf.

Wir müssen in der Umsetzung nicht so radikal sein wie der berühmte Komponist. Aber auch wir profitieren davon, gängige Annahmen in ihr Gegenteil zu verkehren.

Ich beispielsweise habe bisher vier Thriller geschrieben. Was gehört zu einem Thriller? Ein gewalttätiges Verbrechen. Oder? Ich für meinen Teil habe entschieden, dass Spannungsromane auch mal völlig ohne Leichen auskommen können – und schreibe entsprechend.

Weniger radikal, aber ähnlich hilfreich ist folgender Tipp aus Johanssons Repertoire, den viele kreativ arbeitende Menschen seit Jahrhunderten bereits völlig intuitiv anwenden: unterschiedliche Perspektiven auszuprobieren.

Der Autor George Saunders hat renommierte Preise für sein Schreiben gewonnen, doch mit seinem letzten Werk hat er sich für meine Begriffe selbst übertroffen. Er erzählt in diesem nur wenige Seiten starken Text vom Leben, von der Liebe, von Gut und Böse. So weit, so durchschnittlich. Denn tun das nicht die meisten Romane? Nun, Saunders hat einen ganz speziellen Zugang gewählt: Er erzählt aus der Perspektive eines Fuchses. Und das völlig konsequent. Der Ich-Erzähler in »Fuchs 8« nimmt Dinge wahr wie ein Fuchs, bewertet sie wie ein Fuchs und erzählt sie uns wie ein Fuchs. Är schraibt so ga wi ain Fuks, dän di Mänschen Sprache ist füa ihn na tür lich nicht so ain Fach.

Was George Saunders hier in Perfektion durchexerziert hat, können wir ebenfalls nutzen, um interessante Ideen zu kreieren. Nehmen wir einmal an, du bist Modedesignerin und ein wenig in deinen gängigen Mustern gefangen. Du möchtest ein Kleid entwerfen und hast dabei für gewöhnlich deine üblichen Kundinnen im Kopf. Nun stell dir einmal vor, du würdest das Kleid nicht für eine Frau von Größe, Statur und Naturell deiner Lieblingskundin entwerfen, die dir vielleicht normalerweise im Kopf herumspukt, wenn du Dinge kreierst, sondern für jemand ganz anderen. Wie würde das Kleid aussehen, wenn du es für Rihanna entwerfen würdest? Oder für Angela Merkel? Oder für deine 92-jährige Großmutter? Das einmal – und sei es nur im Kopf – durchzuspielen kann zu spannenden Ergebnissen führen. Es zwingt dich automatisch, dein Repertoire zu erweitern.

Vielleicht denkst du nun über Schnitte nach, die du noch nie ausprobiert hast. Über andere Materialen oder Muster.

Perspektivwechsel sind gut fürs kreative Gehirn. Ob sie nun durch Reisen in ferne Länder getriggert werden oder durch Gedankenexperimente.

Die meisten von uns verhalten sich eher, als wollten sie neuen Ideen bewusst aus dem Weg gehen. Wir gehen da hin, wo Leute sind, die so denken, arbeiten und kreieren wie

wir. Das ist vollkommen normales menschliches Verhalten. Aber es ist wenig hilfreich, wenn wir mehr gute Ideen finden möchten. Uns nur unter »Unseresgleichen« aufzuhalten und uns nur mit den Dingen zu beschäftigen, mit denen wir uns schon immer befasst haben, ist ein bisschen so, als würden wir nach Gold suchen – aber nur da schürfen, wo es alle tun … und wo von vornherein nicht viel zu holen ist.

Eine angehende Architektin sollte sich daher vielleicht einmal in ein Seminar für Modedesign setzen. Oder in eines für Meeresbiologie. Ein Illustrator sollte eventuell nicht nur zum Aktzeichenkurs gehen, sondern sich auch mit Ethnologie oder mit Hochleistungssport befassen. Und ein Drehbuchautor findet eine große Zahl spannender Ideen womöglich eher in einem Kochkurs oder in einem Vortrag über Religionswissenschaften als im Drehbuchseminar. Laut Frans Johansson warten die besten Ideen an Orten, die er »Schnittstellen« nennt: die Stellen, an denen sich unterschiedliche Fachgebiete, Disziplinen und Kulturen überlappen.

Apropos »eine große Zahl spannender Ideen«. Neulich saß ich mal wieder mit meiner Freundin Laura zusammen, um unseren wöchentlichen Podcast aufzunehmen. Wir setzen uns regelmäßig – meistens montags – bei mir an den Küchentisch, nachdem Laura das technische Equipment aufgebaut hat und ich uns Kaffee gekocht habe, und wir entscheiden an Ort und Stelle, worüber wir in der neuen Episode sprechen möchten. Nun schlug Laura vor, einen Podcast über »die eine, die perfekte Idee« zu machen, »die das ganze Leben verändert«. Ich verstand sofort, worauf sie hinaus wollte, denn über dieses Thema hatten wir privat und ohne Mikrofone vor uns schon häufiger gesprochen und waren uns einig: die eine, perfekte Idee gibt es nicht. Laura hatte es damals so auf den Punkt gebracht: »Lieber hundert schlechte Ideen als nur eine gute.«

Ich kann ihr da nur zustimmen, auch wenn das vielleicht erst einmal seltsam klingt. Braucht man nicht nur eine gute Idee? Reicht das nicht? Meiner Meinung nach ist der Gedanke, dass man nur die eine brillante Idee haben muss, um als genialer Künstler oder als großartige Autorin anerkannt zu werden, blanker Unsinn – und sogar toxisch und hinderlich. Während du nach dieser einen, fabelhaften Idee suchst, übersiehst du womöglich hundert andere Ideen. Häufig zeigt sich außerdem nicht sofort, ob eine Idee gut oder schlecht ist. Manchmal müssen Ideen auch gehegt und gepflegt werden, um zu wachsen. Manchmal muss man sie ausprobieren. Ich halte es für das Beste, so viele Ideen wie möglich zu sammeln und keine von ihnen zu früh zu verwerfen. Und je mehr ich mich mit der Wissenschaft rund um das Thema befasse, desto klarer wird mir, dass das goldrichtig ist. Johansson formuliert es so: »Am stärksten korreliert die Qualität von Ideen tatsächlich mit ihrer Quantität.«

Er hat nachgezählt und verweist auf berühmte Kreative, um ihre beeindruckende Produktivität zu veranschaulichen: »Pablo Picasso zum Beispiel hat 20 000 Kunstwerke produziert, Einstein mehr als 240 Fachaufsätze geschrieben, Bach pro Woche eine Kantate, und Thomas Edison hat die Rekordzahl von 1039 Patenten angemeldet. Und heute gilt ebenso: Prince soll mehr als 1000 Songs in seinem geheimen »Tresor« aufbewahrt haben, Richard Branson hat 250 Unternehmen gegründet.«

Minimalismus ist trendy. »Klasse statt Masse« klingt plausibel. Wenn es darum geht, Ideen zu kreieren, ist es jedoch der völlig falsche Ansatz. Je mehr Ideen wir kreieren, desto wahrscheinlicher ist es, dass eine wirklich innovative dabei ist.

Und das ist eine super Sache, denn das bedeutet, dass wir nicht zwingend brillant sein müssen – sondern vor allem produktiv. Und darauf haben wir Einfluss!

Mach dir einmal einen Spaß daraus, so viele Ideen wie möglich für dein nächstes kreatives Projekt zu notieren. Finde zwanzig Ideen für deine nächste Kurzgeschichte, deine nächste Skulptur, dein neues Musikstück. Versuche, das Ganze spielerisch anzugehen. Mach dir keinen Druck, dass deine Ideen gut sein müssen. »Schlechte« Ideen sind nicht nur erlaubt, sondern ausdrücklich erwünscht. Bei Ideen geht es zunächst nicht um gut oder schlecht; es geht auch (noch) nicht um Umsetzbarkeit. Bei Ideen geht es nur darum, dass sie kommen. Und vergiss nicht: Ideen bauen für gewöhnlich auf etwas auf, das bereits existiert. Daher mach dir nichts daraus, wenn es das, was dir eingefallen ist, so ähnlich schon gibt. Du kannst es modifizieren.

Und was ist mit bahnbrechenden Ideen? Echten Geistesblitzen? Wirklichen Innovationen? Hin und wieder kommt es doch vor, dass jemandem etwas vollkommen Neues einfällt, das nicht auf irgendetwas anderem aufbaut, oder etwa nicht? Nein. Nicht wirklich. Wir sind alle Produkte unserer Umgebung, durchdrungen von dem Wissen, das andere für uns gesammelt haben, beeinflusst von Kunst und Kultur, die wir nicht selbst hervorgebracht haben. Und das ist okay so. Im Englischen gibt es den schönen Ausdruck »standing on the shoulders of giants«. Wir alle stehen auf den Schultern von Riesen und können so ein Stückchen weiter sehen – und kommen an Dinge heran, die wir andernfalls nie erreichen könnten.

Techniken

Vielleicht ist es das Beste, wenn ich mich gleich zu Beginn dieses Kapitels oute: Ich bin Autodidaktin, was das Romanschreiben angeht. Ich habe nie einen Kurs für »Kreatives Schreiben« besucht, habe weder private Seminare gemacht oder mich in einem Literaturinstitut eingeschrieben. Warum nicht? Das klingt im Nachhinein sicher ein wenig verrückt, aber: Ich kam gar nicht auf die Idee! Ich war zu beschäftigt damit, zu schreiben!

Ich habe mich immer und auf ganz unterschiedliche Arten mit Literatur und Texten befasst. Ich habe stets jede Menge unterschiedlichste Bücher in allen Genres gelesen, immer viel an eigenen Geschichten gearbeitet, ich habe Literaturwissenschaft studiert und einige Jahre lang als Journalistin für ein Stadtmagazin und für eine Kölner

Tageszeitung »auf Zeile« geschrieben. Das alles hat dazu geführt, dass Schreiben für mich etwas ganz Normales wurde. Und dass ich nie an eine Schreibschule ging.

Für mich war das der richtige Weg, es ist aber gut möglich, dass ich viel schneller an mein Ziel, nämlich eigene Romane zu veröffentlichen, gekommen wäre, wenn ich eben doch Creative-Writing-Kurse besucht, von Profis Feedback bekommen und ein paar wichtige Grundlagen gelernt hätte. Wer weiß?

Kurse und Seminare sind toll und bei bestimmten Formen der Kreativität völlig unerlässlich. Wer die Häuser der Zukunft entwerfen möchte, sollte sich mit Statik auskennen. Ich finde es allerdings wichtig, nicht zu viel zu theoretisieren, sondern schnell ins Machen zu kommen; denn ich bin ein großer Fan von *Learning by Doing*.

Ich möchte mich mit diesem Thema nicht zu lange aufhalten, weil das Wissen, das du dir aneignen musst, um gut arbeiten zu können, natürlich davon abhängt, auf welchem Gebiet du tätig bist. Insofern weißt du das selbst am besten.

Daher nur die Eckpfeiler, die ich für wichtig halte: Machen, machen, machen! Ich glaube fest an die Kombination von Learning by Doing und Durchhaltevermögen.

Der US-amerikanische Journalist Malcolm Gladwell hat in seinem Buch *Outliers: The Story of Success* die These von der 10 000-Stunden-Regel populär gemacht, die auf Untersuchungen des schwedischen Psychologen K. Anders Ericsson zurückgeht. Gladwell befasst sich

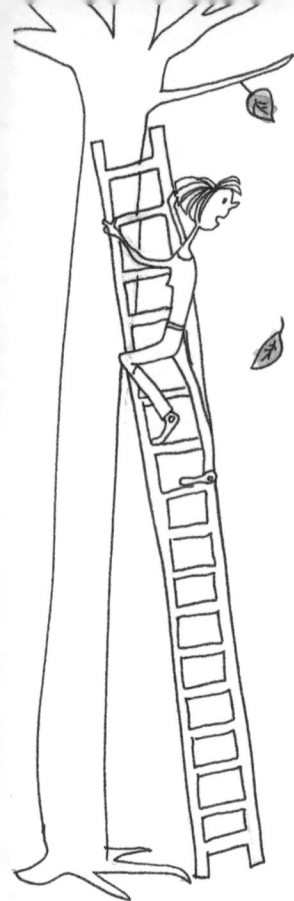

mit den Faktoren, die zu enormem Erfolg führen – nicht nur in kreativen Bereichen, sondern beispielsweise auch im Sport. Er kommt zu dem Schluss, dass Ericsson recht hat und dass wir als Menschen 10 000 Stunden investieren müssen, um wirklich, wirklich gut in etwas zu werden. Das sind zwanzig Stunden pro Woche über einen Zeitraum von zehn Jahren.

Nun befasst sich Gladwell zwar mit Menschen, die zu den Besten auf ihrem Gebiet gehören. Aber auch für uns Normalsterbliche ist diese Zahl ein guter Kompass. Wir brauchen Zeit und Geduld, um besser zu werden. Wir müssen kontinuierlich an uns arbeiten. Daran glaube ich fest. Ich glaube lediglich nicht, dass wir unser Handwerk zwangsläufig in einem verschulten System erlernen müssen.

Investiere so viel Zeit, wie du erübrigen kannst und willst. Passe deinen »Lehrplan« deinen individuellen Zielen und Bedürfnissen an. Es ist wichtig, dass du dein Handwerk beherrschst, dass du zumindest die Grundlagen, die wichtigsten Techniken kennst. Ob du sie dir selbst beibringst oder dir jemanden suchst, der dich unterrichtet, ist dir überlassen.

Ich habe mir selbst beigebracht, wie man einen Ro-
man schreibt. Meine Freundin
Alex, eine erfolgreiche Fotografin,
hat das Fotografieren weder in einer
Ausbildung noch an einer Hochschule gelernt, sondern indem sie fotografiert hat. Und
auch Laura hat die meisten Dinge, die sie heute
kann, einfach ausprobiert und in Eigenregie geübt. Es
gibt zahllose erfolgreiche Autodidaktinnen und Auto-
didakten. Von Goethe bis Aretha Franklin. Für den
Fall, dass du dir etwas selbst beibringen willst, und
zwar, indem du machst, statt dich primär mit der Theorie zu befassen, kommen hier ein paar Ideen.

Wenn du eine neue Fähigkeit erlernen möchtest,
solltest du zunächst einen Entschluss treffen. Das mag
selbstverständlich klingen. Aber ich finde es hilfreich,
mir über meine Absichten klar zu werden, wenn
ich mit einer Unternehmung starte. Will ich nur
Spaß haben? Rumprobieren? Cool. Dann mache
ich das. Aber wenn es beispielsweise meine Absicht ist, besser zu werden in etwas, dann mache ich mir
klar, dass das dann auch ein bestimmtes Verhalten von
mir erfordert. Das ist wie ein Vertrag mit mir selbst. Ich
mache mir klar, dass mir mein Vorhaben wichtig ist und
dass es nicht abgebrochen wird, sobald es mühsam wird
oder die ersten Stolpersteine auftauchen. Wichtig ist dabei natürlich, dass die Sache, der man sich da verschreibt,
auch die Richtige ist. Im englischen Sprachraum habe
ich mal einen treffenden Spruch gehört, den ich hier frei

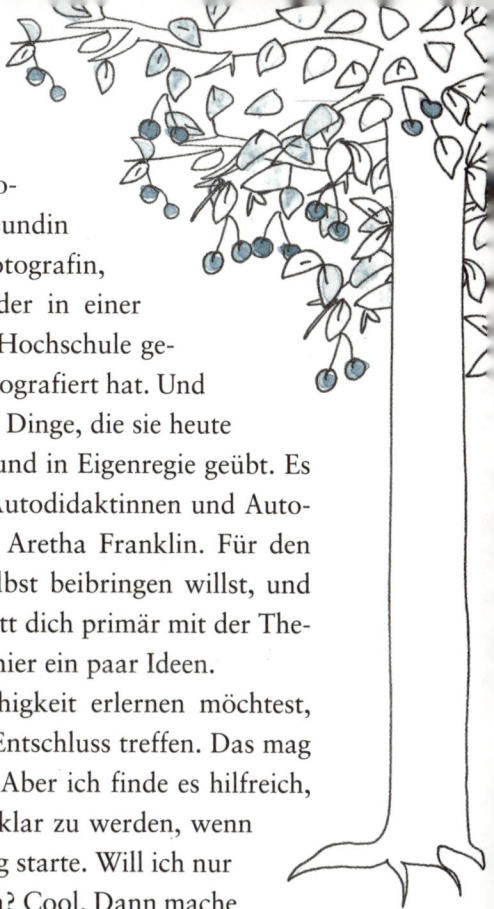

übersetze: Bevor du dich daran machst, die Karriereleiter zu erklimmen, schau nach, ob sie am richtigen Baum lehnt. Das gilt nicht nur für Karrieren… Warum es so wichtig ist, eine klare Absicht zu definieren? Weil wir, ohne Lehrerin oder Lehrer, ganz allein dafür verantwortlich sind, auf Kurs zu bleiben!

Der nächste Schritt? Recherche.

Habe ich nicht oben gesagt, dass es ums Machen geht und dass wir die Theorie beiseite lassen wollen? Doch. Aber ganz ohne Recherche kommst du womöglich doch nicht aus, je nachdem, auf welchem Gebiet du dich bewegst. Beschränke dich auf die Grundlagen. Theorie hat ihren Wert, aber wir sollten da nicht steckenbleiben. (Mein Studium der Literaturwissenschaft war wundervoll. Es ist mir immer noch dienlich – hat mir aber nicht dabei geholfen, auch nur eine Zeile zu schreiben.) Lerne so viel, dass du anfangen kannst, und dann fang an.

Zum nächsten Schritt muss ich vermutlich nicht viel sagen. Er heißt: Machen! Üben! Wiederholung! Ich denke, das ist selbsterklärend. Malcolm Gladwell und die 10 000 Stunden Praxis lassen grüßen. Also: üben, üben, üben. (Und ich würde noch hinzufügen: Spaß dabei haben!) Mit dem Wort »Routine« assoziieren viele von uns etwas Negatives. Monotonie. Langeweile. Aber Routine zu bekommen ist wichtig, wenn wir in etwas besser werden wollen. Wenn wir etwas nur oft genug gemacht haben, geht es uns in Fleisch und Blut über. Fähigkeiten, in denen wir eine gewisse Routine haben, bilden die Basis für all unsere Arbeit.

Was noch? Nun, wenn du schneller vorankommen

möchtest, solltest du ein bisschen selbstkritisch sein. Die Freude am Tun ist das Allerwichtigste. Aber ab einem bestimmten Punkt kommt die Selbstkritik ins Spiel. Wenn wir besser werden wollen, aber keine Lehrerin und keinen Lehrer haben, müssen wir selbst schauen, was wir korrigieren können. Da kann es hilfreich sein, Dinge zu dokumentieren und sie aufzuheben. Wenn uns etwas misslingt, sind wir oft versucht, es wegzuwerfen. Habe ich am Anfang auch gemacht. Ist aber schade. Denn wenn wir Dinge aufheben, hilft uns das dabei, unsere eigenen Fortschritte zu bewerten. Mit etwas Abstand können wir von etwas, das wir selbst gemacht haben, zurücktreten, die Betriebsblindheit abschütteln und es mit frischem Blick betrachten. Ein wichtiger Teil des (Lern-)Prozesses! Mir ist klar, dass das nicht bei allem so gut funktioniert wie mit Texten. (Deine ersten, desaströsen Brotbackversuche aufzubewahren ginge womöglich zu weit. Vor allem, wenn du nicht alleine lebst.) Aber vielleicht kannst du deinen eigenen Weg finden, deinen Lernerfolg zu dokumentieren!

Und zu guter Letzt: Such dir immer mal wieder neue Herausforderungen. Das Letzte, was wir im Lernprozess wollen, ist Stagnation. Also müssen wir immer mal wieder über uns hinauswachsen und Dinge ausprobieren, an die wir uns zuvor noch nicht getraut haben.

Falls deine kreative Ausdrucksform nicht ohne Anleitung ausgeübt werden kann oder falls du dich, warum auch immer, dazu entschließt, dir einen Lehrer oder eine Lehrerin zu suchen, dann entscheide dich für jemanden, der dich von Anfang an machen lässt. Wer einen Roman schreiben will, sollte nicht an kurzen Texten üben, sondern versuchen, einen Roman zu schreiben! Wird der Versuch glücken? Wahrscheinlich nicht. Aber der Lerneffekt wird riesig sein.

Menschen, die schwimmen lernen wollen, sollten wir nicht einfach ins kalte Wasser werfen. Kreative Menschen, die etwas erschaffen wollen, schon. Am besten mit gefesselten Händen und Füßen.

Natürlich lernen wir niemals aus. Wenn uns das bewusst ist, dann können wir einen Weg finden, unsere »Werkzeuge« sauber und auf dem neuesten Stand zu halten – und unseren Werkzeugkasten beständig zu erweitern.

Lerne. Arbeite hart. Geh zu Seminaren, schreib dich an der Uni ein, schaff dir Wissen durch Bücher oder Gespräche oder Experimente an. Aber mach dir stets klar, dass es bei Kreativität letztlich immer ums Umsetzen geht. Also: Lies das Buch über Gartenbau, aber dann leg auch tatsächlich deinen Garten an! Befasse dich eingehend damit, wie Humor funktioniert, und studiere andere Comediennes – aber dann lade auch schnellstmöglich deine engsten Freundinnen und Freunde ein, um dein erstes eigenes Comedy-Programm an ihnen auszuprobieren!

Inspiration

Kaum ein Teil des kreativen Prozesses ist so mythenumwoben wie der der Inspiration. Wer oder was berühmte Künstlerinnen und Künstler bei ihrer Arbeit inspiriert hat, ist der Stoff, aus dem Legenden sind.

Der Duden umschreibt Inspiration folgendermaßen: »schöpferischer Einfall, Gedanke; plötzliche Erkenntnis; erhellende Idee, die jemanden, besonders bei einer geistigen Tätigkeit, weiterführt; Erleuchtung, Eingebung«.

Inspiriert zu sein und zu bleiben, ist etwas anderes, als eine Idee zu haben. Ideenfindung ist sehr konkret, Inspiration so, wie ich sie verstehe, funktioniert anders. Ideen – so individuell sie scheinen mögen – folgen bestimmten Regeln. Biegen, Brechen, Verbinden... wir erinnern uns. Inspiration ist nicht so leicht zu durchschauen. (Auch wenn ich nicht glaube, dass ein göttlicher Funke notwendig ist.)

Um eine Idee zu haben, braucht es bestimmte kognitive Fähigkeiten. Inspiration hingegen ist sehr persönlich, oft sogar emotional. Inspiration hat damit zu tun, wie wir unser Leben leben. Mich hat dieses Thema immer fasziniert.

Seit einigen Jahren betreibe ich einen kleinen Interview-Blog, für den ich hin und wieder Menschen befrage, die mir begegnen und die ich irgendwie interessant finde. Eine Frage, die ich dabei immer wieder stelle, lautet: Was inspiriert dich? Die Antworten variieren natürlich, aber es zeichneten sich über die Jahre auch eindeutige Muster ab. Die häufigsten Inspirationsquellen sind andere Menschen, die Natur, Orte, Kunst und Kultur in all ihren Formen – und der eigene Alltag. Das ist bei mir nicht anders.

Elf Dinge, die mich zuverlässig inspirieren

* 1. Im Café sitzen, lesen, meinen Gedanken nachhängen, den Leuten am Nachbartisch zuhören
* 2. Lange, ruhige Bahnfahrten
* 3. Gespräche mit alten Menschen
* 4. New York City
* 5. Auf Pinterest Moodboards zu bestimmten Themen anlegen
* 6. Märchen aus aller Welt, vor allem aber die der Brüder Grimm
* 7. Spannende Autobiografien wie die von Nelson Mandela, Michelle Obama oder Dirk Nowitzki
* 8. Rom
* 9. Gedichte von Warsan Shire
* 10. Kochen
* 11. Museen

Was inspiriert dich?

Ich glaube, kaum etwas inspiriert uns so sehr wie der menschliche Zustand. Auch für mich sind andere Menschen die vielleicht wichtigste Inspirationsquelle. Als eher introvertierte Person höre ich sehr viel lieber zu, als dass ich selbst rede. Mein Interesse an anderen Menschen und meine Fähigkeit, gut zuhören zu können, sind meine (leider einzige) Superpower, und sie ist mir wahnsinnig dienlich. Der Herr um die sechzig, der mir im ICE von seiner Studienzeit erzählte, die alte Dame, die ich einst im Pflegeheim besuchte, um anlässlich ihres 102. Geburtstags ein Porträt für die Tageszeitung zu schreiben, der längst pensionierte Richter, mit dem ich im Supermarkt ins Gespräch kam... All die Geschichten, die ich im Laufe meines Lebens aufgesogen und mir gemerkt habe, haben nicht nur mein Menschenbild geprägt und mein Weltbild erweitert, sie füttern auch meine Bücher.

Wenn es um Inspiration geht, dann ist Reden Silber und Zuhören Gold.

Man kann übrigens nicht nur anderen zuhören – sondern auch sich selbst.

Bei »Musen« denken wir oft an andere Menschen. Meine »Musen« – auch wenn ich das Wort etwas merkwürdig finde – sind teils berühmte Frauen, die Dinge geleistet haben, die ich toll finde. Einige kamen hier schon vor, anderen wirst du noch begegnen. Vor allem aber inspirieren mich Menschen, erneut hauptsächlich Frauen, die ich persönlich kenne und deren Arbeit und Art ich bewundere. Laura Kampf natürlich. Die Modedesignerin Bisrat Negassi. Marianna Déri, eine weitere Designerin.

Oder meine Kollegin Nicole Staudinger. Auch in meiner Familie und im Kreis meiner engsten Freundinnen habe ich »Musen«. Das geht dir bestimmt nicht anders, auch, wenn du vielleicht noch nie darüber nachgedacht hast. Schau dich mal in deinem Umfeld um. Sicher gibt es da jede Menge Menschen, die interessante Dinge tun, die dir als Anregung dienen könnten.

Die mexikanische Malerin Frida Kahlo hatte jedoch eine ganz andere Sicht auf die Dinge. Sie war ihre eigene Muse: »Ich male mich selbst, weil ich mich am besten kenne. Träume oder Alpträume male ich nie. Ich male meine eigene Wirklichkeit.«

Im Leben versuchen wir alle, möglichst nicht nur auf uns selbst, sondern auch auf andere zu schauen. Sozial und hilfsbereit zu sein. Wer will schon als egozentrischer Narzisst gelten, der nur um sich selbst kreist?

In der Kunst sind diese sozialen Gebote außer Kraft gesetzt. Inspiration folgt keinen Regeln. Niemand wirft Frida Kahlo, Vincent van Gogh oder Egon Schiele ihre zahlreichen Selbstporträts vor. Niemand beklagt sich über die literarische Selbstbespiegelung, die beispielsweise Maya Angelou oder Karl Ove Knausgård betreiben beziehungsweise betrieben – ganz im Gegenteil. Bei sich selbst anzufangen, einen (metaphorischen oder tatsächlichen) Blick in den Spiegel zu werfen und die eigenen Erfahrungen und Emotionen zu betrachten, ist nicht nur eine große Quelle der Inspiration, sondern auch der Kern von Originalität.

Tatsächlich lohnt es, immer mal den Blick nach innen

zu richten. Dabei müssen wir nicht gleich die ganz großen Fragen (Wo komme ich her? Wo gehe ich hin?) behandeln. Auch die kleinen Dinge schärfen den Blick auf uns selbst. Hier sind ein paar Fragen, die dir dabei helfen:

- *Was inspiriert dich?*
- *An welche Person denkst du, wenn du das Wort »inspirierend« hörst?*
- *Was macht dich glücklich?*
- *Was ärgert dich an anderen Menschen? Und an dir selbst?*
- *Was bringt dich zum Lächeln?*
- *Was macht dich wütend?*
- *Was ist das Interessanteste, was dir je passiert ist?*
- *Womit kennst du dich gut aus? Womit würdest du dich gerne besser auskennen?*
- *Wenn du auf einer einsamen Insel wärst, wen hättest du gerne bei dir? Welche Bücher würdest du einpacken? Welche Gegenstände?*

Wie du dich diesen Fragen näherst, ist natürlich dir überlassen. Ich habe jedoch festgestellt, dass es mir am leichtesten fällt, sie schriftlich zu beantworten. Erweitere die Fragenliste. Mach deine eigene, falls du Lust darauf hast. Und hör nicht bei dir auf. Stell diese Fragen auch mal deinem Freundeskreis oder deiner Familie, sofern du dich damit wohl fühlst. Ich habe so schon oft Dinge erfahren, von denen ich jahrzehntelang keine Ahnung hatte.

Ebenso hilfreich wie die Beantwortung dieser Fragen finde ich Listen. Ich liebe es, Listen zu schreiben. Von meinen endlosen To-Do-Listen will ich hier nicht anfangen, das ist ein anderes Thema. Ich meine Listen wie die am Anfang dieses Kapitels. Ich habe sie nicht ins Buch integriert, um dir mehr über mich zu verraten, sondern um dich dazu zu inspirieren, deine eigenen Listen zu schreiben und dich und deine Interessen und Vorlieben besser kennenzulernen.

Hier sind ein paar kleine Aufgaben für dich:

- *Schreib 11 Dinge auf, die du gerne tust und die nichts mit deinem Job / deinem Studium / der Schule zu tun haben.*
- *Schreib 11 Dinge auf, die dich als Kind interessiert haben.*
- *Notiere 11 Dinge, die du schön findest. 11 Menschen, die du schön findest, innen oder außen oder beides.*
- *Notiere 11 Lieder, die dich zuverlässig zum Tanzen bringen. (Oder dazu, mit dem Fuß zu wippen oder mit dem Kopf zu nicken, falls Tanzen nicht so dein Ding ist.)*
- *Schreib deine 11 Lieblingsfilme nieder.*
- *11 Menschen, die dich inspirieren.*
- *Deine 11 Lieblingsorte.*
- *11 Orte, an denen du noch nie warst, die du aber gerne mal bereisen würdest.*
- *11 Menschen – ob lebendig oder tot, berühmt oder aus deinem Umfeld, fiktiv oder real –, mit denen du gerne mal einen Kaffee trinken würdest.*
- *Deine 11 Lieblingsspeisen.*
- *Deine 11 Lieblingsgerüche.*

Versuche, dich kennenzulernen, so, wie du es mit einer Person tätest, in die du dich gerade frisch verliebt hast. So bekommst du ein besseres Gespür für dich selbst, für deine Themen, deine Neigungen. Du bist mindestens so interessant wie die Berühmtheiten, die in Magazinen interviewt werden. Auf Dauer wird es dir ausgesprochen dienlich sein, dich selbst ein bisschen besser zu kennen. Du wirst Lust bekommen, deinen Interessen, die du zu Tage gefördert hast, zu folgen. Du wirst dir Dinge anlesen, anschauen, anhören. Vielleicht wirst du von gewohnten Pfaden abweichen. All das hilft dir, inspiriert zu bleiben.

Doch nicht nur Menschen inspirieren uns. Wenn wir uns mit Kunst und Kultur befassen, begegnet uns die Natur überall. Die Schöpfung, wenn man sie so nennen will, ist sicherlich das größte Kunstwerk über- haupt. Flora und Fauna sind für uns Men- schen schon immer eine im wahrsten Sinne des Wortes endlose Quelle der Inspira- tion gewesen. Hast du schon mal da- rüber nachgedacht, wie viele verschiedene Blumen es auf dem Planeten gibt? Wie viele Arten von Bäumen? Wie viele unterschiedliche Tiere? Zu Land, zu Wasser, zur Luft?

Seit Menschengedenken haben sich Kunstschaffende und Erfinder Ideen von der

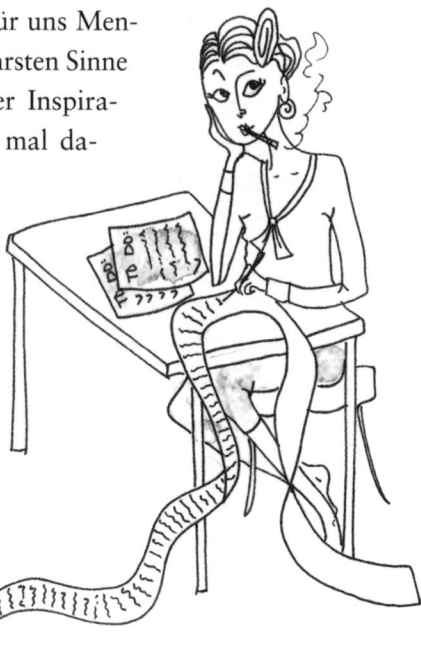

Natur geborgt und sich von ihr inspirieren lassen. Ob Landschaftsmalerei oder Architektur, ob Literatur oder Musik – es gibt keinen kreativen Bereich, der nicht von der Natur beeinflusst wurde.

Einer meiner vier Romane, die unveröffentlicht geblieben sind, trug den Arbeitstitel »Der rote Traum«. Die Hauptfigur heißt Konstantin. Konstantin ist ein kreuzunglücklicher Konzernerbe. Allerdings hat er ein kleines, geheimes Hobby, das ihn sehr glücklich macht: In einem Notizbuch, das er »Das Buch der Wunder« nennt, sammelt er faszinierende Fakten aus der Natur. Fakten wie diese:

- *Das Herz des Blauwals wiegt durchschnittlich zwischen 600kg und einer Tonne und ist so groß wie ein Kleinwagen.*
- *Der älteste Baum der Welt ist über 5000 Jahre alt.*
- *Es gibt 160000 verschiedene Schmetterlingsarten auf dem Planeten. (Und das sind nur die beschriebenen Arten…)*
- *Bestimmte Arten von Koi-Karpfen können über 200 Jahre alt werden…*

Die Welt um uns herum ist in der Tat voller Wunder. Neugierig zu bleiben und sich all den spannenden Dingen, die um uns herum passieren, zu öffnen ist das Wichtigste für uns, wenn wir inspiriert bleiben wollen.

Und nein, das gilt nicht nur für offensichtlich von der Natur geprägte Formen wie die Landschaftsmalerei, selbst ein Horror-Autor könnte sich ohne Weiteres bei der Natur bedienen. Ein Beispiel. Hast du schon mal vom *Ophiocordyceps unilateralis* gehört? Das ist ein Pilz, der im Regenwald Südamerikas vorkommt; und was dieser Pilz macht, hat mich immer gleichermaßen fasziniert und bestürzt. Wenn die Sporen, die dieser Pilz aussendet, auf Rossameisen treffen, dann sind sie in der Lage, das Verhalten der Ameisen derart zu manipulieren, dass diese keine Kontrolle mehr über den eigenen Körper haben. Kurz gesagt: Die von diesem Parasit befallenen Ameisen werden – in Biologie gebildete Menschen mögen mir die Vereinfachung verzeihen – zu wie ferngesteuert agierenden Zombies. Der Pilz lässt seinen befallenen Wirtskörper an eine bestimmte Stelle klettern, an der sich der Pilz besonders gut weiter vermehren kann. Dort verbeißen sich die befallenen Ameisen in ein Blatt – und sterben. Und der Pilz kann sich wunderbar weiterverbreiten.

Wenn das keinen Ansatzpunkt für einen Horror-Roman bietet, dann weiß ich auch nicht. Diese Anekdote aus dem Tierreich könnte auf sehr direkte Art und Weise inspirieren und zu einem Comic über Zombies werden. Sie könnte aber auch dazu führen, dass jemandem die Idee zu einem tiefgründigen Drama über parasitäres Verhalten unter Menschen kommt. Man könnte die ganze Geschichte übrigens auch anders bewerten. Vielleicht ist der Pilz gar nicht der Bösewicht, sondern der Held der Geschichte? Und vielleicht geht es um Resilienz, ums Überleben unter widrigsten Bedingungen? Wer weiß …?

Ich will damit nur sagen: Ob Shakespeare-Drama oder HipHop-Track, ob Graphic Novel oder Street Art … Die Natur liefert endlose Geschichten und Motive.

Eine weitere Inspirationsquelle? Orte und das Reisen.

»Ich brauche einen Tapetenwechsel.« Wie oft haben wir diesen Satz schon gehört oder selber geäußert? Der Ort, an dem wir uns befinden, hat ganz massiven Einfluss darauf, wie wir uns fühlen. Orte können uns inspirieren – oder den Fluss der Inspiration hemmen.

Der New Yorker Künstler Jean-Michel Basquiat, der in den Achtzigerjahren die Kunstwelt eroberte, galt als Sensation. Die Art, wie er malte, Einflüsse vermischte, Dinge kombinierte, Schrift, Zahlen und Piktogramme in seine Bilder integrierte, faszinierte. Basquiat wurde nur siebenundzwanzig Jahre alt, er lebte und starb in New York City, und es ist schwer, sich vorzustellen, dass er so gemalt hätte, wie er es getan hat, wenn er stattdessen im sonnigen Kalifornien aufgewachsen wäre. Oder in einer japanischen Kleinstadt. Oder in Moskau. Oder in Heidelberg.

Wir alle sollten Profit aus unserer eigenen Umgebung schlagen – auch dann, wenn sie uns überhaupt nicht inspirierend erscheint. Mir fällt immer wieder auf, wie viele Orte in meiner Heimatstadt ich noch nicht kenne. Und selbst, wenn du in einem Dorf wohnst und dort wirklich jeden Baum und jeden Stein kennst: Was ist mit den umliegenden Orten? Und allem zwischendrin? Jede Umgebung kann zur Inspiration dienen.

Doch was macht man, wenn man die eigene Umgebung bei aller Liebe wirklich ganz und gar nicht inspirierend findet? Klare Sache, man geht auf Reisen. Wer sich das leisten kann, hat es leicht. Man bucht eine Bahnfahrt, einen Flug oder steigt ins Auto, aufs Rad – was auch immer. Um das meiste aus einer Reise zu machen, können wir ein Reisetagebuch führen oder Fotos machen. So halten wir das Neue, das uns begegnet, fest und sorgen dafür, dass es nicht einfach wegrauscht. Ich persönlich habe festgestellt, dass ich es schöner finde, abends ein paar Notizen zu machen, als tagsüber viel zu fotografieren. So ist man präsenter. Aber da ist sicherlich jede und jeder anders. Auf jeden Fall sorgen Reisen ganz automatisch für Inspiration. Der Blick weitet sich, wir saugen frische Bilder auf, entdecken neue Landschaften oder Städte, probieren neue Gerichte, hören andere Klänge, andere Rhythmen. Wir sprechen mit Menschen, die uns andernfalls nie begegnet wären. All das erweitert den Horizont.

Reisen muss weder teuer noch aufwändig sein, schließlich sind wir kreativ. Natürlich sind tatsächliche Reisen in ferne Länder eine unglaublich inspirierende Erfahrung. Doch nicht jeder kann oder will die finanziellen und tatsächlichen Strapazen einer großen Reise auf sich nehmen. Tatsächlich ist es eine gute kreative Übung, mal Tourist oder Touristin in der eigenen Stadt, in der eigenen Umgebung zu sein. Welche sind die Orte, die du besuchen würdest, wenn du fremd wärst? Gibt es in deiner Nähe Sehenswürdigkeiten? Einen hübschen See? Eine malerische Brücke? Ein Waldstück? Felder? Eine alte Kirche? Museen? Schau dich einmal in deinem Umfeld um, wie du es tätest, wenn du es noch nicht kennen würdest. Und sei nicht traurig, wenn du deine Umgebung beim besten Willen nicht schön oder zumindest interessant finden kannst. Kreativität und Inspiration sind nicht auf Schönheit angewiesen. Sie speisen sich aus allem, was du wahrnimmst. Hauptsache, du stellst deine Antennen auf und nimmst etwas wahr!

Reisen kann man übrigens auch unternehmen, ohne das Haus zu verlassen. Ich bin ein großer Fan von unmittelbarer Erfahrung, aber nicht jede, nicht jeder kann und will viel unterwegs sein – sei es aus finanziellen, gesundheitlichen oder ganz anderen Gründen. Tatsächlich habe ich genau dieses Szenario – wie »reist« man, wenn man das Haus nicht verlassen kann oder möchte – mal für einen Roman durchgespielt. Die Hauptfigur meines Debüts »Die Falle« heißt Linda Conrads. Sie hat seit elf Jahren das Haus nicht verlassen. Und dafür gibt es gute Gründe. Linda ist von einem schrecklichen Erlebnis tief traumatisiert. Früher war sie abenteuer- und reiselustig, heute ist es ihr noch nicht einmal mehr möglich, ihre eigene Terrasse zu betreten, ohne eine Panikattacke zu bekommen. Zum Glück ist Linda Conrads – Autorin wie ich! – kreativ. Hin und wieder gönnt sie sich so Ferien, obwohl sie nicht raus kann:

»Ich reise oft. Am leichtesten fällt es mir, Länder zu bereisen, in denen ich tatsächlich einmal gewesen bin, und in Italien war ich häufig. Also kehre ich ab und zu dahin zurück. (…) Eine ganze Woche lang hatte ich mich in drei nebeneinander liegende Gästezimmer im Obergeschoss zurückgezogen, die ich nie nutze und selten betrete, und sie zu Italien erklärt. Ich hatte die passende Musik aufgelegt, mir italienische Filme angesehen, mich in Dokumentationen über Land

und Leute vertieft, hatte überall Bildbände verstreut und mir Tag für Tag von einem eigens beauftragten Catering-Unternehmen kulinarische Spezialitäten aus verschiedenen Regionen des Landes liefern lassen. Und der Wein. Oh, der Wein. Er macht mein Italien beinahe echt.«

Die Welt ist riesig – aber sie ist uns zugänglich, auch von daheim. Allein das Internet bietet uns endlose Ressourcen. Ich beispielsweise bin besessen von New York und hatte das Gefühl, alles über diese Stadt zu wissen, lange bevor ich zum ersten Mal dort war. Heute interessiere ich mich zudem sehr für Japan. Japanische Ästhetik, japanische Lyrik inspirieren mich – obwohl ich in meinem Leben noch nie japanischen Boden betreten habe.

Auch die Werke anderer Menschen und uns fremde Kunstformen können uns inspirieren.

Die Romantrilogie *Shades of Grey*, die die britische Schriftstellerin E.L. James 2011 herausbrachte, war unfassbar erfolgreich. Ihre Reihe erotischer Romane wurde von den einen geschmäht, von den anderen geliebt – auf jeden Fall aber millionenfach verkauft. Globale Phänomene wie dieses sind selten in der Welt der Literatur.

Was ich persönlich an E.L. James viel interessanter finde als ihre Texte (die ich nie gelesen habe) oder ihre bombastischen Verkaufszahlen, ist die Tatsache, dass sie als Autorin von

Fan Fiction begann. E.L. James war vermutlich ein großer Fan der *Twilight*-Bücher, denn ihre Hauptfiguren hießen ursprünglich Bella und Edward – sie hatte sie sich bei »Twilight«-Autorin Stephenie Meyer ausgeliehen. Nur erlebten sie nun ganz andere Dinge als in Stephenie Meyers keuscher Vampir-Teenie-Romanze. Was später, nachdem die eindeutigen Twilight-Referenzen getilgt waren, als *Shades of Grey* ein Welterfolg wurde, wurde einige Jahre früher unter einem anderen Titel auf Fanfiction.net gepostet.

E.L. James ließ sich ganz maßgeblich von Stephenie Meyer inspirieren, schuf aber letztlich etwas völlig eigenes.

Das ist kein neues Phänomen. Als die britische Schriftstellerin Jane Austen 1817 starb, ließ sie den Roman »Sanditon« unvollendet. Erst 1925 wurde das Fragment erstmals veröffentlicht. Seither haben zahlreiche Autorinnen und Autoren versucht, das Buch im Sinne Austens zu vollenden. Wer sich dafür interessiert, kann also gleich mehrere unterschiedliche Fassungen von »Sanditon« lesen. Das unvollendete Werk scheint viele Menschen sehr inspiriert zu haben.

Natürlich ist es oft weit weniger offensichtlich als in diesen beiden Fällen, wenn frühere Werke frische Kreativität inspirieren. Aber natürlich passiert es ständig. Das hat nicht unbedingt mit Plagiarismus zu tun, sondern ist oft ein völlig normaler Vorgang.

Die amerikanische Musikerin Billie Eilish fragte ihre Fans am 25. März 2020 auf Instagram, ob sie gerne Playlists von den Songs hätten, die die Lieder auf ihrem extrem erfolgreichen Debüt »When We All Fall Asleep Where Do We Go« inspiriert haben. Die Reaktion der Fans muss man nicht beschreiben. Natürlich wollten sie! Billie Eilish veröffentlichte daraufhin Screenshots ihrer Playlists auf Apple Music, und ihre Follower erfuhren so beispielsweise, dass ihr Hit »Bad Guy« von den Songs »Dang« (Mac Miller feat. Anderson Paak), »NEVER« (JID), »Amphetamine« (Smino), »Pink« (Julia Michaels) und »home« (morgxn) sowie von »YuNg BrAtZ« (XXXTENTACION) inspiriert wurde. Was ich deswegen so genau auflistee, weil ich es interessant fand, da mal reinzuhören und der Inspiration der Künstlerin nachzuspüren.

Dass unser eigenes kreatives Feld uns beeinflusst und inspiriert, ist ganz natürlich, und ich finde erfrischend, dass Billie Eilish das mal so transparent gemacht und sich so in gewisser Weise vor ihren Inspirationsquellen verneigt hat.

Inspiration finden wir aber auch jenseits unseres eigenen Betätigungsfeldes. Ich bin der unmusikalischste Mensch, den ich kenne – und gleichzeitig gibt es kaum eine andere Kunstform, die mich so berührt und inspiriert wie die Musik. Der richtige Song zur richtigen Zeit geht mir direkt ins Herz. Auch beim Schreiben höre ich gerne Musik – um mich in die richtige Stimmung zu bringen, um für Atmosphäre zu sorgen oder auch, um den richtigen Rhythmus für einen bestimmten Text zu finden.

Oft sind es vor allem die Kunstformen, mit denen ich mich aktiv nie befasst und für die ich selbst so gar kein Händchen habe, die mich besonders fesseln, berühren oder inspirieren. Daher kann ich dir nur empfehlen, dich mit so vielen »fachfremden« Disziplinen wie möglich zu befassen.

Natürlich lassen wir uns alle auch von unserem eigenen Feld inspirieren, und es ist nur natürlich, dass ich als Autorin viel lese, dass ein Maler sich viel im Museum herumtreibt, dass Musikerinnen sich vorrangig mit Sound befassen. Aber den Blick auf ganz andere Felder zu richten, ist extrem fruchtbar. Wenn ich nach Inspiration suche, höre ich Musik, besuche Konzerte, Theateraufführungen oder Performances, gehe ins Kino oder besonders gerne ins Museum.

Apropos Museum. Oft denken wir bei den Stichworten Kreativität, Kunst oder Kultur an besonders erhabene Werke. Und dementsprechend glauben wir, dass Inspiration vor allem durch besonders große Ereignisse oder Erlebnisse angestoßen wird – oder durch besonders schöne, erhabene Augenblicke. Es muss jedoch nicht immer gleich die ganz große Liebe, ein Nahtoderlebnis oder eine Weltreise sein – das habe ich hoffentlich bereits klargemacht. Auch das, was wir als banal empfinden, kann uns inspirieren. Der US-amerikanische Fotograf William Eggleston gilt als »Vater der Farbfotografie«. Er setzte allerdings keine spektakulären Dinge in Szene, sondern befasste sich vor allem mit Motiven, die anderen als uninteressant galten. Eggleston ist mit Fotos von Alltagsszenen bekannt geworden. Er fotografierte Tankstellen, Parkplätze, leere Diners. Er fand das Spannende im Alltäglichen.

Ganz ähnlich ging Regisseur Richard Linklater vor.

Sein Film »Boyhood« aus dem Jahr 2014 folgt dem Alltag eines – zu Beginn des Films – sechsjährigen Jungen. Über 165 Minuten passiert wenig Spektakuläres oder Dramatisches. Wir folgen einfach dem Leben des Protagonisten. Das Besondere? Der Film wurde über einen Zeitraum von elf Jahren gedreht – der Hauptdarsteller blieb über all diese Jahre derselbe. Ein aufwändiges Projekt, das uns als Publikum allerdings das ungewöhnliche Gefühl gibt, einem echten Menschen durch den Zeitraffer beim Erwachsenwerden zusehen zu können. Sein Alltag wirkt nicht banal auf uns oder gar langweilig, sondern wie ein aufregendes Stück Leben, an dem wir auf wundersame Art und Weise teilhaben dürfen.

Auch Andy Warhol ließ sich bekanntermaßen von Alltagsgegenständen wie Suppendosen inspirieren, und die Britin Tracey Emin machte aus ihrem eigenen Bett eines ihrer berühmtesten Kunstwerke. Auch die Popkultur unserer Zeit, die sich mehr und mehr online abspielt, ist voll von kreativen Werken, die Alltag abbilden oder vom Alltäglichen inspiriert sind. Ohne die Faszination des Alltags gäbe es keine Daily Vlogs und keine Instagram Stories.

Man kann zwar debattieren, ob es ein kreativer Akt ist, wenn jemand sein Frühstück fotografiert. Aber online findet unfassbar viel Kreativität statt. Auch das Netz ist ein ausgesprochen inspirierender Ort.

Wo wir Inspiration finden, haben wir uns jetzt angeschaut. Aber wie gelingt es uns, *dauerhaft* inspiriert zu bleiben, statt sofort wieder in unseren Alltagstrott abzugleiten? In »Der Weg des Künstlers« rät Autorin Julia Cameron, wöchentlich etwas durchzuführen, das sie den »Künstlertreff« nennt. Cameron stellt sich das folgendermaßen vor: Einmal pro Woche nehmen wir uns Zeit für uns selbst – und führen unseren inneren Künstler, unsere innere Künstlerin, aus. Was wir machen und wie lange, entscheiden wir selbst. Hauptsache, wir finden es interessant, Hauptsache, es inspiriert uns.

Ich finde diese Idee ganz großartig und habe das viele Jahre lang genau so gemacht.

Wenn wir »Künstlertreffs« durchführen, passiert Folgendes. Zum einen wird uns etwas ganz Wichtiges deutlich: Auf Inspiration müssen wir nicht warten, wir können sie suchen. Und zum anderen sorgt ein wöchentlicher »Künstlertreff« dafür, dass wir regelmäßig etwas Interessantes tun, unseren Horizont erweitern, mit neuen Erlebnissen, Bildern und Erfahrungen »gefüttert« werden. So kultivieren wir all das, was so wichtig ist: Offenheit, Neugier, Verspieltheit.

Ich kann dir nur empfehlen, das mal auszuprobieren. Mach Pläne dafür, was du zu diesen Gelegenheiten gerne tun würdest, und dann setze sie um, Woche für Woche. Wenn du keine Zeit hast, dann versuche, eine Stunde rauszuschlagen – oder eine halbe. Falls du flexibler bist, gib dir einen ganzen Nachmittag. Und nicht schummeln! Ein »Künstlertreff« ist es nur, wenn du alleine losgehst. Wenn du jemanden mitnimmst, ist es ein Date. Und Dates sind super – hier aber nicht der Sinn der Sache.

Wie und wo auch immer du dich auf die Suche nach Inspiration begibst, erwarte nicht, dass du nach einem langen Spaziergang gleich ein Dutzend Landschaften malst oder nach einem Besuch in der Philharmonie gleich zu einem eigenen Streichquartett inspiriert bist. Inspiration ist keine schnelle Lösung für Ideenlose, sie liefert selten direkte, unmittelbare Ergebnisse. Inspiration ist eng mit unserer Lebensführung verbunden. Idealerweise führen wir unser Leben auf eine Art und Weise, die unserer Kreativität förderlich ist.

»Wenn Sie an Ihrer Kunst arbeiten möchten, arbeiten Sie an Ihrem Leben«, sagte Anton Tschechow. Das ist ein guter, zeitloser Rat!

Seltsame Tipps für mehr Kreativität, die tatsächlich funktionieren

Tipp #1 – Was würde Beyoncé tun?

Wenn du nicht weiter weißt, wünschst du dir wahrscheinlich, du könntest jemanden fragen, der Ahnung hat. Du hast aber keinen Mentor und auch keine Mentorin. Was tun? Deine Fantasie benutzen, natürlich! Denke an eine Person, zu der du aufschaust, und stell dir vor, wie sie die Situation angehen würde. Et voilà, da hast du deinen guten Rat. War gar nicht teuer! Nun musst du ihn nur noch umsetzen.

Tipp #2 – Frauen, die auf Schiffe starren

Ich habe einen Lieblingsort, an den ich gehe, wenn ich meine Akkus aufladen muss, mit einem Text nicht weiterkomme oder ein bisschen Inspiration brauche. Da ich in Köln lebe, ist dieser Lieblingsort der Rhein. Ich setze mich ans Ufer und schaue den Schiffen zu, die langsam vorbeiziehen. Wenn ich wieder heim gehe, fühle ich mich inspiriert. Alle Knoten in meinem Gehirn haben sich gelöst. Alles fließt wieder. Ich weiß nicht, wie es funktioniert, aber es hat mit dem Wasser zu tun. Auf ein fließendes Gewässer zu schauen löst Blockaden auf.

Tipp #3 – Live Action Role Playing

Vielleicht wärst du gerne Malerin. Oder Rockstar. Oder Modedesignerin. Kannst dir aber nicht vorstellen, dass das jemals passieren wird. Und weißt auch gar nicht, wie du beginnen sollst. Ein Trick ist, dafür zu sorgen, dass man sich wie eine Malerin, ein Rockstar, eine Modedesignerin fühlt. Es ist, als würdest du eine Rolle für dich kreieren, die dich deinem Ziel ein bisschen näher bringt. Lass deine Kreativität spielen! Wie würdest du dich verhalten, wenn du plötzlich eine erfolgreiche Malerin wärst? Was würdest du machen, das du noch nicht tust? Was von dem, das du derzeit tust, würdest du unterlassen? Mit wem würdest du Zeit verbringen? Wo würdest du essen? Trinken? Tanzen? Welche Bücher würdest du lesen? Und sogar:

Wie würdest du dich kleiden? Zwar ist nichts wichtiger, als dass du wirklich etwas kreierst. Aber alles hängt miteinander zusammen, und wie du dich fühlst, setzt tausend kleine Prozesse in Gang…

Tipp #4 – David Bowie und die Cut up technique

Wenn dir die frischen Ideen ausgehen, dann könntest du dich an einer alten Technik versuchen, die z.B. auch David Bowie oder Kurt Cobain gerne verwendet haben. Sie nahmen bereits existierende Texte und schnitten sie auseinander. Indem sie sie auf neue, teils zufällige Art zusammenfügten, kamen sie auf ganz neue Kombinationen und generierten frische Ideen für ihre Songs. Modifiziere diese Technik so, dass du sie auf deinen Arbeitsprozess anwenden kannst.

Tipp #5 – Step by step, ooh baby…

Sorry an alle, die alt genug sind, um diesen Hit von New Kids on the Block zu kennen und jetzt einen Ohrwurm haben. Aber dieser Song ist ein ganz gutes Motto. Nicht nur, weil es immer eine gute Idee ist, die Dinge Schritt für Schritt anzugehen, sondern auch, weil das Gehen an sich eine super Sache ist. Es gibt Menschen, die im Sitzen nicht gut denken können. Falls du zu ihnen gehörst, dann bewege dich. Geh einmal um den Block. Mindestens. Und vergiss nicht, dein Notizbuch mitzunehmen.

Tipp #6 – Finde deine innere Marie Kondo

Wenn du in der Klemme steckst, versuche mal, dein Büro oder deinen Schreibtisch aufzuräumen. Wenn

du unter Hochdruck an einem Projekt arbeitest, vernachlässigst du es womöglich, Ordnung zu halten. Aber Unordnung am Arbeitsplatz schlägt sich bei vielen (nicht bei allen!) von uns auch als Unordnung im Kopf nieder. Also schaffe Ordnung. Hefte Unterlagen ab, gieße die Blumen. Fühlst du dich besser? Super! Dann mach dich wieder an die Arbeit.

Stille

Ich habe die Erfahrung gemacht, dass ein kreatives Leben den Ausgleich braucht.

Wir benötigen viele unterschiedliche Einflüsse, um inspiriert zu bleiben. Wenn wir Tag für Tag in einer vollkommen reizarmen Umgebung säßen, nie mit anderen Menschen sprächen, nie etwas Interessantes sehen, hören, erleben könnten, dann wäre der Brunnen, aus dem wir unsere Kreativität schöpfen, irgendwann leer, und unsere Schöpferkraft müsste versiegen. Dass wir immer wieder mal neue Eindrücke brauchen, ist völlig klar. Das ist die eine Seite der Medaille. Die andere Seite hat mit Stille zu tun.

Stellen wir uns das doch einmal vor, wie es aussähe, wenn du nie zur Ruhe kämst: Du bist permanent unterwegs und bekommst keine Pause. Du stehst andauernd unter Zeitdruck. Du bist nie alleine, und ständig will jemand etwas von dir. Zudem klingelt immer und immer wieder das Telefon, und unaufhörlich poppen Benachrichtigungen auf deinem Smartphone auf. Obendrein wirst du permanent mit unerträglichem Lärm beschallt. Sieht so eine Umgebung aus, in der dir gute Einfälle kommen und in der du etwas Schönes erschaffen kannst? Natürlich nicht. Um kreativ arbeiten zu können, brauchen wir nicht nur all die Dinge, die uns inspirieren. Wir brauchen in schöner Regelmäßigkeit auch die Abwesenheit von all dem. Wir brauchen Ruhe.

Ich schreibe am liebsten ganz früh morgens. Das hat sich bei mir über die Jahre hinweg so eingebürgert. Als ich noch als Lokaljournalistin in Köln unterwegs war, fand ich nur ganz früh morgens die Zeit, an meinen literarischen Texten zu arbeiten. Meist stand ich um vier oder um fünf auf, kochte mir einen Kaffee, setzte mich an mein altes Laptop und haute in die Tasten. Zwar bin ich von Natur aus Frühaufsteherin, doch diese Zeiten waren auch für mich ein wenig extrem. Dennoch hatten sie einen angenehmen Nebeneffekt: Sie sorgten dafür, dass ich völlig ungestört arbeiten konnte. Um vier Uhr morgens herrscht eine ganz besondere Stimmung. Die Welt um uns herum schläft noch. Das Telefon schweigt. Es gibt keine neuen E-Mails, Textnachrichten, Tweets. Nichts, was wir verpassen könnten. Zu dieser Zeit ist es viel leichter, sich zu konzentrieren.

Nun soll das hier aber kein Plädoyer fürs frühe Aufstehen sein. Ich bin überhaupt nicht der Meinung, dass alle Menschen früh aufstehen sollten. Im Gegenteil! Ich glaube, dass wir alle unterschiedlich sind und dass idealerweise unser Biorhythmus diktieren sollte, wann wir aufstehen und wann wir mit der Arbeit beginnen. Nein, mein Plädoyer gilt der Stille.

Wenn ich mich morgens, in aller Ruhe, an den Schreibtisch setze, kann ich meine eigenen Gedanken noch hören. In diesen Stunden habe ich das Gefühl, noch hundertprozentig bei mir zu sein. Ich habe noch mit niemandem gesprochen, ich habe noch nicht die Post mit all den Rechnungen, Briefen vom Finanzamt oder lästiger Werbung geöffnet, ich habe noch nicht telefoniert, noch nicht die – meistens bedrückenden – Nachrichten gehört, und ich habe noch nicht meine Social-Media-Kanäle gecheckt. All das macht es mir leicht, mich zu konzentrieren.

Wir alle haben ein unterschiedlich großes Bedürfnis nach Stille. Ich brauche viel davon, um meine eigenen Akkus aufzuladen. Andere sind eher extrovertiert, sie beziehen Energie aus Trubel und der Gemeinschaft mit vielen anderen Menschen. Wir alle haben aber eines gemeinsam. Egal, *wie viel* Stille wir brauchen, niemand von uns kann kreativ sein, während er oder sie unter Dauerbeschuss steht.

Stille ist heutzutage ein rares Gut. Wir alle sollen tausend Dinge jonglieren und idealerweise permanent erreichbar sein. Wie also kultiviert man Stille?

Einer der gängigsten Wege, zur Ruhe zu kommen, der auch längst in der westlichen Welt angekommen ist, ist Meditation. Es gibt zahllose verschiedene Formen. In manchen konzentriert man sich auf den eigenen Atem, in anderen auf ein Mantra, bei wieder anderen beobachtet man die eigenen Gedanken und lässt sie wie Wolken vorüberziehen. Vielen Menschen hilft Meditation dabei, »in die Stille zu kommen«. Wie gesund sie für Körper und Geist sein kann, ist hinlänglich erforscht, und ich kann allen, die sich noch gar nicht mit Meditation befasst haben, nur empfehlen, ihr eine Chance zu geben. Ich bevorzuge andere Formen der Ruhe und Stille, kenne aber viele Menschen, deren Leben und vor allem auch deren kreatives Schaffen durch Meditation transformiert wurde. Viele Menschen, die regelmäßig meditieren, berichten, dass sie nach der Meditation ihre besten Ideen haben. Vielleicht muss unser Geist erst einmal *komplett* zur Ruhe kommen, um all die Einflüsse, die wir aufgesogen haben, zu sondieren, um aus dem Wirrwarr in unseren Köpfen Sinn zu stiften.

Falls du dich mit Meditation auseinandersetzen willst, kannst du einen Kurs besuchen. Du kannst aber zunächst auch einfach eine der vielen Meditations-Apps ausprobieren. Ich selbst habe mit *Headspace* und mit *Calm* experimentiert und beide als hilfreich empfunden.

Ein weiterer Weg ist Bewegung.

Dass Sport etwas mit Stille und Kreativität zu tun haben soll, klingt vielleicht erst einmal widersinnig. Und während eines heiß umkämpften Eishockeyspiels oder beim Dance-Workout mit ohrenbetäubender Musik empfinden sicher die wenigsten von uns so etwas wie wohltuende Ruhe. Doch gibt es verschiedene, vor allem repetitive Formen der Bewegung, die für viele Menschen meditativ wirken können. Langstreckenläufer berichten oft, dass sie beim Laufen »den Kopf frei kriegen«. Das ist eine Form von Stille.

Auch Schwimmen scheint besonders gut geeignet zu sein, um alle Ablenkungen und Alltagsprobleme zu vergessen. Die langsamen, fließenden, sich wiederholenden Bewegungen, die Stille unter Wasser, die schiere Unmöglichkeit, ans Handy zu gehen, während man im Schwimmbad seine Bahnen zieht – all das scheint zusammenzuwirken.

Ich selbst gehe nicht gerne laufen und bin eine miserable Schwimmerin. Wenn ich den Kopf frei bekommen möchte, gehe ich wandern oder spazieren. Während ich einen Fuß vor den anderen setze, kommen meine herumwirbelnden Gedanken zur Ruhe.

Natürlich funktionieren Spaziergänge dieser Art nur alleine. Und dann auch nur, wenn man darauf verzichtet, sich abzulenken, indem man Musik oder Podcasts hört.

Wenn wir »in die Stille kommen« wollen, aus der häufig große Kreativität entsteht, müssen wir mit uns alleine bleiben.

Am meisten genieße ich übrigens die Ruhe, die ich beim Schreiben empfinde. Damit meine ich nicht das literarische Schreiben, das ich als meinen Beruf bezeichne, sondern ich meine das, was ich nur für mich aufschreibe.

Zwar gehörte ich nie zu denen, die regelmäßig Tagebuch schreiben. (Ich nehme mir das immer mal wieder vor, verliere dann das Interesse und gebe auf.) Allerdings habe ich viele vollgeschriebene Notizbücher, in denen ich niedergeschrieben habe, was mir so durch den Kopf schwirrt. Dabei geht es nicht darum, etwas Leserliches oder auch nur Sinnhaftes hervorzubringen. Ich habe schlicht festgestellt, dass ich »auf Papier« besser nachdenken kann. Die meisten Leute meinen, dass man seine Gedanken aufschreibt. Bei mir ist es oft anders herum. Erst dadurch, dass ich schreibe, gewinne ich Klarheit darüber, was ich eigentlich denke.

Diese Klarheit, auch schlicht die Erleichterung darüber, etwas, das einen beschäftigt hat, aufs Papier gebracht und dadurch ein Stück weit aus dem System gespült zu haben, sorgt bei mir dafür, dass meine Gedanken zur Ruhe kommen. Mein Küchentisch, eine Tasse Tee, mein Notizbuch und ein Stift. Das ist für mich oft die schönste Form von Stille.

Wenn du Stille in deinen Alltag integrieren möchtest, dann versuche einmal Folgendes: Finde eine Uhrzeit, in der du für dich sein kannst. Gib dir eine halbe Stunde. Vielleicht früh morgens, bevor die anderen erwachen? Oder abends, wenn die Kinder im Bett sind? Experimentiere mit den oben genannten Techniken. Schreibe. Übe dich in Meditation. Oder geh schwimmen.

Noch etwas: Achte darauf, dich nicht permanent mit

Informationen zuzuschütten. Versuche nach Möglichkeit, mindestens eine Stunde am Tag deine Ruhe zu haben. Das heißt: Handy lautlos, Musik oder Podcasts aus.

Die Zeit, die du Tag für Tag auf ein Display starrst, zu minimieren, ist ohnehin eine gute Idee. Das Internet ist ein schöner, aber auch ein gefährlicher Ort. Alles buhlt hier um unsere Aufmerksamkeit. Falls du das Gefühl hast, mehr online zu sein, als du solltest, nutze Apps wie *Freedom* oder *Forest*, um das in den Griff zu kriegen.

Zehn Ideen für Tätigkeiten und Orte, an denen du Stille findest

* 1. In der Natur
* 2. Im Schwimmbad oder auf der Yogamatte
* 3. In einer Kirche, jenseits der Gottesdienste
* 4. Beim Teekochen
* 5. Beim Stricken oder Häkeln
* 6. Im Ruheraum nach der Sauna
* 7. Auf dem Meditationskissen
* 8. Auf der Parkbank
* 9. Beim Retreat im Kloster
* 10. In unter der Woche nur wenig besuchten Museen

Welche sprechen dich an? Welche fallen dir noch ein?

Disziplin

Wenn ich das Wort »Disziplin« höre, dann denke ich nicht zuerst an Sportler, die sich Tag für Tag beim Training quälen, und ich denke auch nicht ans Militär. Ich denke an die im ehemaligen Jugoslawien geborene Performancekünstlerin Marina Abramović. Seit den Siebzigerjahren sorgt sie mit ihrer Kunst für Aufsehen. Abramović hat sich für ihre Performances ein blutiges Pentagram in den Bauch geritzt, sie hat sich selbst ausgepeitscht, ist auf der Chinesischen Mauer 2.500 Kilometer zu Fuß gegangen und hat sich nackt auf einen Eisblock gelegt.

Ihre vielleicht herausforderndste Performance nahm sie jedoch 2010 in Angriff, als das New Yorker Museum of Modern Art ihr eine Retrospektive widmete. Zu diesem Anlass entschied die Künstlerin sich, eine brandneue Arbeit zu zeigen, die den zeitlichen Rahmen all dessen, was man von Performancekunst gewohnt war, sprengte. Die Idee war einfach: Fünfundsiebzig Tage lang würde sie im MoMa acht Stunden lang auf einem Stuhl sitzen – reglos, ohne zu essen oder zu trinken, ohne Pausen, um zur Toilette zu gehen oder um sich die Füße zu vertreten oder die Arme zu lockern – und sie würde präsent sein für die Menschen, die sich ihr gegenübersetzten. In ihrer Autobiografie beschreibt Abramović, wie sie schon ein Jahr vor Beginn von *The Artist Is Present,* wie sie ihre Performance nannte, begann, ihre Mahlzeiten anzupassen und zu üben, nur noch nachts Wasser zu trinken und sich tagsüber zu dehydrieren. Für die Schmerzen, die es im menschlichen Körper auslöst, Tag für Tag unbeweglich acht Stunden lang in derselben Position zu sitzen, gab es jedoch keine adäquate Vorbereitung. Man riet ihr von der Performance ab, das Vorhaben schien sowohl körperlich als auch emotional gefährlich. Doch Abramović trat an und hielt die vollen drei Monate lang durch.

Gegen die Disziplin, die so extreme Künstlerinnen wie Marina Abramović aufbringen, erscheint meine Fähigkeit, mich in meinem gemütlichen Arbeitszimmer an den Schreibtisch zu setzen, ein Word-Dokument zu öffnen und loszulegen, nicht sonderlich beeindruckend. Dennoch erfordert auch das Willenskraft und Durchhaltewillen. Die meisten kreativen Arbeiten tun das.

Inspiration ist wichtig. Inspiration ist der Anfang; sie gibt uns die Energie, etwas zu beginnen. Um ein längeres Werk zu beenden, brauchen wir jedoch Disziplin. Und um uns diszipliniert zu verhalten, benötigen wir Willenskraft.

Viele von uns glauben, dass es mehr oder weniger disziplinierte Menschen gibt. Tatsächlich ist Willenskraft jedoch etwas, das wir trainieren können. Die Wissenschaftlerin Kelly McGonigal, die ein Buch darüber geschrieben hat, ermutigt uns dazu, uns Willenskraft wie einen Muskel vorzustellen: Wenn wir ihn regelmäßig trainieren, wird er stärker. Und wir trainieren ihn, indem wir die Dinge tun, von denen wir wissen, dass sie richtig sind, die wir aber lieber verschieben oder ganz lassen würden. (Klassisches Beispiel bei mir: Sport.) Oder wir trainieren ihn, indem wir uns dazu bringen, das zu unterlassen, was nicht gut für uns ist – egal, wie gerne wir es tun möchten. (Typisches Beispiel bei Frau Raabe: eine komplette Tüte Chips und zwei, drei Tafeln Schokolade essen.) Je öfter wir uns aufraffen oder verzichten, desto leichter fällt uns das. Aber auch nur bis zu einem bestimmten Punkt. Wenn wir den Muskel namens Willenskraft überbeanspruchen, gibt er nach.

Es gibt viele Situationen, in denen wir uns disziplinieren müssen, um in unserem kreativen Schaffen voranzukommen. Ich *liebe* es, zu schreiben. Aber ist der gesamte Prozess, ein Buch zu schreiben, ausschließlich freudvoll und leicht? Absolut nicht. Ich habe bisher über jedem Buch, das ich geschrieben habe, Tränen der Frustration oder Erschöpfung vergossen. Es gab immer mindestens einen Punkt, an dem ich dachte: Ich schaffe das nicht. Oder: Dieser Text wird nie fertig. Oder auch immer wieder gerne: Dieser Roman versucht, mich umzubringen. (Ja, bisweilen werde ich in Krisen am Schreibtisch ein wenig dramatisch.) In solchen Momenten führt nicht Inspiration dazu, dass man weitermacht, sondern Disziplin. Genauso, wie es nicht die Inspiration ist, die uns um vier Uhr morgens an den Schreibtisch treibt, wenn wir später am Tag keine Zeit zum Schreiben haben, sondern – die Disziplin.

Sich zu disziplinieren ist nicht einfach. Ich für meinen Teil bin stolze Hedonistin. Ich würde am liebsten neun Stunden pro Nacht schlafen. Ich liebe gutes Essen und guten Wein und habe es generell gerne nett und gemütlich. Ich würde mich nicht als überdurchschnittlich diszipliniert bezeichnen. Dennoch wirke ich auf viele Menschen so. Das liegt daran, dass ich früh ein paar Dinge herausgefunden habe, die mir dabei helfen, meine Willenskraft effizient einzusetzen.

Die wichtigste Herausforderung hast du bereits gemeistert, wenn du dir das richtige Betätigungsfeld ausgesucht hast. Um keinen Preis der Welt wäre ich um vier Uhr morgens aufgestanden, um Gitarre zu üben oder um zu zeichnen. Aber meine Texte riefen nach mir. Es hat mich trotzdem noch Überwindung gekostet, nicht auf *Snooze* zu drücken. Aber ich habe es geschafft – weil ich wusste, warum ich das mache. Wenn wir merken, dass uns der Durchhaltewille fehlt, könnte das ein Zeichen dafür sein, dass wir das, was wir tun, nicht wirklich lieben. (Das ist übrigens vollkommen okay. Man muss sich nicht jeder Sache auf Gedeih und Verderb verschreiben.)

Doch selbst wenn wir »das Richtige« gefunden haben, ist es wichtig, Prioritäten zu setzen. Da sich niemand *immer* disziplinieren kann, zumindest nicht über einen längeren Zeitraum, ist es notwendig, die Schlachten, die man schlagen möchte, weise zu wählen. Viele Dinge in unserem Alltag verlangen uns Willenskraft ab. Wir sollen zum Sport gehen, gesund essen, einen guten Job machen, angenehme Menschen sein, unsere Steuererklärung rechtzeitig abgeben und alle unsere E-Mails abarbeiten. All diese Dinge erfordern ein wenig Willenskraft aus unserem Depot. Wir müssen lernen, zu haushalten. Dafür müssen wir unser Leben als Ganzes betrachten.

Unsere Kreativität existiert schließlich nicht getrennt vom ganzen Rest. Wenn mir ein schwieriges Projekt bevorsteht, und ich weiß, dass ich viel Energie und Willenskraft werde aufwenden müssen, um es rechtzeitig fertigzustellen, dann tue ich gut daran, nicht parallel auch noch – sagen wir – mit dem Marathontraining anzufangen und auf makrobiotische Ernährung umzustellen. (Beides für mich völlig ausgeschlossen, aber du verstehst, was ich meine.) Oprah Winfrey hat mal gesagt: »You can have it all. Just not all at once.« Das trifft so häufig zu. So auch hier. Du kannst die Willenskraft aufbringen, ein Buch zu schreiben, während du dich alleinerziehend um einen Säugling kümmerst. Du kannst deine komplette Ernährung umstellen und ein hartes Sportprogramm beginnen. Du kannst jeden Morgen um vier aufstehen, und du kannst die Willenskraft aufbringen, deiner Chefin nicht den Kopf abzureißen, wenn sie dich mal wieder unfair behandelt. Ja. Du kannst die Willenskraft für *all diese Dinge* aufbringen. Aber nicht für all diese Dinge auf einmal. Setze Prioritäten. Sei da streng mit dir, wo es darauf ankommt, und erlaube dir ansonsten Freiheiten. Ich kann es nicht beweisen, aber ich bin mir ziemlich sicher, dass Askese und Lustfeindlichkeit nicht unbedingt kreativer machen.

Zum Glück sind wir nicht nur auf Willenskraft angewiesen. Sie ist wichtig – aber es gibt auch einen Workaround. Den kennen und nutzen wir alle. Er heißt: Gewohnheit. Der US-amerikanische Journalist Charles Duhigg beschreibt in seinem Buch »Die Macht der Gewohnheit«, wie Gewohnheiten funktionieren und wie sie den Einsatz von Willenskraft komplett überflüssig machen können.

Klingt zu schön, um wahr zu sein? Kennst du aber aus deinem eigenen Leben! Es kostet dich keine Willenskraft, dir die Zähne zu putzen – ob dir das nun sonderlich viel Spaß macht oder nicht. Und auch dann, wenn du deinen Job nicht besonders gerne magst, ist es ein Automatismus für dich, zu einem bestimmten Zeitpunkt das Haus zu verlassen und arbeiten zu gehen. Du musst auch nicht über den Weg zur U-Bahn nachdenken, du gehst ihn ja jeden Tag – manchmal fast wie auf Autopilot. Das ist die Macht von Routinen. Wenn sie erst einmal ordentlich eingeschliffen sind, sorgen sie dafür, dass wir uns nicht mehr zu bestimmten Handlungen durchringen müssen. Wir führen sie automatisch aus. Meine Morgenroutine erlaubt es mir, jeden Tag zu schreiben – ob mir gerade danach ist oder nicht. Ich stehe auf, gehe ins Bad, dann ziehe ich mich an, koche Kaffee – und gehe mit der ersten Tasse an die Arbeit. Das fällt mir nicht deswegen so leicht, weil ich sonderlich diszipliniert wäre, sondern weil das eine Gewohnheit geworden ist für mich.

Unsere Gehirne lieben Gewohnheiten und haben allergrößte Schwierigkeiten, einer einmal eingeschliffenen Gewohnheit nicht mehr zu folgen. Das kann auch problematisch sein. Wenn wir es gewohnt sind, den Abend vor dem Fernseher zu verbringen, der Arzt uns aber ein Sportprogramm verordnet hat,

das wir nach der Arbeit umsetzen sollen, spüren wir, wie schwierig es ist, von unserem normalen Programm abzuweichen. Aber genau das können wir uns zunutze machen. Wenn wir Gewohnheiten etablieren, die unseren kreativen Projekten nützlich sind, können wir so produktiv sein, wie wir nur wollen. Gute Routinen zu etablieren ist die sinnvollste Art, unser begrenztes Potenzial an Willenskraft auszuschöpfen. Denn wir brauchen zwar Disziplin, um uns an eine gute neue Routine zu gewöhnen. Aber sobald das passiert ist, läuft sie von alleine. Keine weitere Willenskraft mehr nötig.

Wirklich wahr! An Tagen, an denen ich meiner Morgenroutine folgen kann, ist es kinderleicht für mich, mich hinzusetzen und mit dem Schreiben zu beginnen. Verhindert aber etwas meine morgendliche Routine – ein Termin oder eine Reise –, dann habe ich oft echte Schwierigkeiten, mich später noch an meinen jeweiligen Text zu setzen und in den Flow zu kommen.

Je weniger Disziplin du zu haben meinst, desto wichtiger ist es, dass du gute Gewohnheiten etablierst.

Ein Stück weit ist Disziplin wie gesagt paradox. Wenn wir zu viel Disziplin beweisen, erklärt Kelly McGonigal, kann das Ganze ins Gegenteil kippen: unser Willenskraft-Muskel erlahmt und ist – zumindest zwischenzeitlich – schwächer als zuvor.

Gleichzeitig gibt es auch Dinge, die uns kurzfristig Willenskraft kosten, unser Repertoire an Willenskraft langfristig jedoch auffüllen: Schlaf, Bewegung und Meditation. Nun ist Meditation nicht jedermanns Sache. Ich möchte aber auf jeden Fall dafür plädieren, dass wir alle so viel Schlaf wie möglich bekommen und uns ausreichend bewegen. Das ist erwiesenermaßen gut für unser Depot an Willenskraft.

Und dann gibt es noch eine andere, sehr effektive Möglichkeit, sich selbst zu disziplinieren: Man kann die Kontrolle über die eigene Disziplin outsourcen. Wir kennen das alle aus der Schule, von der Uni, aus dem Job: Uns wird eine Aufgabe übertragen, und wenn wir sie nicht bis zu einem bestimmten Zeitpunkt erledigen, dann gibt es in irgendeiner Form Ärger. Wenn wir – erst einmal nur für uns – kreativ arbeiten, dann sind wir völlig frei. Diese Freiheit ist zunächst etwas Schönes, das wir genießen. Doch sie bedeutet auch, dass wir keine Motivation von außen erfahren – es sei denn, wir suchen sie uns.

Als ich gemeinsam mit meiner Freundin Laura Kampf entschieden habe, einen Podcast rund ums Thema Kreativität zu starten, haben wir uns bewusst dazu verpflichtet, einmal wöchentlich aufzunehmen. Wir haben das auch sofort so angekündigt, uns also unserem Publikum gegenüber verpflichtet. Wir wissen: Wenn wir es mal nicht schaffen, wird unser Publikum enttäuscht sein.

Anderen Rechenschaft ablegen zu müssen, ist eine gute Quelle von Disziplin, denn leider ist es oft so, dass wir kein großes Problem damit haben, Versprechen uns selbst gegenüber zu brechen. Aber andere wollen wir dann doch nicht enttäuschen.

Wenn du dir vorgenommen hast, endlich deinen Fantasyroman zu Ende zu schreiben, es aber alleine nicht hinbekommst, dann sorge dafür, dass du jemandem Rechenschaft ablegen musst. Sorge dafür, dass jemand, der von deinem Projekt weiß, immer mal nachfragt. Beauftrage jemanden, zu überprüfen, ob du deine selbst gesetzte Deadline einhältst. Wie gesagt: So etwas kann deiner Disziplin einen ordentlichen Schub geben.

Finde heraus, was für dich funktioniert.

Klar, Disziplin ist nicht alles. Wir wollen kreativ sein, nicht bei den *Navy Seals* aufgenommen werden. Aber ganz ohne geht es eben auch nicht. Also schau, wo du stehst. Falls es dir ein wenig an Disziplin mangelt, ist dir das wahrscheinlich längst selbst aufgefallen. Jetzt hast du ein paar Werkzeuge an der Hand, die dir helfen, das zu ändern. Und falls du die für dich genau richtige Mischung aus Entspannung und Disziplin bereits gefunden hast: meinen Glückwunsch! Weitermachen!

Authentizität

Wenn ich in den letzten Wochen und Monaten auf Social Media unterwegs war, wurden mir immer wieder Inserate für hochwertig wirkende Online-Seminare angezeigt. Meistens für die von berühmten Kolleginnen und Kollegen wie Neil Gaiman oder Margaret Atwood zum Thema »Storytelling«. Wenn man sich für diese Seminare einschreibt – Überraschung! Billig sind sie nicht! –, dann kann man, so die Werbung, das Handwerk von den ganz Großen lernen. Neugierig geworden, klickte ich die Homepage an und stellte fest, dass man ganz unterschiedliche Unterrichtsstunden buchen kann. Während ich die verschiedenen Kategorien durchstöberte, stieß ich auch auf ein Seminar von RuPaul. RuPaul ist die vielleicht erfolgreichste Dragqueen des Planeten und hat Drag mit Hilfe von Auftritten in Fernsehserien und dem Format »RuPaul's Drag Race« in den Mainstream geholt. (Ich bin ein großer Fan!) RuPauls Online-Kurs trägt folgenden Titel: »RuPaul teaches Self-Expression and Authenticity« (»RuPaul lehrt Ausdruck und Authentizität«). Das brachte mich zum Nachdenken. Kann man jemandem beibringen, authentisch zu sein?

Vielleicht nicht, aber man kann Menschen immerhin dazu ermutigen. Und das möchte ich in diesem Kapitel versuchen. Denn Authentizität ist das Salz in der Suppe.

Wenn ich Lesungen mache, versuche ich meinen Gästen einen schönen, kurzweiligen Abend zu bereiten. Ich mag es, wenn alle sich gut unterhalten fühlen, und ich mag es, wenn zwischendurch gelacht wird. Ich schreibe keine sonderlich humorvollen Romane, aber das heißt ja nicht, dass meine Lesungen nicht witzig sein können! Ich erzähle viel zwischen dem Lesen, gebe Anekdoten von meinen Reisen, aus der Recherche oder vom Schreibtisch zum Besten. Wenn ich dann am Ende die Fragerunde eröffne, kommt früher oder später eigentlich immer die folgende Frage: »Frau Raabe, Sie sind eine so fröhliche, offene Person. Wie kommt es, dass Sie Thriller (sprich: düstere Bücher, in denen unheimliche Dinge passieren) schreiben?«

Die Erwartungshaltung vieler Thrillerfans sieht offensichtlich vor, dass Menschen, die Bücher mit düsteren Themen schreiben, selbst düster sind – und zwar sieben Tage die Woche, vierundzwanzig Stunden am Tag. Der ideale Thrillerautor ist vermutlich ein Mann. Er trägt viel Schwarz. Er ist vermutlich sehr blass. An den Fingern hat er silberne Totenkopfringe verschiedener Größen, er liest gerne die Wikipedia-Einträge von berüchtigten Serienkillern und hört Dark Wave. Vielleicht spielt er auch Bass in einer Thrash Metal Band.

So stellt man sich vermutlich einen authentischen Autor düsterer Thriller vor. Aber das ist nicht Authentizität, das ist ein Klischee. Und Klischees müssen uns nicht interessieren.

Ob wir den Erwartungen anderer entsprechen, ist egal. Alles, was wir tun müssen, um authentische Dinge hervorzubringen, ist ehrlich und ein Stück weit verletzlich zu sein und etwas von uns selbst in unser Werk zu legen.

Oft ist das kein bewusster Prozess. Wenn ich ein Buch schreibe, dann denke ich nicht aktiv darüber nach, was es mit mir zu tun hat. Ich versuche einfach nur, meinen Interessen zu folgen und über Themen zu schreiben, die mich berühren. Und Dinge einfließen zu lassen – Gedanken, kleine Beobachtungen – die hundertprozentig »Melanie« sind. Auf die so vielleicht niemand außer mir käme. Nicht, weil ich besser oder schlauer wäre als andere, sondern schlicht, weil ich eine ganz eigene Perspektive auf die Dinge habe. Schlicht, weil ich ich bin. Nichts von dem, was in meinen Büchern passiert, ist mir oder Menschen, die ich kenne, genau so geschehen. Ich habe mir alles ausgedacht. Eigene Erfahrungen wie meine Geschichte aus dem nächtlichen Wald können als Startrampe für meine kleine kreative Rakete dienen, das ist es aber auch. Meine Bücher sind, wenn man so will, von hinten bis vorne gelogen. Aber es sind ehrliche Lügen, die am Ende doch immer auch mit mir zu tun haben. Klingt nach einem Widerspruch. Daher ein Beispiel: Nichts von dem, was ich in meinem Debütroman »Die Falle« beschrieb, hatte oberflächlich irgendetwas mit mir zu tun. Die Hauptfigur Linda, eine schwerreiche Schriftstellerin, lebt zurückgezogen in einer Villa am Starnberger See und traut sich nicht mehr vor die Tür, seit ihre geliebte Schwester Anna ermordet wurde. Linda ist tief traumatisiert. Dennoch macht sie sich trotz all ihrer Probleme daran, den Mörder zu finden und zur Rechenschaft zu ziehen.

Zu meinem eigenen Leben gibt es da keinerlei Parallelen. Zu der Zeit, in der ich den Roman schrieb, war ich noch nicht einmal selbst Schriftstellerin, sondern Lokaljournalistin bei einer Tageszeitung! Nein, viel hatte ich mit Linda ganz bestimmt nicht gemeinsam. Und ganz sicher kein Trauma und auch keine Angststörung. Auch habe ich weder eine Villa am Starnberger See noch eine Schwester.

Und doch erzählt der Roman auch etwas über mich. Mehr übrigens, als mir beim Schreiben selbst klar war.

Irgendwann nach Erscheinen des Romans sprach mich eine Leserin an. Ob ich schon einmal von »Hochsensibilität nach Elaine Aron« gehört hätte? Die Leserin hatte sich ein wenig mit dem Thema befasst und war sicher, dass meine Hauptfigur Linda Conrads hochsensibel sei. Und da hatte sie sich gefragt, ob die Autorin es auch sei und die Figur deswegen so geschrieben habe. Ich hatte noch nie von all dem gehört und befragte nach dieser Begegnung sogleich Google. Dabei erfuhr ich, dass Elaine Aron eine US-amerikanische Psychologin ist. Menschen, die sie als »hochsensibel« bezeichnet, reagieren außergewöhnlich stark auf subtile Reize und neigen zu Übererregbarkeit, sind also beispielsweise von Lärm, Trubel, Menschenmassen und Ähnlichem schnell überfordert. Das kam mir bekannt vor. Schließlich muss ich mich nach trubeligen Tagen auf der Buchmesse oder einem Interviewmarathon immer erst mal für ein paar Stunden alleine im Hotelzimmer einschließen, um wieder runterzukommen. Allerdings dachte ich, ehrlich gesagt, das ginge allen so. Online fand ich einen Fragebogen von Aron zum Thema, füllte ihn aus und bekam prompt das Ergebnis: Sie sind hochsensibel! Und zwar sehr! (Hochsensibel hat übrigens absolut nichts mit hochbegabt zu tun. Hochsensible sind nicht klüger oder sonst wie besser als alle anderen. Leider! Wir verarbeiten lediglich Reize anders als andere Menschen.)

Worauf ich hinaus will: Ich habe in meinen Debütroman etwas von mir selbst hineingeschrieben, über das ich mir in diesem Moment noch gar nicht im Klaren war. Natürlich ist die Protagonistin Linda Conrads hochsensibel. Wenn man es erst einmal weiß, ist das vollkommen offensichtlich. Und sie ist so: ein ganz kleines bisschen seltsam, ein ganz kleines bisschen anders – weil *ich* so bin.

Die Sache ist doch die: Wir sind *alle* ein kleines bisschen seltsam, wir sind *alle* ein kleines bisschen anders. Jede und jeder von uns hat eine ganz eigene Perspektive auf die Welt und das Leben. Unser Job ist es, diese Perspektive zu teilen. Ob wir nun Bücher schreiben, YouTube-Videos machen oder uns an Landschaftsgärtnerei versuchen.

Das zu machen, was alle tun, ist einfach, denn so agiert man aus einer sehr sicheren Position heraus. Man reiht sich ein, statt aus der Masse herauszuragen. Die eigene Perspektive zu vermitteln, erfordert Chuzpe. Wir sagen nicht mehr: Ja, sehe ich genauso. Stattdessen sagen wir: So sehe *ich* das. Logischerweise erfordert das eine ordentliche Portion Mut und Selbstbewusstsein.

Ehrlichkeit und Verletzlichkeit – das sind die Quellen, aus denen sich Authentizität speist.

Das Seminar von RuPaul zum Thema habe ich nicht gekauft. Aber ich fühlte mich von der Werbung für Neil Gaimans Schreibkurs, die ich auf Instagram immer wieder sah, an eine Rede erinnert, die der britische Autor im Mai 2012 an der University of the Arts in London hielt. Das Video der Keynote wurde damals viel geteilt, und auch mich hat es sehr beeindruckt. Gaiman spricht darüber, dass wir aus allem, was uns geschieht, etwas Kreatives machen können. Und er rät, dass wir stets versuchen sollten, das auf unsere ganz eigene Art zu tun. Sprich: Wir sollen uns bemühen, authentisch zu sein. Das fühlt sich – wie alles, was Mut erfordert – nicht immer gut an. Oft macht es uns sogar Angst. Gaiman beschreibt das ganz treffend. Er sagt, wenn wir das Gefühl hätten, dass wir nackt die Straße runterliefen, dass wir viel zu viel von uns selbst zeigten, dann wüssten wir, dass wir auf dem richtigen Weg wären.

Originalität entsteht, wenn wir unsere eigene, authentische Perspektive konsequent in ein Projekt einbringen und auf diese Weise etwas Innovatives und Originäres schaffen.

Lin-Manuel Miranda wurde 1980 in New York geboren, als Sohn von aus Puerto Rico stammenden Eltern. Inspiriert von einer historischen Biografie, die er verschlungen hatte, arbeitete er von 2007 bis 2015 an einem Musical über den amerikanischen Gründervater Alexander Hamilton, das Hip Hop, R&B, Soul und Pop mit klassischen Musicalnummern vermischte. Miranda entschied sich, die Rolle von Alexander Hamilton selbst zu übernehmen und auch den Rest der Besetzung so divers zu gestalten, wie die Menschen in den USA heute nun mal aussehen. Die Gründungsgeschichte der Vereinigten Staaten durch die Augen eines jungen New Yorkers mit einer Vorliebe für Rap. Das war originell. Und ein Riesenhit. Auf Tickets für »Hamilton« kann man jahrelang warten oder hoffen, sie in einer Lotterie zu gewinnen. (Die Chancen sind gering. Ich weiß es, ich habe es ausprobiert.)

Rei Kawakubo wurde rund vierzig Jahre vor Lin-Manuel Miranda in Tokio geboren. 1981 zeigte

die japanische Designerin ihre Kollektionen erstmals in Paris – und rief nicht nur Interesse hervor, sondern auch Entsetzen. Keinerlei Glamour umgab ihre Kreationen, kein herkömmlicher Chic. Stattdessen zeigte Kawakubo löchrige und eingerissene Stoffe und ungewohnte Silhouetten. Bis heute macht die Designerin mit ihrem Label »*Comme Des Garçons*« etwas, das sich kaum als Mode bezeichnen lässt. Sie verfolgt ihre ganz eigenen Ziele und denkt nicht in Kategorien wie »hübsch« oder »elegant«. Ihr Ziel ist es auch nicht, zu gefallen. Im Gegenteil: »Je mehr Leute einen Schreck bekommen, wenn sie meine neue Kollektion sehen, desto glücklicher bin ich«, sagte sie einst in einem Interview. Kawakubo geht nach eigenem Bekunden nicht mit der Intention, Kleidung zu machen, an ihre Arbeit, weil dieser Gedanke sie zu sehr einschränken würde. Diese ungewöhnliche Art zu denken, die sie sich von nichts und niemandem hat austreiben lassen, macht sie so authentisch – und ihre Kreationen so originell.

Wenn wir das Wort *originell* hören, denken wir oft an seltsam oder ungewöhnlich. Der Begriff »Original« wie in »der Heinz ist ein echtes Original« kann auch negativ gemeint sein, im Sinne von: Heinz verhält sich merkwürdig, entspricht nicht der Norm. Henry Darger war ein solches »Original«. 1892 in Chicago geboren und früh verwaist, schlug er sich Zeit seines Lebens als eine Art Hausmeister im Krankenhaus durch. Darger war wohl in vielerlei Hinsicht ein Sonderling. Seine Wohnung stopfte er mit allerlei Dingen voll, die er sammelte. Vieles davon fand er im Müll. Der britische *Guardian* schrieb einmal über Darger, er habe ein Leben gelebt, das von solchem Leid, einer solchen Vernachlässigung und Isolation geprägt gewesen sei, dass er Vincent van Gogh wie einen partyliebenden Geldsack aussehen ließe. Zu Lebzeiten hatte niemand in dem merkwürdigen, leicht verwahrlosten Mann einen Künstler vermutet. Doch als der Vermieter nach Dargers Tod die Wohnung ausmisten wollte, stieß er auf ein eigenartiges, handgeschriebenes Werk von rund 1500 Manuskriptseiten. Darger schrieb nicht nur seltsame Prosa, er malte und zeichnete auch. Viele seiner Motive waren nackte junge Mädchen, die auf seinen Bildern jedoch für gewöhnlich Penisse hatten – was einige Experten dahingehend deuteten, dass der isoliert lebende Darger Zeit seines Lebens nie eine nackte Frau gesehen hatte und in aller Unschuld davon ausgegangen sei, dass Frauen und Mädchen, wie er, einen Penis haben müssten. Ich finde Dargers Bilder verstörend. (Nicht nur ich. Manche halten Darger für einen Serienkiller, der davonkam.) Fest steht auf jeden Fall, dass ich so etwas vorher noch nie gesehen hatte. Noch nicht einmal etwas Ähnliches.

Nach Dargers Tod wurden seine Werke in seiner Wohnung gefunden – zufällig von einem Menschen mit Kunstverstand, der sie publik machte. Posthum sorgte Darger so für Aufsehen in einer Kunstszene, die ihm selbst vollkommen fremd war. Ein viel beachteter Dokumentarfilm über diesen ungewöhnlichen Künstler mit der völlig einzigartigen Perspektive und dem so bizarren, aber definitiv einzigartigen Werk wurde 2004 mit mehreren Preisen ausgezeichnet. Heute wird Darger der Strömung »Outsider Art« zugerechnet, und seine Bilder sind inzwischen enorm viel Geld wert.

Henry Dargers Originalität entstand aus einem ungewöhnlichen Leben heraus. Zum Glück müssen wir nicht alle Normalität opfern, um ungewöhnliche Ideen zu haben und sie originell umzusetzen. Es lohnt aber, sich klarzumachen, dass wir uns ein Stück weit entscheiden müssen: Mit dem Strom schwimmen? Oder etwas Originelles machen?

Als Lady Gaga 2008 in der Musikszene auftauchte, wussten viele erst nicht so richtig, was sie mit ihr anfangen sollten. Die teils expressionistischen Musikvideos in Überlänge! Die außerweltlichen Kostüme! Das dramatische Auftreten! Die theatralen Performances! Der *meat dress*! Spätestens, als die Musikerin sich 2013 mit einem ihrer Vorbilder, nämlich Marina Abramović, für ein Projekt zusammentat, wurde einer breiteren Masse klar, was Lady Gaga da eigentlich machte: Sie kombinierte Popmusik auf ihre ganz eigene Art und Weise mit Performancekunst und kreierte so mitten im Mainstream etwas Neues, Innovatives. Ich persönlich finde Lady Gaga grandios. Diese Meinung teilt nicht jeder. Originalität birgt immer das Risiko, einen großen Teil des Publikums gegen sich aufzubringen.

Wer originell ist, läuft Gefahr, andere »abzuhängen«. Originalität macht es nötig, an Orte zu gehen, die andere meiden, Themen anzusprechen, die andere scheuen und Kombinationen auszuprobieren, auf die andere nie kämen. Oft helfen uns dabei nicht nur unsere individuellen Stärken, sondern auch vermeintliche Schwächen.

Im Frühjahr 2019 war ich in einer Liveshow zu Gast, die für das Radioprogramm des WDR aufgezeichnet wurde. Der andere Gast war der phänomenal erfolgreiche – und unfassbar lustige – Kabarettist Torsten Sträter. Eine der Geschichten, die er an diesem Abend zum Besten gab, ist mir besonders im Gedächtnis geblieben. Sie hatte das vielleicht unlustigste Thema zum Inhalt, das man sich denken kann: seine eigene klinische Depression. Sträter machte daraus – in seiner typischen, trockenen Art mit seinem unwiderstehlichen Ruhrpott-Dialekt – einen der lustigsten (und originellsten) Auftritte, die ich je in meinem Leben gesehen habe. Comedy und Depression. Düsternis und Leichtigkeit.

Aus einem privaten Thema, über das viele nicht gerne sprechen, ein gutes Stück Comedy zu machen, ist nicht jedermanns Sache. Genau, wie nicht jeder Henry Dargers Prosa goutiert, Lady Gagas Auftritte oder Björks vollkommen eigene Art zu singen. Wer nach Originalität strebt, exponiert sich. Wer sich bemüht, originell zu sein, kann es nicht zum Ziel haben, allen zu gefallen. Vielmehr geht es darum, aus sich selbst heraus etwas in die Welt zu bringen, das sie so noch nicht gesehen hat.

An Fehlern wachsen

Ich bin ein Kind der Achtziger. Zu meiner Zeit gab es noch keine Helikoptereltern, und dementsprechend viele Freiheiten genossen meine Freundinnen und Freunde und ich als Kinder. Wir spielten viel draußen. Zudem las ich wahnsinnig gerne. Aber ich muss auch zugeben, dass ich echt viel fernsah. Am liebsten mochte ich Actionserien. »Hart aber herzlich«, »Trio mit vier Fäusten«. So etwas. Mein absoluter Favorit war jedoch »Ein Colt für alle Fälle«. Hauptfigur Colt Seavers, für meine damaligen Begriffe der coolste Mann auf dem Planeten, war Stuntman. Nun, ich war jung, leicht zu beeindrucken und hatte noch keine Ahnung von meinen Talenten – und Schwächen. Und so dachte ich, dass es cool wäre, Stuntman zu werden. (Dass ich höchstens Stunt*woman* hätte werden können, davon hatte ich mit zehn oder elf und ganz ohne Englischkenntnisse noch keine Ahnung.) Eines Tages versuchte ich mich an einem Fahrradstunt. Der Plan: mit Vollgas den steilen Berg vor unserem Haus runterheizen und das Manöver mit einem lässigen U-Turn beschließen. Zu keiner Zeit streifte der Gedanke mein Hirn, dass das auch schief gehen könnte. Ging es aber. Ich stürzte und schlug mit dem Kopf auf dem Asphalt auf. Viel ist nicht passiert (»Kinder und Betrunkene …«), aber ich holte mir eine blutige Lippe und brach mir zwei Schneidezähne ab.

Wenn ich heute Sätze lese wie »Es gibt keine Fehler« oder »Scheitern ist unmöglich«, dann denke ich an diese

Szene. Ich bin definitiv ein gescheiterter Stuntman. Fehler sind real! Scheitern ist real! Es gibt Bereiche, in denen Fehler schlimme Konsequenzen haben können.

Im kreativen Bereich verhält es sich jedoch anders. Hier gibt es keine klar gezogene Linie zwischen Richtig und Falsch. Gut und Schlecht sind nicht klar definiert. Ich habe vielleicht eine genaue Vorstellung davon, was ein großartiges Gemälde oder was ein tolles Konzert ausmacht. Allgemeingültig ist das jedoch nicht. Kunst und Kultur werden aus einer subjektiven Perspektive heraus kreiert und genau so auch rezipiert. Das ist einer der Gründe, weswegen wir so frei sein können, wenn wir etwas schaffen. Ein weiterer Grund: Im kreativen Prozess kann das Scheitern tatsächlich eine gute Sache sein, und niemand sollte Angst vor Fehlern haben.

Wenn ich an einem Roman arbeite, dann experimentiere ich viel mit Charakteren und Abläufen. Ich versuche

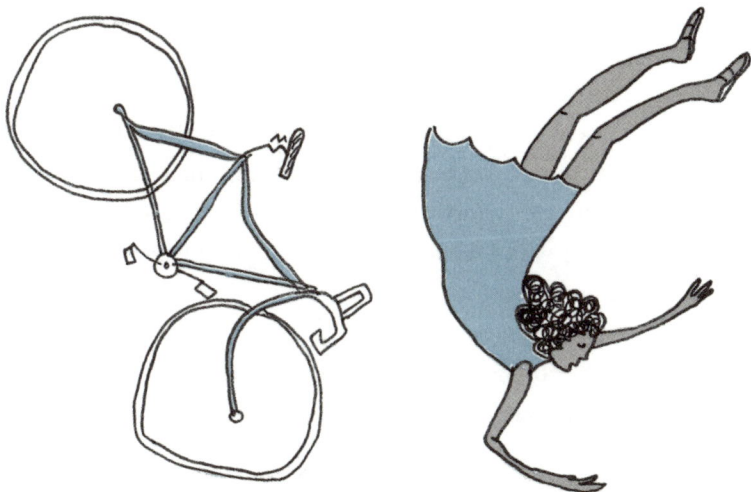

einfach mal was. Wenn ein Ansatz nicht den gewünschten Erfolg bringt, dann raufe ich mir nicht die Haare, sondern probiere einfach etwas anderes. Je mehr Fehler ich auf der Suche nach dem richtigen Weg gemacht habe, desto steiler ist meine Lernkurve.

Thomas Edison, ein ungewöhnlich produktiver kreativer Kopf, dem wir viele moderne Erfindungen verdanken, tat sich auf dem Weg zu einer seiner vielleicht wichtigsten, der Glühbirne, reichlich schwer. Zum Glück hatte er eine sehr gesunde Sicht aufs Scheitern. Edison soll angesichts der Tatsache, dass er 10 000 Mal versuchte, eine funktionierende Glühbirne zu machen und ebenso oft scheiterte, gesagt haben, er sei mitnichten 10 000 Mal gescheitert. Er sei kein einziges Mal gescheitert. Stattdessen sei es ihm gelungen, zu beweisen, dass diese 10 000 Wege nicht funktionierten. Wenn er alle Möglichkeiten eliminiert habe, die zu nichts führten, werde er die eine finden, die funktioniere.

Und das hat er dann ja auch gemacht.

Scheitern ist Ansichtssache. In der Welt der Erfindungen kam es immer wieder einmal vor, dass jemand nach eigenen Begriffen gescheitert war, weil nicht das geleistet wurde, was man sich vorgenommen hatte – aber mit dem vermeintlich verkorksten Werk erst recht erfolgreich war. Die Geschichte ist voller solcher Erfindungen. Luftpolsterfolie, mit der wir zerbrechliche Gegenstände verpacken, war ursprünglich als Tapete gedacht. Viagra sollte ursprünglich Angina bekämpfen, statt die Potenz zu fördern. Und Alexander Fleming erfand das Penicillin angeblich, indem er versehentlich das Fenster offen ließ, was dazu führte, dass Sporen auf den Erregern auf den Versuchsplatten in seinem Labor landeten. Die »verdorbenen« Versuchsplatten führten bei Flemings Rückkehr zu einem wissenschaftlichen Durchbruch, für den er 1945 den »Nobelpreis für Medizin« erhielt.

Derartige Erfindungen könnte man als Zufälle oder als pures Glück abtun, doch so einfach ist es nicht. Vielmehr sind in all diesen Fällen Menschen kreativ mit vermeintlichen Patzern umgegangen. »Das hat nicht geklappt? Hm. Okay, was probiere ich als Nächstes?«

Wichtig ist, dass wir unsere Fehlschläge nicht zu persönlich nehmen. Sonst wird aus »Das hat nicht geklappt.« schnell »Ich bin eben einfach nicht gut genug.«

Wer stattdessen mit Neugier, Interesse und den richtigen Anschlussfragen auf gescheiterte Experimente oder verpatzte Versuche reagiert, der erhält manchmal unerwartete Geschenke von der Göttin Kreativität.

Mir misslingen ständig Dinge. Ich versuche das positiv zu sehen und sage mir: Wenn immer alles funktionieren würde, wäre das ein sicheres Zeichen dafür, dass ich mich nicht mehr fordere. Ich könnte mir nichts Langweiligeres vorstellen.

Ich glaube, es kann keine Kreativität ohne Scheitern geben, und wer nicht immer alles perfekt hinbekommt, ist auf einem guten Weg. Dass wir Fehler machen heißt, dass wir Herausforderungen annehmen und versuchen, besser zu werden. Wir strecken uns nach Früchten, die vielleicht noch ein bisschen zu hoch hängen für uns. Nur so können wir unser Portfolio erweitern, dazulernen, uns aus festgefahrenen Mustern befreien.

Wachstum beginnt dort, wo wir unsere Komfortzone verlassen. Um das zu erreichen, müssen wir immer mal »Ja« sagen, wo wir eigentlich »Lieber nicht!« sagen möchten. Niemand sollte etwas tun, das falsch oder gar verwerflich erscheint. Davon spreche ich nicht. Mir geht es darum, sich zu trauen, Dinge auszuprobieren, auf die man Lust, vor denen man aber auch Angst hat.

Erinnerst du dich, dass ich eingangs davon erzählte, dass ich mich als Teenager einst als Schauspielerin versucht habe? Das kam so: In der Kleinstadt, in der ich die Schule besucht und schließlich mein Abitur gemacht hatte, gab es ein kleines semiprofessionelles Theater, von dem ich zum ersten Mal hörte, als ich in der sechsten oder siebten Klasse war. Ich war natürlich fasziniert. Ein echtes Theater! In unserer kleinen Stadt! Schnell fand ich heraus, dass der Theaterleiter früher Lehrer an einer renommierten Kölner Schauspielschule gewesen war und sich mit dem kleinen Theater in Wiehl einen Traum erfüllt hatte. Er gab ambitionierten Amateurinnen und Amateuren Schauspielunterricht, und Jahr für Jahr wurden von diesem kleinen Verein mehrere Stücke zur Aufführung gebracht. Als ich vielleicht dreizehn oder vierzehn war, ging ich zum ersten Mal zum »Training«, einer offenen Schauspielstunde. Eine Freundin schleppte mich mit. Es gab Sprech- und Improvisationsübungen. Rundum faszinierendes Zeug, und die anderen machten das großartig. Ich freute mich, dass ich zusehen durfte. Ich freute mich so lange, bis ich aufgefordert wurde, mitzumachen. Im

Rückblick finde ich fast lustig, wie entsetzt ich war. Mitmachen? Gleich beim ersten Mal?

Ich war nun mal ein schüchterner Teenager und hätte mir nichts Schlimmeres vorstellen können, als vor einer Gruppe Improübungen zu machen. Ich sagte Nein. Man versuchte mich sanft zu überreden, aber ich blieb dabei.

Später, daheim, bereute ich das und entschied, es beim nächsten Mal besser zu machen. Ich war schon Tage vorher nervös, aber ich ging noch einmal hin. Und machte mit. Zumindest ein bisschen. Bald darauf trat ich dem Verein bei und blieb ihm über viele Jahre hinweg verbunden. Aus mir ist nie eine sonderlich gute Schauspielerin geworden. Schauspielerei ist einfach nicht mein Feld, obwohl ich großen Respekt vor dieser Kunstform habe. Aber ich habe am Theater viel übers Schreiben gelernt. Theatermachen ist meist auch Textarbeit. Wenn ich heute Dialoge für einen meiner Romane schreibe, dann habe ich ein Gespür dafür, wie die Figuren klingen müssen, damit das alles organisch wirkt. Das verdanke ich meinem Ausflug ans Theater. Und als ich zum ersten Mal eine Lesung gemacht habe, war ich zwar über alle Maßen nervös. Aber ganz neu war die Situation nicht für mich. Denn ich hatte schon als Teenager gelernt, mich aus meiner Komfortzone herauszuwagen und mich ein Stück weit daran gewöhnt, vor Publikum zu stehen.

Wir wachsen an jeder kreativen Herausforderung, die wir annehmen. Manchmal erhalten wir nicht die Ergebnisse, die wir uns gewünscht hätten, aber das macht nichts. Es ist wie in diesem Song von den Rolling Stones, den ich so mag, »You Can't Always Get What You

Want«: Wir bekommen, all unserer Bemühungen zum Trotz, nicht immer, was wir wollen. Aber wir kriegen stets, was wir brauchen.

Produktivität

Ich liebe das Thema Produktivität. Weil es so konkret ist und zu einem hohen Maße von uns selbst abhängt. Mit Talent ist das so eine Sache. Wie gesegnet wir damit jeweils sind, liegt nicht unbedingt in unserer Hand. Das müssen wir so hinnehmen. Ich kann niemandem den Rat geben, einfach mal ein wenig talentierter zu sein. Denn wie, bitte schön, soll man das umsetzen? Aber den Rat, härter zu arbeiten und produktiver zu sein, den kann man sehr wohl beherzigen. Produktivität ist herrlich messbar und konkret.

Natürlich gibt es mehr im Leben. Unsere Leistungen sind nicht gleichzusetzen mit unserem Output, und überhaupt ist Leistung nicht alles. Nichtsdestotrotz ist Produktivität ein riesengroßes Thema für alle, die in irgendeiner Form kreativ sein wollen. Auch für mich.

»Unsere Produktivität verbessern«, das klingt manchmal ein bisschen so, als wollten wir uns graduell zu perfekten Maschinen tunen, die niemals Zeit verschwenden, die immer abliefern, die immer perfekt sind. »Produktivität«, das klingt womöglich nach mehr Arbeit, mehr Stress, weniger Freiheit. Aber das Gegenteil ist der Fall. Die richtigen Werkzeuge helfen dabei, weniger Zeit zu verschwenden und effizienter zu arbeiten, ja. Aber was man mit der frei gewordenen Zeit macht, das kann natürlich jede und jeder für sich entscheiden. Wer ein paar gute Regeln und Werkzeuge fürs eigene Arbeiten parat hat, kann in kürzerer Zeit mehr kreieren, hat weniger Zeitdruck, weniger Stress und ist – meiner Meinung nach – glücklicher bei der Arbeit und im Leben überhaupt.

Wir führen alle unterschiedliche Leben. Ein paar von uns arbeiten freiberuflich und können ihren Tagesablauf selbst bestimmen. Andere haben einen festen Job und sind räumlich und zeitlich gebunden. Manche von uns haben das Hobby zum Beruf gemacht, andere leben ihre Kreativität in den Stunden aus, die übrig bleiben, wenn alle anderen Verpflichtungen erledigt sind. Nicht jeder Produktivitätstrick ist für jede Lebenssituation geeignet, wie immer geht es darum, sich genau das herauszupicken, was einem selbst am besten hilft und am besten zu einem passt. Im Folgenden gebe ich Einblick in das, was mir zu verschiedenen Zeiten in meinem Leben sehr dienlich war. Vielleicht ist auch für dich etwas dabei. Wie man produktiver wird, ist dabei die eine Sache. Was uns daran hindert, überhaupt produktiv zu werden, die andere. Deshalb zunächst zu den Dingen, die unsere Produktivität nicht steigern, sondern ruinieren.

Der schönste und produktivste Zustand, in dem wir uns befinden können, nennt sich *Flow*. Wir kennen ihn alle. Unser Zeitempfinden schwindet, wir sind vollkommen absorbiert von der Tätigkeit, die wir gerade ausüben.

Wir empfinden keine Anstrengung, keinen Druck – wir machen einfach. Im Flow zu kreieren ist leicht. Die magischsten Dinge passieren bei mir beispielsweise genau dann, wenn ich nicht mehr über jedes einzelne Wort nachdenken muss. Manchmal kommt mir dieser Zustand vor wie ein Wunder – dabei ist er sehr real und gut erforscht. Allerdings ist es nicht immer einfach, in den Flow zu kommen. Wenn man einmal drin ist – was Minuten oder auch mal Stunden dauern kann –, sollte man diesen schönen Zustand daher möglichst lange aufrecht erhalten. Die größte Feindin des Flows und der Produktivität überhaupt ist die Unterbrechung. Wer außer Haus arbeitet, vielleicht sogar in einem Großraumbüro, der wird die ständigen Unterbrechungen, denen er ausgesetzt ist, kaum noch zählen können. Und auch im Home Office werden wir immer mal wieder gestört. Nicht alle Unterbrechungen können wir abstellen, auf vieles haben wir schlicht keinen Einfluss. Aber die Unterbrechungen, die wir zulassen, obwohl es auch anders ginge, die sollten wir unbedingt abschaffen, wenn wir wirklich kreativ sein wollen.

Das heißt: Wir brauchen einen Ort, an dem uns niemand stört. Und wir brauchen Zeiten, zu denen uns niemand stört. Machen wir uns nichts vor: Wer eine große Familie und/oder eine kleine Wohnung hat, ist, was Unterbrechungen betrifft, vermutlich deutlich im Nachteil. Hier braucht es feste Regeln – und ein solides Selbstbewusstsein, um die eigenen Freiräume zu verteidigen. Nicht immer ist Platz für ein Arbeitszimmer vorhanden. Das braucht es

aber auch nicht unbedingt. Ich habe zwei Bestseller am Küchentisch geschrieben. Schon eine kleine Nische, in die wir uns zurückziehen können, hat die Kraft, anderen zu signalisieren, dass wir nicht gestört werden wollen.

Auch Kopfhörer können gute Dienste leisten, um sich von der Außenwelt abzuschirmen. Ich nutze sie gerne, wenn ich im Café oder in der Bahn arbeite. Nicht nur, weil sie mein Umfeld ein Stück weit ausblenden, sondern auch, weil sie meiner Umgebung deutlich machen, dass ich mich gerade nicht unterhalten mag.

Wenn ich mich konzentrieren und in den Flow kommen möchte, ist zudem wichtig, dass ich nicht vom Telefon unterbrochen werde. Mein Handy ist zu solchen Zeiten grundsätzlich im Flugmodus.

Je weniger Zeit wir für unsere kreativen Unternehmungen haben, desto wichtiger ist es, diese Zeit vor tödlichen Unterbrechungen zu bewahren. Eine Stunde ohne Unterbrechungen ist besser als sechs Stunden, in denen andauernd das Telefon klingelt.

Übrigens: Ich bin eine erklärte Feindin des Multitaskings. Ich weiß, dass viele von uns stolz darauf sind, mehrere Bälle parallel in der Luft halten zu können. Aber Multitasking ist eine Illusion. Unsere Gehirne können sich nicht auf mehrere

Sachen gleichzeitig konzentrieren. Wenn wir glauben, dass wir multitasken, schaltet unser Hirn eigentlich nur blitzschnell zwischen den verschiedenen Aufgaben, die sich ihm stellen, hin und her. Das ist ermüdend und wenig produktiv. Denn letztlich unterbrechen wir uns dabei ständig selbst und machen es uns unmöglich, in den Flow zu kommen. Multitasking ist als Produktivität getarnte Unterbrechung. Es ist nicht immer zu vermeiden, ich weiß. Aber wenn du versuchst, in den Flow zu kommen, dann versuche, dich wirklich nur auf diese eine Sache zu fokussieren. Wenn du es gewohnt bist, viele Dinge gleichzeitig zu erledigen, wird dir das zunächst vielleicht schwerfallen und Nervosität auslösen. Aber für wirklich produktive und wertschöpfende Arbeit ist es unerlässlich.

Leider sind Unterbrechungen durch die Menschen in unserer Umgebung, durch permanentes Multitasking oder durch das vermaledeite Telefon nicht die einzigen Schwierigkeiten, mit denen wir zu kämpfen haben. Die Welt, in der wir leben, ist voller Ablenkungen. So viele Dinge kämpfen um unsere Aufmerksamkeit, und nicht auf alle haben wir Einfluss. Müssen wir auch nicht. Es reicht, wenn wir uns auf die größten Zeit- und Aufmerksamkeitsfresser konzentrieren. Über andere Menschen, das Telefon und Multitasking haben wir schon gesprochen. Die größte Ablenkungsmaschine von allen ist jedoch das Internet.

Häufig kommt es vor, dass ich an einem Text arbeite und eine Frage aufkommt, die ich aus dem Kopf nicht beantworten kann. Mir fehlt ein Fakt, ein Datum vielleicht. Ich muss etwas nachrecherchieren. Wenn ich Glück habe, kann ich es in einem Buch nachschlagen. In diesem Fall stehe ich auf, schnappe mir die Fachliteratur, lese nach – und setze mich wieder an meinen Text. Falls ich mich jedoch gezwungen sehe, online zu recherchieren, sieht die Sache ganz anders aus. Ich kann nicht mehr zählen, wie oft mir das schon passiert ist: Ich gehe online, um nur ganz kurz diese eine spezifische Sache nachzuschlagen. Aber dabei komme ich vom Hölzchen aufs Stöckchen. Es geht mir wie *Alice im Wunderland*; ich falle in den Kaninchenbau und vergesse völlig, was mein eigentlicher Plan war. Wenn ich dann wieder zu mir komme, habe ich nicht nur ziemlich viel Zeit verloren, sondern ich muss auch erst einmal wieder in den Flow kommen. Meist bin ich dann so verärgert über mich selbst, dass mir das ohnehin nicht gelingt. Frustration und Flow sind wie Feuer und Wasser.

Das Internet ist ein wundervoller Ort. Dementsprechend verführerisch ist es für Menschen wie mich. Die Tatsache, dass mir das ganze Wissen der Welt zur Verfügung steht, ist schier unwiderstehlich. Allein mit Selbstdisziplin komme ich nicht gegen diesen Sog an. Ich bin einfach zu neugierig, zu süchtig nach Informationen. Daher verwende ich ein Programm, das den Internetzugang auf meinem Computer für die Zeitspanne sperrt, in der ich zu schreiben gedenke. Das funktioniert. Wirklich.

Noch suchterzeugender als das Internet an sich sind Social Media im Besonderen. Ich bin niemand, der Instagram, TikTok, Twitter und Co. verteufelt, ich selbst habe diverse Accounts, die ich mal mehr, mal weniger regelmäßig pflege. Ich bin mir aber ihrer Gefahren für meine Produktivität bewusst. Die meisten sozialen Netzwerke wie beispielsweise Facebook sind im Silicon Valley entstanden. Da sitzen sehr kluge, sehr gut bezahlte Menschen, deren einzige Aufgabe darin besteht, unsere Aufenthalte auf Social Media unwiderstehlich zu machen und dafür zu sorgen, dass wir so viel Zeit wie möglich damit verbringen. Das Letzte, was sie möchten, ist, dass wir zurück an unsere eigentliche Arbeit gehen. Wir sollen klicken und scrollen, am besten den ganzen Tag lang. So verdienen diese Unternehmen ihr Geld – und das ist ja nicht unbedingt verwerflich. Wir als Kreative müssen uns nur fragen, wie viel Zeit wir auf diese wenig produktive und kreative Art und Weise verbringen möchten. Ich möchte jedenfalls nicht mit neunzig auf mein Leben zurückblicken und feststellen, dass ich den größten Part damit zugebracht habe, mir Katzenvideos auf Instagram anzuschauen.

Ich plädiere nicht dafür, dass du deine Social-Media-Kanäle löschst. Aber ich plädiere dafür, dass du genau darüber nachdenkst, auf welche Weise und wie lange du sie nutzt. Dein Smartphone kann dir dabei helfen, nachzuhalten, wie viel Zeit du täglich mit welcher App verbringst. Wahrscheinlich wirst du erstaunt sein.

Ich habe Social Media früher sehr sorglos genutzt und viel Zeit darauf verbracht. Doch ich habe meine Sichtweise geändert. Inzwischen betrachte ich Twitter und Co wie ein Genussmittel. Wie Alkohol. Ich persönlich finde es vollkommen in Ordnung, hin und wieder Alkohol zu trinken. Aber man sollte sich dabei stets der Tatsache bewusst sein, dass man eine bestimmte Grenze nicht überschreiten darf. Und dass der Konsum negative Folgen haben kann. Genauso, wie ich darauf achte, Alkoholkonsum nicht zur Gewohnheit werden zu lassen, habe ich klare Regeln für den Konsum von Social Media:

Regel #1 – Niemals morgens als Erstes! (So hüte ich meine morgendliche Schreibzeit.)

Regel #2 – Maximal eine Stunde pro Tag! (Klingt viel, ist es aber nicht.)

Regel #3 – No Hate! Ich folge keinen Personen oder Kanälen, die Negativität verbreiten, sich durch Bosheit auszeichnen oder gar Hass propagieren. (Hass ist ansteckend, und er verdirbt nicht nur den Charakter, sondern auch die Produktivität.)

Wenn du auch nur ein bisschen bist wie ich, wirst du erstaunt sein, wie viel Zeit du einsparst, wenn du nicht mehr so viel online bist. Was ich aber mindestens genauso wichtig finde wie den enormen Zeitverlust, sind die weniger offensichtlichen Folgen von zu hohem Social-Media-Konsum: Wir werden mit Informationen überflutet. Mir fallen auf Anhieb vier gute Gründe ein, weshalb das ein Problem ist. Erstens: Wenn wir reizüberflutet sind, ist es schwer, einen klaren Kopf zu bekommen. Und wir brauchen einen klaren Kopf, um zu kreieren. Zweitens:

Social Media laden dazu ein, uns mit anderen zu vergleichen. Oft können wir gar nicht anders. Aber: Vergleiche sind echte Kreativitätskiller. Drittens: Wenn wir uns den ganzen Tag über mit dem Output und den Meinungen anderer Leute befassen, fällt es uns schwerer, unsere eigene innere Stimme zu hören, die wir brauchen, um etwas bedeutungsvolles, ganz Eigenes zu schaffen. Und viertens: Social Media bieten uns schnelle Befriedigung. Wir posten etwas, und im Idealfall hagelt es Herzchen und Likes. Das fühlt sich erst einmal gut an. Aber es trainiert uns auch darauf, nur noch Dinge zu posten, die bei unserem Publikum online besonders beliebt sind. Wir lernen, dass es gut ist, sich auf Bewährtes zu verlassen und Experimente zu vermeiden. Ruhe in Frieden, Kreativität!

Das soll nicht heißen, dass das Internet kein Raum für Kreativität ist. Falls du einen super kreativen Instagram- oder YouTube-Channel hast oder dich auf TikTok austobst, kann ich dir nur gratulieren. Ich selbst bin mit einigen sehr spannenden Kreativen befreundet, die via Social Media äußerst erfolgreich geworden sind – auf ganz unterschiedlichen Gebieten. Sie alle haben jedoch eines gemeinsam: Sie posten oft und regelmäßig. Aber sie *konsumieren* fast nichts. Sie widerstehen dem Sirenengesang des Feeds, denn sie haben keine Zeit zu scrollen. Sie müssen schließlich kreieren!

Natürlich ist übermäßiger Internetkonsum nicht die einzige schlechte Angewohnheit, der die eigene Kreativität zum Opfer fallen kann. Ich habe mich vor einer Weile mit meiner Freundin und Podcast-Partnerin Laura Kampf über das Thema Inspiration unterhalten. Ich muss sagen: Laura ist eine unendliche Quelle treffender Vergleiche. Sie erzählte mir, dass sie sich einen kreativ arbeitenden Menschen, der dauerhaft inspiriert und glücklich arbeiten und auf lange Sicht produktiv bleiben kann, wie eine gut geölte Maschine vorstellt. Super Bild! Bei einer solchen Maschine arbeiten verschiedene Teile zusammen, um ein bestimmtes Ergebnis hervorzubringen. Aber die Maschine läuft nicht von alleine. Sie braucht Treibstoff. Sie muss hin und wieder geölt und gewartet werden, und manchmal muss man vielleicht sogar ein Ersatzteil anschaffen.

Nun sind wir natürlich keine Maschinen, aber das Bild greift. Niemand ist kreativ, wenn er kaum die Energie aufbringt, sich morgens aus dem Bett und zur Couch zu schleppen. Es mag ein Klischee sein, dass ein gesunder Geist in einem gesunden Körper wohnt – aber es stimmt. Und um gesund und leistungsfähig zu bleiben, müssen wir uns um die Grundlagen kümmern. Unser Treibstoff heißt genügend Schlaf, gesundes Essen und ausreichend Bewegung.

Außerdem brauchen wir Pausen. Sonst läuft die »Maschine« zu heiß und geht kaputt. Und das Letzte, was wir wollen, ist ausbrennen.

Was einen gesunden Lebenswandel angeht, bin ich wahrlich nicht militant. Aber ich tue, was ich

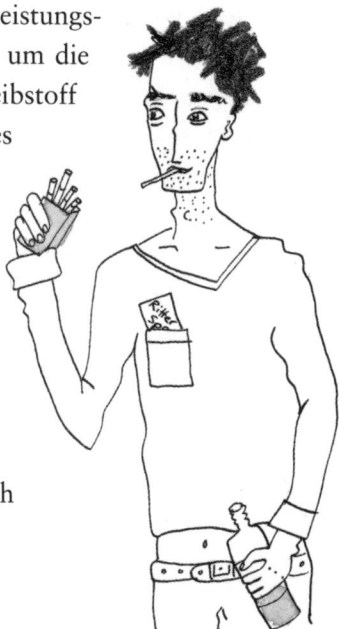

tun muss, um die Dinge umsetzen zu können, an denen mir etwas liegt. Und das kann ich fit und gesund einfach deutlich besser als übermüdet, angeschlagen oder gar krank.

Mir ist übrigens bewusst, dass wir hier mit einem Künstlerklischee brechen. Wie viele Maler, Musikerinnen, Schauspieler und Schriftstellerinnen haben ein ausschweifendes Leben geführt, nie geschlafen, Kette geraucht, Heroin geschossen oder während der Arbeit literweise Wodka oder Whisky gekippt? Ein paar der wundervollsten Werke überhaupt wurden unter den fürchterlichsten Bedingungen kreiert. Aber ein schwieriges Leben, Drogensucht und Raubbau am eigenen Körper führen nicht automatisch zu großer Kunst. Das ist ein Fehlschluss. Basquiat hat nicht wegen, sondern trotz seiner Drogensucht die Kunstwelt revolutioniert, und Amy Winehouse wäre auch mit einem gesünderen Lebenswandel eine fantastische Sängerin gewesen. Ich finde den hartnäckigen Mythos, dass Künstlerinnen und Künstler über Gebühr leiden müssen, um Außergewöhnliches zu leisten, fürchterlich und gefährlich. Machen wir uns nichts vor. Das Leben ist hart. Wir haben alle unser Päckchen zu tragen, wir alle erleiden früher oder später Schicksalsschläge, werden krank oder verlieren geliebte Menschen. Wer glaubt, dass man sich zusätzlich noch mit einem ungesunden Lebenswandel zugrunde richten muss, um kreativ aus den Vollen schöpfen zu können, hat schlicht zu wenig Fantasie.

Also: Sei nett zu deinem Körper und zu deinem Geist. Vergiss Selbstoptimierung. Darum geht's nicht. Aber kümmere dich um die Basics. Finde heraus, was gut ist für dich – und mach nach Möglichkeit mehr davon.

Leider bin ich noch nicht fertig. Leider gibt es noch mehr Produktivitätskiller. Und einige von ihnen entspringen unserer eigenen Einstellung unserer Arbeit gegenüber.

Ich stand mir beispielsweise lange selbst im Weg und habe mich durch mein eigenes Denken daran gehindert, mehr und freier zu schreiben. Das hat mit meinen literarischen Vorlieben zu tun. Eine meiner absoluten Lieblingsautorinnen ist die US-Amerikanerin Donna Tartt. Zwischen ihrem ersten und ihrem zweiten Roman lagen zehn, zwischen dem zweiten und dem dritten elf Jahre. Besagter dritter Roman hieß »Der Distelfink«, war ein Weltbestseller und brachte Tartt zahlreiche Preise, darunter den »Pulitzer Prize for Fiction« ein. Für Donna Tartt sind diese langen Abstände zwischen ihren Büchern goldrichtig, und ihre Romane sind so umwerfend, dass ich tapfer darauf warte, dass – sagen wir mal – zwölf Jahre nach dem »Distelfink« endlich etwas Neues von ihr erscheint. (Mit etwas Glück ist es 2025 endlich so weit.) Der Punkt ist: Da viele meiner literarischen Lieblinge nur alle Jubeljahre mal etwas veröffentlichen, glaubte ich lange, dies sei der einzige Weg, um etwas von Wert zu erschaffen. Jahrelang dachte ich, dass man sich für eines von beidem entscheiden müsse: Qualität oder Quantität. Es hat eine Weile gedauert, bis ich begriffen habe, dass Quantität nicht zu Lasten von Qualität gehen muss. Wie ich schon im Kapitel über Ideenfindung ausgeführt habe, ist das exakte Gegenteil der Fall: Quantität ist häufig die Bedingung für Qualität.

Ähnlich hinderlich wie die Idee, dass höhere Quantität zu minderer Qualität führt, finde ich diesen Gedankengang: »Ich habe so viele Verpflichtungen und so wenig Zeit. Im Grunde lohnt es sich gar nicht, dass ich überhaupt beginne.«

Gerade dann, wenn wir die wichtigsten Produktivitätsregeln beachten, können wir mit wenig Zeit sehr viel erreichen.

Also Schluss mit dem negativen Denken. Negativität killt Enthusiasmus. Und den brauchen wir unbedingt!

Das waren also die größten Hindernisse für Produktivität. Nun sollten wir uns den Dingen zuwenden, die unsere Produktivität steigern können. An dieser Stelle noch einmal: Nicht alles funktioniert für alle. Es ist wichtig, sich vorzutasten und auszuprobieren. Manche Ideen und Techniken funktionieren auch nur eine Zeit lang – oder nur für bestimmte Aufgaben. Ich beispielsweise richte meine Arbeitstage mehrfach jährlich neu aus. Wenn ich auf Lesereise bin, arbeite ich anders, als wenn ich dauerhaft daheim bin. Und die Steuererklärung gehe ich anders an als eine Kurzgeschichte. Also: Betrachte die Techniken als Buffet.

Der Produktivitätsbooster Nummer eins heißt: Routine.

Wie wichtig eine funktionierende Routine ist, kann ich gar nicht genug betonen.

Ich weiß natürlich nicht, zu welcher Zeit du deinen kreativen Ambitionen nachgehen kannst. Aber meine kreativste Zeit ist nun einmal morgens, und dementsprechend wichtig ist mir meine Morgenroutine. (Wir sprachen ja bereits im Kapitel über Disziplin darüber.)

Nichts macht mich produktiver. Dabei ist meine Morgenroutine gar nichts Besonderes. Darum geht es auch nicht. Vergiss also die Morgenroutinen der Stars, die man online findet. Viele davon sind meiner Meinung nach entweder völlig verrückt oder ausgedacht. (Hast du Lust auf ein Beispiel? Okay: Schauspieler Mark Wahlberg postete vor einer Weile seine Morgenroutine auf Instagram. Halt dich fest: 2.30h aufstehen, 2.45h Gebet, 3.15h Frühstück, 3.40h Workout, 5.30h duschen, 7.30h Golf, 8.30h Snack, 9.30h Kältekammer – usw.) Aber ich schweife ab. Der Punkt ist: Es kommt nicht darauf an, was andere machen. Es kommt auch gar nicht so sehr darauf an, was *deine* Morgenroutine beinhaltet. Es kommt primär darauf an, dass du überhaupt eine hast. Sie sorgt dafür, dass du nicht jeden Tag neu darüber nachdenken musst, wie du deine Zeit strukturieren sollst, ob du heute überhaupt Lust hast, zu schreiben, zu zeichnen, an deinem wie immer gearteten Projekt zu arbeiten und so weiter und so weiter. Was Teil einer Routine ist, passiert regelmäßig. Alles andere ist verhandelbar. Wenn du mit deinen Projekten vorankommen möchtest, musst du dafür sorgen, dass sie niemals verhandelbar sind.

Übrigens: Ich spreche von einer *Morgen*routine, weil die für mich besonders wichtig ist. Falls du abends nach dem Brotjob an deinem Drehbuch oder deiner Choreografie arbeitest, dann sieh zu, dass du eine Abendroutine etablierst, die der Sache förderlich ist. Falls du in der Mittagspause eine halbe Stunde Zeit zum Zeichnen hast, finde eine Routine, die dir erlaubt, das Beste aus deiner knappen Kreativzeit zu machen. Und so weiter.

Es gibt Worte, die ich gerne mag. Blütenkelch zum Beispiel. Oder Zuckerstückchen. Das Wort Prioritäten hingegen zählt nicht zu meinen Lieblingen. Es hat einen unangenehmen Beigeschmack. Aber es meint natürlich etwas ganz Elementares: Wir tun gut daran, uns klarzumachen, was uns im Leben am wichtigsten ist. Klare Prioritäten sind ein enormer Produktivitätsbooster.

Was mir sehr dabei geholfen hat, endlich so produktiv zu werden, wie ich es mir wünschte, war, zwischen dringenden und wichtigen Aufgaben zu unterscheiden. Das Schreiben genießt bei mir oberste Priorität. Das habe ich schon vor vielen Jahren mit mir selbst geklärt. Schreiben fällt somit in die Kategorie WICHTIG. Aber es fällt selten in die Kategorie DRINGEND. Einen Roman zu schreiben, dauert eine Weile. Rein zeitlich gedacht fängt das mit dem Schreiben erst an, sich dringend anzufühlen, wenn eine Deadline naht. Für alle, die das Romanschreiben (noch) nicht zu ihrem Job gemacht haben, fühlt es sich daher vielleicht *wichtig,* aber niemals *dringend* an. Dementsprechend leicht tappt man in die folgende Produktivitätsfalle. Sagen wir, du hast vor, an deinem unveröffentlichten Roman zu arbeiten, und heute bist du daheim, denn du hast deine feste Stelle reduziert, um dich jeden Freitag dem Schreiben widmen zu können. Du stehst auf, kochst dir einen Kaffee, setzt dich an den Schreibtisch. Du wolltest nur kurz in deine Mails schauen und dann sofort mit dem Schreiben beginnen. Jetzt musst du aber feststellen, dass du fast ein Dutzend neue Nachrichten aus dem Büro hast, vier davon von deiner Chefin, alle mit dem Vermerk »Dringend«. Also arbeitest du sie ab. Dabei fällt dir ein, dass du eigentlich noch deine Steuererklärung abgeben musst. Montag ist Deadline, und am Wochenende hast du sicher keine Lust, dich damit zu befassen. Inzwischen ist schon Mittag. Ein Kollege ruft an. Du gehst nicht ran, aber er spricht dir auf die Mailbox. Er braucht deinen Rat, was ein Projekt betrifft. Ob du zurückrufen könntest? Es sei leider dringend. Das Gespräch dauert eine Stunde. Als du fertig bist, ist bereits früher Nachmittag. Jetzt musst du dringend was essen. Und, oh verdammt, deine beste Freundin hat Geburtstag, feiert am Abend, und du hast noch kein schönes Geschenk für sie. Mit Last-Minute-Blumen von der Tankstelle möchtest du natürlich nicht aufkreuzen, also solltest du dich dringend auf die Suche nach einem würdigen Präsent machen ...

Das mag jetzt alles ein bisschen übertrieben klingen, aber glaub mir: Irgendwas ist immer. Du wirst immer viele verschiedene Dinge zu tun haben, die dringender sind als dein kreatives Projekt. Wenn du dein Projekt jemals fertigstellen willst, musst du das Wichtige dem Dringenden vorziehen. Das ist nicht intuitiv. Und natürlich sollst du dabei deinem gesunden Menschenverstand folgen. Aber wenn du *immer* erst alles abarbeiten willst, was dringend scheint, wirst du nie oder nur sehr, sehr selten und unregelmäßig zum Malen, Schreiben, Musizieren kommen. Erledige das Wichtige zuerst. Die meisten Dinge, die dringend sind, können wenigstens eine Stunde warten, ohne dass jemand sein Leben verliert.

Noch ein kleiner Tipp, der dir womöglich dabei hilft, deine kreative Zeit besser zu priorisieren: Trage sie in deinen Kalender und auf deiner To-do-Liste ein. Mach aus dem Songwriting, dem Kerzenziehen, dem Theaterstückschreiben, dem Zeichnen oder Fotografieren oder Schnitzen oder Backen einen Termin mit dir selbst. So wirkt das Ganze offizieller, und es wird weniger wahrscheinlich, dass du die Zeit, die dafür reserviert ist, leichter Hand für andere Dinge hergibst. Wenn du diese Grundlagen beherzigst, bist du bereit für den nächsten Punkt: Zeitmanagement.

Effizientes Zeitmanagement kann dir ebenfalls einen produktiven Schub geben. Okay, ich weiß. Effizienz. Zeitmanagement. Das hört sich an, als würde ich als Nächstes vorschlagen, dass du dir ein Kostüm oder einen Anzug anschaffst und dich um eine Position im Vorstand eines international agierenden Konzerns bewirbst. Zeitmanagement klingt dröge, dabei ist es eigentlich wirklich sexy! Denn es sorgt dafür, dass wir mehr Urlaub machen, länger schlafen, mehr faulenzen, mehr guten Wein trinken und mehr Zeit mit Freunden und Familie verbringen können!

Es ist ja so: Zeit ist die wertvollste Ressource, die wir haben. Die meisten von uns gehen jedoch sehr sorglos mit ihr um. Niemand von uns würde zur Bank gehen, ein paar tausend Euro abheben, die Scheine aus dem Fenster flattern lassen und dabei zusehen, wie der Wind sie davonträgt. Mit Zeit sind wir viel großzügiger. Dabei lässt sich verlorenes Geld ersetzen. Nur unter Mühen vielleicht, aber man kann in den meisten Fällen einen

Weg finden, wieder an Geld zu kommen. Mit Zeit ist es anders. Vergangene Zeit kriegen wir nie wieder zurück. Und daher sollten wir sie pfleglich behandeln. Das ist übrigens kein Plädoyer dafür, nur noch zu arbeiten und sich niemals zu vergnügen. Ich liebe es, am Wochenende lange im Bett zu bleiben und ausgiebig zu frühstücken, ich liebe lange, weinselige Gespräche mit meinen Freundinnen und Freunden, ich gehe gerne trinken, tanzen, auf Konzerte und ins Theater – all das. Meiner Erfahrung nach kann ich diese Vergnügungen aber nur dann wirklich genießen, wenn ich währenddessen nicht die ganze Zeit daran denken muss, dass ich meine Deadline wahrscheinlich nicht halten kann, weil ich letzte Woche zu viel rumgetrödelt habe.

Falls du alles geregelt kriegst, was du schaffen möchtest und für alle deine Leidenschaften genügend Zeit hast, dann musst du gar nichts verändern. Aber wenn du so bist wie ich, dann fragst du dich manchmal, wo zum Teufel eigentlich die Zeit geblieben ist. Auch heute passiert es mir immer noch hin und wieder, dass ich zwar den ganzen Tag über sehr beschäftigt war, mich abends aber ernsthaft fragen muss, was ich eigentlich die ganze Zeit gemacht habe. Es gibt Tage, die von Kleinigkeiten wie Mails und Telefonaten, dem Gang zur Post oder zum Copyshop aufgefressen werden. Da kann es ganz hilfreich sein, nachzuhalten, wo die eigene Zeit wirklich hingeht. Der einfachste Weg, das zu tun? Ein oder zwei Tage lang einmal alle Tätigkeiten aufschreiben – mit genauen Zeiten. Die Ergebnisse können sehr erhellend sein. Ich habe früher als Freiberuflerin oft vierzehn Stunden am Tag oder länger gearbeitet – zumindest, wenn ich mir die reine Stundenzahl ansah. Als ich mir die Mühe machte, mal ganz genau zu gucken, was ich wann getan hatte, stellte ich fest, dass ich irre viel Zeit verschwendet habe. Mit Snacks, mit privaten Telefonaten, mit Social Media und so weiter. Diese Dinge wären alle okay gewesen – jeder braucht Pausen –, wenn ich mit dem Stand der Dinge nicht so unzufrieden gewesen wäre. Wenn ich es angenehm gefunden hätte, spätestens um 7 im Home Office am Schreibtisch zu sitzen, aber um 8 oder 9 Uhr abends immer noch nicht fertig zu sein, dann wäre ja alles gut gewesen. Aber mich störte das. (Zu meiner Ehrenrettung sei übrigens erwähnt, dass die meisten Menschen ebenso viel oder sogar noch mehr Zeit verschwenden. Die Wissenschaft hat ein großes Interesse an unserer Produktivität, und Studien haben ergeben, dass Menschen, die acht Stunden pro Tag in einem Büro sitzen, durchschnittlich nur zwei Stunden und 53 Minuten wirklich arbeiten. Wohin all die andere Zeit geht? Wir werden es niemals herausfinden – es sei denn, wir halten es für uns selbst nach.)

Ich hatte sehr schnell die Hauptprobleme identifiziert: mein Handy, das Internet – und die Tatsache, dass ich mir im Home Office jederzeit etwas zu essen aus der Küche holen kann. Diese Probleme zu beheben war leicht. Ich schaltete mein Handy auf »Nicht stören«, gestaltete meine Mittagspausen effizienter und hörte auf, so viel zu surfen und während der Arbeits-

zeit private Telefonate zu führen. Das kostete mich gar nicht viel Selbstkontrolle. Das Wissen, wie viel Zeit ich normalerweise verschwendete, war genug. Denn mir war das wirklich nicht klar gewesen.

Probier es mal aus. Du wirst wahrscheinlich erstaunt sein. Und sei nicht traurig, wenn du feststellst, dass du nur drei Stunden am Tag wirklich effektiv arbeitest. Damit liegst du immer noch sieben Minuten über dem Durchschnitt.

Aber wie kommt es überhaupt, dass wir so viel Zeit vertrödeln, für vieles ewig brauchen – aber am Ende doch immer mit allem fertig werden? Meiner Meinung nach hat das mit einem Prinzip zu tun, das sich *Parkinson's Law* nennt. Es gibt mehrere Parkinson'sche Gesetze, die alle auf den britischen Soziologen C. Northcote Parkinson zurückgehen. Das bekannteste lautet folgendermaßen: »Work expands so as to fill the time available for its completion.« Ich übernehme hier einfach mal die Übersetzung von Wikipedia:

»Arbeit dehnt sich in genau dem Maß aus, wie Zeit für ihre Erledigung zur Verfügung steht.«

Als ich das zum ersten Mal hörte, hatte ich ein echtes Aha-Erlebnis. Das erklärt so vieles! Zum Beispiel, weshalb Deadlines so gut funktionieren – unabhängig davon, ob sie realistisch sind oder nicht. Ein Beispiel: Stellen wir uns eine Autorin vor, die normalerweise zwei Jahre braucht, um einen Roman zu schreiben – und die es auch noch nie schneller geschafft hat. Stell dir vor, wir entführen die gesamte Familie dieser Autorin. Und ihren

Hund. Wir rufen sie an und sagen ihr, dass ihre gesamte Familie (und der Hund!) in unserer Hand ist und dass sie sie nie wiedersehen wird. Es sei denn, sie schreibt einen neuen Roman. In nur sechs Monaten. Wird sie es schaffen? Natürlich! Sie könnte es auch in einem Monat schaffen, wenn nur genug auf dem Spiel stünde. »Arbeit dehnt sich in genau dem Maß aus, wie Zeit für ihre Erledigung zur Verfügung steht.« Die Macht von Deadlines.

Falls es niemanden gibt, der dir Deadlines setzt, dann setze dir selbst welche und nimm sie ernst. Kaum etwas gibt deiner Produktivität einen solchen Schub wie das Wissen, dass du auf einen zeitlichen Endpunkt hinarbeitest. Hetz dich nicht. Nimm dir die Zeit, die du brauchst. Aber bedenke, dass Projekte mit *offenem* Ende häufig *niemals* ein Ende finden.

So, nach diesem kleinen Ausflug in die Welt eines längst verstorbenen Soziologen komme ich dir auch noch mit einem 1848 geborenen italienischen Ökonomen. Der Herr hieß Vilfredo Pareto, und auf ihn geht ein sehr wichtiges Prinzip zurück, das auch oft als 80-20-Regel bezeichnet wird. Pareto befasste sich zu seiner Zeit mit der Verteilung des Landbesitzes in Italien und stellte fest, dass 20 Prozent der Bevölkerung 80 Prozent des Bodens besaßen. Daraus leitet sich das nach ihm benannte Prinzip ab, das häufig auf Produktivität angewendet wird und das – verkürzt dargestellt – besagt: 20 Prozent der Dinge, die du tust, sorgen für 80 Prozent des Wertes, den du kreierst. Du kannst also mit 20 Prozent Einsatz deinem Ziel schon um 80 Prozent näher kommen. Es lohnt, herauszufinden, welche Tätigkeiten, denen wir täglich nachgehen, zu den essenziellen 20 Prozent gehören, die uns wirklich voranbringen. Und welche den trivialen 80 Prozent zuzuordnen sind, die wahnsinnig viel Zeit und Einsatz von uns verlangen, aber nur für 20 Prozent des Ergebnisses verantwortlich sind.

Ich habe noch einen Produktivitätsbooster für dich, den wir bereits im Kapitel übers Anfangen kurz gestreift haben: Beschränkungen!

Wieso Deadlines so effektiv sind, haben wir bereits besprochen. Ganz ähnlich wirkt auch die Pomodoro-Technik. Sie funktioniert folgendermaßen: Du stellst eine Eieruhr oder den Timer auf deinem Handy auf 20 oder 25 Minuten. Während dieser Zeit arbeitest du so schnell und fokussiert, wie du nur kannst. Nach Ablauf der Frist machst du fünf Minuten Pause – holst dir ein Glas Wasser, vertrittst dir die Beine, machst ein paar Stretching-Übungen – etwas in der Art. Und dann setzt du dich die nächsten 25 Minuten an deine Arbeit. Nach vier Durchgängen machst du eine längere Pause, die dich wirklich erfrischt. Die Grundidee dieser Technik ist einfach: Wir absolvieren regelmäßige Sprints, bleiben durch die häufigen Pausen aber trotzdem frisch. Zum Schreiben oder für andere, tiefgründige Aufgaben taugt das meiner Meinung nach nicht. Da wollen wir uns lange konzentrieren und den Flow selbstverständlich nicht durch eine bimmelnde Eieruhr unterbrechen. Ich nutze diese Technik trotzdem gerne. Vor allem für ungeliebte Arbeiten, die Fleiß, aber nicht unbedingt Inspiration oder tiefes Nachdenken erfordern. Buchhaltung, Mails abarbeiten, das Büro aufräumen – all das ist ideal.

Meiner Meinung nach hat diese Technik aber noch einen anderen Nutzen. Viele von uns – mich eingeschlossen – prokrastinieren Aufgaben, auf die wir keine Lust haben. Manchmal können wir uns kaum überwinden, alle unsere Unterlagen abzuheften oder endlich die Steuer der letzten drei Jahre zu machen. Ich sage mir dann: Okay, du musst das nicht *alles* machen. Setz dich einfach nur dran, bis die 25 Minuten um sind, danach darfst du aufhören. Und dieser Trick funktioniert. Ich fühle mich von der unangenehmen Aufgabe weniger überwältigt, wenn ich weiß, dass ich nicht den ganzen Tag damit verbringen muss. Und interessanterweise mache ich, wenn ich einmal begonnen habe, auch meistens nach den 25 Minuten und der kurzen Pause hinterher weiter.

Der nächste Produktivitätsbooster klingt vielleicht simpel, bereitet meiner Erfahrung nach aber einigen von uns Schwierigkeiten: einfach mal Nein sagen!

Viele von uns fühlen sich von der täglichen To-Do-Liste regelrecht erschlagen. Daher sollten wir nicht nur clever priorisieren und das Wichtigste vorziehen. Wir sollten uns auch klarmachen, dass sich immer wieder Dinge auf die Liste schleichen, die wir nicht unbedingt machen *müssen* oder vielleicht auch gar nicht machen *sollten*.

Der schnellste Weg, etwas von deiner Liste zu streichen, ist genau dieser: es einfach gar nicht zu erledigen. Es einfach zu streichen. Einige Dinge auf meiner To-Do-

Liste variieren irgendwo zwischen völlig unnötig und »wäre nett, muss aber nicht«. Ich versuche, mich regelmäßig dazu zu bringen, diese Dinge schlicht und einfach zu streichen.

Idealerweise landen unnötige Dinge gar nicht erst auf der Liste. Um das hinzubekommen, müssen wir lernen, Nein zu sagen. Nein zu überzogenen Forderungen von anderen, und natürlich auch Nein zu übertriebenen Ansprüchen an uns selbst. Der Tag hat nur 24 Stunden. Ich habe lange gebraucht, das einzusehen. Seither geht es mir besser.

Nein zu sagen, ist nicht immer leicht. Produktivitätsbooster Nummer sechs macht da schon deutlich mehr Spaß: kreativer Austausch.

Wir Menschen sind soziale Wesen und brauchen Austausch. Ich glaube fest an die Theorie, dass wir eine Mischung aus den Menschen sind, mit denen wir die meiste Zeit verbringen. Umgib dich ausschließlich mit negativen Menschen, und deine eigene Einstellung dem Leben gegenüber wird leiden. Verbringe mehr Zeit mit positiv eingestellten Leuten, und ihr Optimismus wird dich anstecken. Genau so ist es mit Produktivität. Kaum etwas gibt meiner Produktivität einen solchen Schub wie der Austausch mit Leuten, die ebenso für ihre Projekte brennen, wie ich für meine.

Als meine Freundin Laura die Idee hatte, einen gemeinsamen Podcast zu starten, habe ich kurz gezögert. Natürlich fand ich die Aussicht grandios, ich hatte zu dieser Zeit aber auch phänomenal viel zu tun und war mir unsicher, ob ich diese zusätzliche wöchentliche Verpflichtung eingehen wollte. Ich fürchtete, dass mein Output als Autorin leiden könnte, wenn ich neben allem anderen, was ich zu tun hatte, nun auch noch einen wöchentlichen Podcast aufnehmen müsste. Aber: Der Podcast klang nach Spaß. Also sprang ich mit Laura ins kalte Wasser. Und erlebte eine Überraschung. Ja, den Podcast aufzunehmen erfordert einen gewissen zeitlichen Aufwand. Ja, in dieser Zeit kann ich nicht schreiben. Gleichzeitig bin ich, seit wir den Podcast im Mai 2019 gegründet haben, deutlich produktiver geworden. Ich glaube, das liegt daran, dass ich das Glück habe, Woche für Woche ein Stündchen mit einem der kreativsten und produktivsten Menschen verbringen zu dürfen, den ich kenne. Mich regelmäßig mit Laura auszutauschen macht mich produktiver. Ich ziehe unendlich viel Energie aus diesen Gesprächen.

Ähnlich geht es mir, wenn ich mit einer anderen engen Freundin telefoniere. Alex ist eine fantastische Fotografin und hat wahnsinnig viel Power. Nach unseren Telefonaten bin ich jedes Mal noch motivierter als vorher. Und meine Arbeiten gehen mir tausendmal leichter von der Hand.

Versuche, so viel Zeit wie möglich mit Menschen zu verbringen, die positiv auf dich wirken. (Das ist natürlich keine Einbahnstraße. Wenn jemand aus deinem Umfeld das Gespräch mit dir sucht und von den Dingen erzählt, die ihn interessieren und inspirieren, die er

erschafft oder vielleicht irgendwann erschaffen möchte: Reagiere mit Interesse und Neugier darauf. Freu dich für ihn oder sie. Enthusiasmus ist ansteckend. Produktivität ist ansteckend. Sei eine Laura. Sei eine Alex.

Wie du sicher schon gemerkt hast, bin ich der Meinung, dass vieles eine Sache der inneren Einstellung ist. Es gibt nicht den *einen* Trick, der uns sofort und auf der Stelle kreativ, produktiv und rundherum großartig macht. Aber tatsächlich habe ich ein paar Programme gefunden, die einen großen Unterschied für meine Produktivität machen und die keinerlei Umdenken, keine Änderung der inneren Einstellung erfordern. Man muss sie lediglich verwenden.

Als latent internetsüchtig habe ich mich ja bereits geoutet. Sehr gerne verwende ich daher – wie bereits kurz erwähnt – ein Programm namens *Freedom*, das meine Internetverbindung kappt, solange ich arbeite. Ich öffne es auf meinem Mac, stelle ein, dass ich – sagen wir – 180 Minuten nicht online gehen möchte. Wenn ich das 43 Minuten später vergesse und Google öffnen will, um irgendwas nachzuschauen, erinnert das Programm mich liebevoll daran, dass ich mich doch eigentlich konzentrieren wollte und dass mir das Internet derzeit nicht zur Verfügung steht. Klingt simpel, wirkt aber Wunder. Ich kenne zahlreiche bekannte Autorinnen und Autoren, die dieses Programm verwenden. Ich selbst fand es, nachdem der amerikanische Sachbuchautor Neil Strauss es in einem Interview erwähnte.

Noch ein Programm, das viele wahrscheinlich seltsam finden werden, das ich aber sehr gerne mag, findest du auf der Homepage www.coffitivity.com.

Meine Bücher entstehen in meinem Home Office und in verschiedenen Kölner Cafés. Mein Büro ist unendlich wertvoll für mich, aber manchmal ist mir danach, auswärts zu arbeiten, und dann genieße ich die gemächliche Ruhe, die tagsüber in meinem Lieblingscafé herrscht. Leise Gespräche, das Geklapper von Geschirr, das Zischen der Espressomaschine... Aus irgendeinem Grund ist diese Geräuschkulisse meiner Kreativität förderlich. Und damit bin ich nicht alleine. Viele Kolleginnen und Kollegen ließen und lassen sich von dieser Atmosphäre inspirieren. *Coffitivity* bietet diesen Sound für daheim. Auf dieser Seite kannst du nämlich verschiedene Kaffeehaus-Sounds abspielen.

Und dann gibt es noch ein Programm, das vor allem der schreibenden Zunft sehr dabei helfen kann, die eigene Produktivität zu schüren und vor allem zu messen. Auf *Pacemaker* kann man sich online und gratis Schreibpläne erstellen. Man gibt die Deadline ein und wie viele Zeichen oder Wörter das fertige Werk haben soll, und Pacemaker hält für einen nach, ob man auf der Höhe ist oder hinterherhinkt. Ich mag strenge Schreibpensen eigentlich nicht, aber wenn es mit der Deadline mal eng wird, ist dieses Programm Gold wert!

Du merkst: Das Thema Produktivität ist endlos. Ich liebe all meine kleinen Regeln und Ideen und Programme, aber ich verstehe auch alle, die sich davon ein bisschen erschlagen fühlen. Daher will ich, bevor wir uns wieder anderen Themen zuwenden, noch einen ganz anderen Ansatz mit dir teilen. Er stammt von Tim Ferriss, einem sehr erfolgreichen US-amerikanischen Autor, Blogger, Podcaster, Investor und Geschäftsmann. Tim Ferriss ist ausgesprochen umtriebig. Seine Spezialität ist es, Prozesse zu entschlacken. (Sein erstes Buch hieß »Die 4-Stunden-Woche« und hat mich erstmals mit Parkinson's Law und mit dem Pareto-Prinzip in Kontakt gebracht.)

Produktivität ist eines seiner Spezialgebiete. 2013 teilte Ferriss auf seinem Blog einen Artikel, dessen Überschrift mir sofort ins Auge fiel: »›Productivity‹ Tricks for the Neurotic, Manic-Depressive, and Crazy (Like Me)« – zu Deutsch »›Produktivitäts‹-Tricks für neurotische, manisch-depressive und verrückte Menschen (wie mich)«.

Darin beschreibt er mit beeindruckender Offenheit, dass er zwar als ausgesprochen produktiv gelte, dass er in den letzten Monaten aber auch wahnsinnig viel Zeit verschwendet habe. Dass es beispielsweise immer wieder vorgekommen sei, dass er die Snooze-Taste seines Weckers gedrückt habe, wieder und wieder, oft ein bis drei Stunden lang, weil er sich nicht hatte überwinden können, sich dem Tag zu stellen.

Gleichzeitig, so schreibt er weiter, habe er unglaublich viele bedeutungsvolle Dinge erledigt.

Ferriss beschreibt kurz gesagt, dass er auch in Zeiten, in denen er ohne Ende prokrastiniert und sich alles andere als produktiv und funktional *fühlt*, dennoch produktiv *ist* – solange er sich an ein paar Regeln hält. Die wichtigsten: Er notiert sich drei bis fünf Dinge, die er erledigen müsste. Bevorzugt solche, die ihm die meisten Sorgen bereiten oder irgendwie unangenehm sind. (Denn seiner Meinung nach sind die wichtigsten Erledigungen oft ein bisschen unangenehm.) Dann schaut er sich diese kurze Liste an und stellt sich zwei Fragen in Bezug auf jede Aufgabe. Erstens: Wenn das das Einzige ist, was ich heute schaffe, kann ich dann zufrieden sein mit meinem Tag? Und zweitens: Wenn ich an dieser Sache hier arbeite, werden dann vielleicht andere Dinge von meiner Liste einfacher (oder überflüssig)? Ferriss schaut sich dann nur noch die Aufgaben an, auf die mindestens einer dieser Punkte zutrifft – und räumt sich mindestens zwei bis drei Stunden in seinem Tag frei, um sich intensiv mit einer einzigen dieser Aufgaben zu befassen.

Das ist alles! Wenn man Tag für Tag konsequent zwei bis drei konzentrierte Stunden an der richtigen Sache arbeitet, kann das schon reichen.

Mir hat das sehr gut gefallen, weil Tim Ferriss damit einen gefährlichen Mythos entzaubert hat, an den viele glauben: dass sehr erfolgreiche oder berühmte Leute immer alles perfekt auf die Reihe kriegen. Und vor allem: dass man circa achtzehn Stunden pro Tag arbeiten muss, um etwas zu schaffen.

Muss man nicht. Man kann zur Not auch mit viel weniger Zeit hinkommen – solange man in dieser Zeit die richtigen Dinge konzentriert anpackt.

Voilà: Das ist die Essenz von Produktivität. Wenn du dir nur eine Sache aus diesem ganzen, langen Kapitel merkst, dann idealerweise diese.

Durchhaltevermögen

Ich bin ein großer Fan der Netflix-Dokuserie *Chef's Table,* die berühmte Köchinnen und Köche aus aller Welt und ihr Schaffen vorstellt. Ich mag, wie diese Show die Spitzenküche in schön komponierten Bildern als Kunst feiert. Und ich mag es, die Menschen dahinter kennenzulernen. Eine der Episoden, die mich besonders beeindruckt haben, folgt dem Spitzenkoch Grant Achatz, der in seinem Restaurant in Chicago extrem innovative Molekularküche kreiert. Sein erstes Restaurant *Alinea* eröffnete er 2005. Ein durchschlagender Erfolg – aber zum Preis des extremen Stresses, der der Spitzengastronomie eigen ist. 2007 wurde bei Grant Achatz, damals Anfang 30, Krebs in sehr fortgeschrittenem Stadium diagnostiziert. *Zungenkrebs.* Man sagte ihm, wenn er sich einer Operation unterziehe, bei der ihm der größte Teil der Zunge entfernt werde, stünden seine Überlebenschancen fifty-fifty.

Allerdings, so Achatz, hatte er nicht nur Angst vor dem Tod, sondern vor allem auch davor, nicht mehr schmecken zu können. Er hatte sein ganzes Leben in der Küche verbracht, Kochen war seine große Leidenschaft, der er jeden Aspekt seines Daseins untergeordnet hatte. Achatz verweigerte die Operation und fand eine klinische Studie an der Universität von Chicago, die vielversprechend klang. Er bekam dort schließlich aggressive Chemotherapie und Bestrahlung – und überlebte. Ironischerweise führte die Bestrahlung jedoch genau das herbei, wovor

Achatz die allergrößte Angst hatte: die Zerstörung seiner Geschmacksknospen. Plötzlich konnte einer der besten Köche der Welt absolut nichts mehr schmecken.

Mit Hilfe seines Teams und seiner Erfahrung machte er dennoch weiter, hielt sein Restaurant offen. Und schließlich, nach viel zu langer Zeit, die unfassbar quälend gewesen sein muss, kam sein Geschmackssinn Stück für Stück zurück. Inzwischen ist Achatz der Meinung, dass er Geschmack heute dadurch noch besser versteht als vorher. Er hat noch einmal ganz bewusst Schmecken gelernt. Etwas, das den meisten Menschen als Babys passiert und an das sie sich nicht mehr erinnern können.

Diese Geschichte hat mich sehr beeindruckt. Zum einen, weil das Durchhaltevermögen dieses Mannes wirklich erstaunlich ist. Zum anderen, weil er nicht nur überlebt und weitergemacht, sondern aus der vermutlich schlimmsten Zeit seines Lebens Wert gezogen hat. Hartnäckigkeit, Durchhaltevermögen... Das klingt so knochentrocken und pragmatisch und irgendwie wenig poetisch. Aber sehr häufig entsteht daraus pure Magie.

Viele berühmte Kreative haben Geschichten wie die von Grant Achatz zu erzählen. Widrigkeiten, Krankheiten und Schicksalsschläge. Wir wissen, dass Beethoven einige seiner schönsten Stücke komponiert hat, als er längst taub war. Vermutlich gäbe es diese Stücke gar nicht – oder zumindest nicht genau so –, wenn der Komponist nicht so schwer erkrankt wäre.

Frida Kahlo erkrankte ebenfalls schwer, als sie sechs Jahre alt war. Mit 18 wurde sie zudem in einen schlimmen Verkehrsunfall verwickelt, bei dem sich eine Stahl-stange durch ihr Becken bohrte. Zeit ihres Lebens litt sie unter chronischen Schmerzen, musste immer wieder viel Zeit liegend verbringen. Ihre Karriere als Malerin begann in ihrem Bett. Aus Langeweile. Vielleicht haben ihre Gebrechen erst dazu geführt, dass sie sich so intensiv mit sich selbst befasst und ihre umwerfenden Selbstporträts gemalt hat.

Ich will hier kein Loblied auf schwierige Umstände singen. Wenn es nach mir ginge, wären immer alle glücklich und gesund. Aber so ist das Leben nicht. Und das Schöne an der menschlichen Kreativität ist, dass sie nicht nur unter idealen Bedingungen hervorragend funktioniert, sondern auch unter schlechten. Wenn wir uns daran erinnern, dass Kreativität immer auch Problemlösung ist, begreifen wir, dass sie genau genommen vor allem für die wirklich schwierigen Momente gemacht ist.

Das Leben ist voller Herausforderungen, Schwierigkeiten und Rückschläge. Da bildet das kreative Leben keine Ausnahme. Wenn es hart auf hart kommt, sind wir vielleicht versucht, unsere kreativen Unternehmungen aufzugeben. Dabei muss es nicht immer gleich ein schlimmer Schicksalsschlag sein. Manchmal werden wir auch einfach ungeduldig, weil sich der Erfolg, den wir uns wünschen, nicht einstellt. Wir fürchten, nicht gut genug oder schlicht auf dem Holzweg zu sein.

Manchmal streckt uns boshafte Kritik nieder. Oder unsere Leidenschaft scheint einfach nicht in unsere Lebensumstände zu passen. Aber wenn es sich um eine echte Leidenschaft handelt, dann sollten wir auf gar keinen Fall aufgeben.

Um durchzuhalten, brauchen wir Resilienz, Widerstandsfähigkeit. Aber wie trainieren wir die? Für mich hat das mit der richtigen Vision fürs eigene Schaffen, mit einer positiven Grundeinstellung und mit guter, altmodischer Geduld zu tun.

Was meiner Meinung nach völlig überbewertet wird, ist übrigens die gute alte Motivation. Denn mit der Motivation ist es so eine Sache. Ich halte es für keine sonderlich kluge Idee, sich allein auf sie zu verlassen. Motivation ist wie die Freundin, die gerne mit dir loszieht, wenn du gut drauf bist und alles eitel Sonnenschein ist, und die dich im Stich lässt, sobald die Dinge schwierig werden. In goldenen Zeiten ist sie fabelhaft, aber auf sie ist kein Verlass. Du tust also gut daran, dich nicht von ihr abhängig zu machen.

Ich werde häufig gefragt, wie ich es schaffe, immer so motiviert zu sein. Die Antwort lautet: gar nicht! Ich bin nicht immer motiviert. Dass ich häufig motiviert bin, liegt daran, dass ich mir ein Betätigungsfeld ausgesucht habe, das meinen Fähigkeiten und Neigungen entgegenkommt und das ich von Herzen liebe.

Ich kann aber auch an Tagen, an denen sich meine wankelmütige Freundin Motivation gar nicht zeigt, an denen ich müde, gestresst oder traurig bin, etwas schaffen. Dabei helfen mir meine Routinen. Gerade in schwierigen

Zeiten geben sie mir ein Gerüst, an dem ich mich festhalten kann.

Motivation ist eine so phänomenal wackelige Angelegenheit, weil sie von Emotionen abhängig ist. Aber Emotionen kommen und gehen. Es spricht nichts dagegen, sich von motivierenden Emotionen tragen zu lassen. Ich habe lange gebraucht, einen Verlag zu finden, und eine Zeit lang war ich von diesem typischen Underdog-Gefühl motiviert, das wir aus Filmen wie »Rocky« oder »Karate Kid« kennen: Euch werde ich es noch zeigen!

Aber denken wir das doch mal einen Schritt weiter! Was, wenn Rocky und Karate Kid ihre Kämpfe gewonnen haben, wenn die zurückgewiesene Autorin ihren Bestseller veröffentlicht hat? Dann gibt es niemanden mehr, dem man es zeigen kann. Hört man dann mit dem Boxen auf? Oder dem Schreiben?

Idealerweise nicht. Idealerweise ist man nicht von Emotionen abhängig, die kommen und gehen, sondern hat ein viel langfristigeres Ziel, das man mit seiner kreativen Arbeit verfolgt. Eine Vision. Klingt jetzt erst einmal hochgestochen, ist aber gar nicht so gemeint.

Ich beispielsweise liebe Bücher, Geschichten. Für mich ist es der größte Luxus, mich nach einem anstrengenden Tag mit einem Buch auf die Couch zurückziehen zu können. Nicht jedes Buch ist dafür geeignet, ich brauche *genau das richtige Buch*. Es muss mich ab-

sorbieren, es muss mein Herz schneller schlagen lassen, mich emotional berühren, damit ich komplett darin versinken kann. Ich liebe Bücher, die mir das erlauben.

Und genau das ist meine Vision beim Romaneschreiben. Ich versuche, Geschichten zu schreiben, in denen man versinkt. Ich stelle mir vor, wie jemand nach einem anstrengenden Tag im Job heim kommt, sich auf die Couch wirft – und von meinem Roman absorbiert wird. Dieses Bild begleitet mich. Es ist zeitlos. Es ist nicht abhängig von Umständen. Ich habe nicht das Gefühl, dass ich es jemandem *zeigen* will, sondern ich stelle mir vor, dass ich daran arbeite, einem anderen Menschen irgendwo auf der Welt Freude zu bereiten. Diese Vision mag klein klingen, aber für mich ist sie riesengroß.

Diese zwei Dinge sind meiner Meinung nach das Allerwichtigste, wenn es um Durchhaltevermögen geht. Erstens: Finde dein Ding! (Ja, ich komme immer wieder darauf zurück.) Zweitens: Wisse, warum du tust, was du tust. (»Weil es Spaß macht«, ist übrigens ein fantastischer Grund, aber es sollte nicht der einzige sein. Denn kaum etwas macht *immer* Spaß.)

Meine Kollegin Nicole Staudinger ist außergewöhnlich resilient und hat großes Durchhaltevermögen. Ihr Buch »Steh-Auf-Queen« dreht sich darum, wie verschiedene Frauen mit den Herausforderungen des Lebens umgegangen sind – ein Thema, mit dem auch Nicole selbst sich hervorragend auskennt. Spätestens, seit bei ihr mit 32 als Mutter zweier kleiner Kinder eine aggressive Form von Brustkrebs diagnostiziert wurde.

Nicole hat viele großartige Tipps und Geschichten parat. Von ihr habe ich gelernt, wie wichtig es ist, sich in schwierigen Zeiten allein auf das Hier und Jetzt zu konzentrieren.

Vielleicht hat die Galeriebesitzerin gestern gesagt, dass deine Bilder nichts taugen und dass sie sie ganz bestimmt nicht ausstellen wird. Aber das war gestern, und heute ist heute.

Vielleicht wird die Schauspielschule, die du unbedingt besuchen willst, morgen eine Absage schicken. Aber eben erst morgen. Heute ist heute.

Wenn wir uns auf das Jetzt konzentrieren, kommen wir für gewöhnlich klar. Nicole hat neulich auf Instagram eine schöne Metapher verwendet, um zu verdeutlichen, weshalb diese Art zu denken resilient macht: Stell dir vor, du stehst am Fuße eines hohen Berges, den du besteigen möchtest. Du legst den Kopf in den Nacken und siehst dir den ganzen Berg an. Wie hoch er ist. Wie steil. Du bist sofort entmutigt. Am Anfang stiefelst du vielleicht trotzdem noch motiviert drauflos. Aber irgendwann beginnt der Schweiß zu rinnen. Deine Muskeln brennen, deine Lunge auch. Und der Weg zum Gipfel scheint kaum kürzer zu werden. Der Gipfel ist immer noch unendlich weit weg, das siehst du genau. Wie lange kannst du so durchhalten? Und vor allem: Wie fühlst du dich dabei?

Leichter machst du es dir, wenn du immer nur das Stück Weg betrachtest, das direkt vor dir liegt. Denn das scheint immer schaffbar. Und irgendwann bist du oben.

Das ist eine super Metapher – und ein guter Tipp in Sachen Durchhaltevermögen.

Übrigens ist es hilfreich, sich zu belohnen, wenn man einen Berg erklommen hat. Man könnte zwar der Meinung sein, dass der Abschluss des Projekts Belohnung genug ist. Aber ich finde, man sollte die Feste feiern, wie sie fallen. Man darf sich durchaus belohnen, wenn man etwas Bedeutsames abgeschlossen hat. Nicht erst seit Pawlow und seinem Hund wissen wir, wie gut Belohnungen als positive Verstärker eingesetzt werden können. Insofern sage ich mir, dass eine Flasche Champagner und ein feines Dinner zum Abschluss eines Projektes exzellent dazu geeignet sind, mein Durchhaltevermögen zu fördern. Hey, ich mache die Regeln nicht! Ich befolge sie nur!

Weißt du, was übrigens das Schlimmste ist, wenn du versuchst, einen Berg zu besteigen, der dir alles abverlangt? Jemand, der neben dir her läuft und dich permanent wissen lässt, weshalb du es nicht nach oben schaffen wirst.

Ein gängiger Rat an junge Kreative (und damit meine ich jung im Schaffen, nicht unbedingt jung an Jahren) lautet: Geh da raus mit deinen Werken! Fordere so früh wie möglich Feedback ein. Nur so kannst du lernen!

Für manch einen mag das funktionieren. Ich bin mir jedoch sicher, dass es mich in meiner Entwicklung massiv gehemmt hätte, wenn ich diesem Rat gefolgt wäre. Denn auch dieses alte Sprichwort ist wahr: Guter Rat ist teuer! Und nichts ist so demotivierend, wie wenn wir auf unseren Enthusiasmus für unser Schaffen lauwarme Kommentare oder gar Negativität ernten. Meiner Erfahrung nach sollte man durchaus ab einem bestimmten Punkt Feedback einfordern. Aber erstens nicht zu früh. Und zweitens sollte man sich sehr genau überlegen, von wem man Kritik und Rat akzeptiert. Um es erneut mit Autorin Nicole Staudinger zu sagen: »Auch Ratschläge sind Schläge.«

Wenn du also noch wenig Erfahrung hast und überlegst, wem du dein Gedicht, dein Bild, dein Musikstück zeigen sollst, dann such dir jemanden, der ehrlich, aber positiv ist. Klar, ein überbordend positiver Mensch wird seinen natürlichen Enthusiasmus ein Stück weit auf dein Werk übertragen. Aber hey, ein ausgesprochen negativer Mensch wird seinen natürlichen Missmut auf dein Werk übertragen. Eine vollkommen objektive Meinung gibt es ohnehin nicht. Wenn du also zweifelst, wankst, Zuspruch brauchst: Wende dich um Himmels willen an Menschen, die ihn gerne und zuverlässig geben, und mache einen extra großen Bogen um all jene, die eine riesige dunkle Gewitterwolke über dem Kopf schweben haben. Zumindest dann, wenn du dich selbst gerade etwas verwundbar fühlst.

Manchmal laufen die Dinge einfach nicht so, wie wir es uns wünschen würden. Wenn du eine echte Niederlage hinter dir hast, dich bei einem Freund oder einer Freundin ausheulst und dann den berühmten Satz »Wer weiß, wofür es gut ist« zu hören bekommst, dann kriegst du vermutlich einen Wutanfall. Dieser Satz kann sehr unsensibel wirken. Ich finde ihn dennoch hilfreich – zumindest, sobald wir ein bisschen Abstand zu dem haben, was uns frustriert. Sobald ein wenig Gras über die Sache – was auch immer sie sein mag – gewachsen ist, kann man sich diese Frage ruhig mal stellen.

Die renommierte Designschule hat dich abgelehnt. Zu deinem Theaterprojekt sind nur sechs Leute gekommen. Du hast die Schreibblockade deines Lebens und weißt einfach nicht mehr weiter. Okay.

Nun frag dich mal, wofür das gut sein könnte. Vielleicht für gar nichts – durchaus möglich. Ich will hier keinen blinden Optimismus predigen, und ich möchte auch nicht, dass du vor der Realität die Augen verschließt. Mir geht es darum, dass wir üben, einem bestimmten Geschehen gegenüber verschiedene Positionen einzunehmen. Denn das bedeutet einen kreativen Umgang mit der Situation.

Dass die Schwierigkeit, vor der du stehst, schlicht das ist: eine Schwierigkeit, ist die offensichtlichste Deutung. Einmal anzunehmen, dass die Verlagsabsage, die miese Kritik, der ausbleibende Publikumserfolg für irgendetwas gut ist, ist die deutlich kreativere Haltung. Nimm ein Blatt Papier und einen Stift und schreib ein paar Gründe auf, wieso diese oder jene Niederlage eine gute Sache sein könnte. Je absurder, desto besser. Es geht nicht darum, dass es zutrifft. Das kannst du gar nicht wissen. Und es geht auch nicht um krampfhaft positives Denken. Es geht allein um den Perspektivwechsel. Weitere gute Fragen sind die Folgenden: *Was kann ich aus dieser Situation lernen? Wo liegt hier die Chance?* Und: *Kann ich das hier kreativ verwerten?*

Ist dir schon mal aufgefallen, dass Stand-up-Comedians eigentlich immer nur von Niederlagen und Peinlichkeiten erzählen? Alles Schlimme, was ihnen passiert, füttert sie. Ich stelle mir vor, dass sie regelrecht frohlocken, wenn mal wieder was schiefgeht. Was für eine praktische Haltung!

Nicht auf jede der oben stehenden Fragen wird dir etwas einfallen. Stell sie dir trotzdem.

Vielleicht ist auch gar nichts Konkretes passiert, das dein Durchhaltevermögen angegriffen hat. Vielleicht geht dir schlicht die Puste aus, weil niemand deine Fotos liked, niemand deine Gedichte liest, keiner stehen bleibt, wenn du in der Fußgängerzone deine Lieder spielst. Ich bin die Erste, die versteht, wie frustrierend das ist.

Geduld ist hier deine beste Freundin. Klingt unsexy, ich weiß. Wir werden alle immer ungeduldiger, das merke ich an mir selbst. Die Welt ist schnell, wir sind alle wahnsinnig gut vernetzt, technische Innovationen entwickeln sich so rasch, dass man manchmal kaum noch hinterherkommt. Die Welt dreht sich schneller und schneller, und da sollen wir erst mal 10 000 Stunden investieren, um Weltklasse zu werden in dem, was wir machen? Ja. Sollten wir.

Was wir in diesen 10 000 Stunden und darüber hinaus lernen, kann uns niemand mehr wegnehmen. Das gehört uns.

Aber wie werden wir geduldiger? Nun, zum einen, indem wir aufhören, Ungeduld mit Tat- oder Entschlusskraft gleichzusetzen, und uns klarmachen, dass Geduld notwendig und von Vorteil ist. Und dann natürlich, indem wir üben.

Naturgemäß erfordern manche kreative Formen mehr Geduld als andere. Ein Gedicht ist in der Regel schneller geschrieben als eine Romanreihe, ein Cartoon für die Zeitung schneller gezeichnet als ein Manga. Aber dass ein Projekt – sagen wir – ein Jahr dauert, heißt nicht, dass man nur alle zwölf Monate ein Erfolgserlebnis haben kann. Ich unterteile jedes meiner Buchprojekte in Etappen und feiere das Erreichen jedes Zwischenziels. (Der Champagner, du erinnerst dich?) Für mein Durchhaltevermögen wirken diese regelmäßigen Erfolgserlebnisse Wunder.

Et voilà, so hält man durch: indem man natürliche Begeisterung, Disziplin und Geduld mit einer echten Vision (Wie meine aussieht, habe ich dir vor ein paar Seiten verraten. Wie sieht deine aus?) paart. Das sind die Dinge, aus denen Durchhaltevermögen gemacht ist.

Exkurs: Ein Zustand namens Flow und wie man ihn kultiviert

Flow ist ein geradezu magischer Zustand: Wir sind völlig versunken in unsere Aufgabe. Alles ist perfekt. Unsere Aufgabe überfordert uns nicht, aber sie unterfordert uns auch nicht. Stattdessen absorbiert sie uns total. Raum und Zeit scheinen nicht mehr zu existieren, es ist wie ein sanfter Rausch.

Kurz: Flow ist das Gefühl, das wir so am Kreieren lieben. Für mich ist dieses Gefühl wichtiger als jede Form von Meditation. Aber manchmal ist es gar nicht so leicht, in den Flow zu kommen. Das hat zum einen damit zu tun, dass so viele Ablenkungen existieren. Und die sind die natürlichen Feinde des Flows. Diese Ablenkungen können von außen kommen (Menschen, Geräusche usw.) oder von innen (Selbstzweifel und andere ablenkende Gedanken).

Das wissen oder ahnen wir alles. Doch gibt es auch konkrete Dinge, die wir tun können, um leichter in den Flow zu kommen? Mihaly Csikszentmihalyi hat ein Buch darüber geschrieben, und da es den vielversprechenden Titel »Flow und Kreativität – Wie Sie Ihre Grenzen überwinden und das Unmögliche schaffen« trägt, habe ich es gelesen. Csikszentmihalyi beschreibt, dass wir Flow alle gleich empfinden, unabhängig von unserem Background und unabhängig davon, was ihn auslöst: »Sportler, Maler, Mystiker, Wissenschaftler und ganz normale Angestellte beschrieben ihre schönsten Erfahrungen mit ganz ähnlichen Begriffen.«

Flow ist also nicht kreativer Beschäftigung allein zu eigen, sondern taucht immer dann auf, wenn wir uns auf angenehme Weise komplett in eine Aufgabe versenken. Ein Buch zu lesen oder Sport zu treiben, kann Flow dementsprechend ebenso auslösen wie kreatives Schaffen.

Csikszentmihalyi hat neun Hauptelemente des Flow herausgearbeitet:

»Jede Phase des Prozesses ist durch klare Ziele gekennzeichnet.« (Wir wissen genau, was getan werden muss.)

»Man erhält ein unmittelbares Feedback für das eigene Handeln.« (Wir wissen, dass es gut ist, was wir machen.)

»Aufgaben und Fähigkeiten befinden sich im Gleichgewicht.« (Weder tritt Überforderung auf noch Langeweile.)

»Handeln und Bewusstheit bilden eine Einheit.« (Wir sind mit den Gedanken völlig bei der Sache und schweifen nicht ab.)

»Ablenkungen werden vom Bewusstsein ausgeschlossen.« (Ich denke beim Schreiben nicht daran, dass ich schon seit sechs Wochen nicht mehr im Fitnessstudio war, ein Maler im Flow denkt an der Staffelei nicht an die Steuererklärung – und so weiter.)

»Man hat keine Versagensängste.« (Wir sind zu absorbiert, um uns darüber Gedanken zu machen, ob wir vielleicht scheitern werden.)

»Selbstvergessenheit.« (Wir kreieren einfach, statt uns wie sonst oft Gedanken darüber zu machen, wie wir auf andere wirken.)

»Das Zeitgefühl wird aufgehoben.« (Häufig verfliegt die Zeit nur so.)

»Die Aktivität wird autotelisch.« (Wir üben sie um ihrer selbst Willen aus.)

Die idealen Voraussetzungen für Flow schaffen wir laut Csikszentmihalyi, indem wir das oben Beschriebene ermöglichen. Wir müssen also klare Ziele schaffen. Nur so können wir entspannt vor uns hin arbeiten. Wenn wir immer wieder überlegen müssen, was als Nächstes getan werden muss, fällt es uns schwer, in den Flow zu kommen.

Wir müssen zudem auf unsere Fähigkeiten vertrauen und sie selbst bewerten können. Dabei helfen uns Übung und die daraus resultierende Erfahrung. Zudem müssen wir uns Aufgaben suchen, die uns fordern, aber nicht überfordern, wenn wir den Flow-Zustand anstreben.

Und dann müssen wir natürlich dafür sorgen, von Ablenkungen verschont zu bleiben. Je anspruchsvoller unser Projekt, desto wichtiger wird das: »Je ehrgeiziger das Projekt, desto länger braucht man, um sich darin zu verlieren, und desto leichter wird die Aufmerksamkeit abgelenkt.«

Will heißen: Wenn du nur einen bestimmten Zeitraum hast, in dem du komplett ungestört sein kannst, dann nutzt du ihn logischerweise am besten für deine komplexeren Tätigkeiten. Wenn die Kinder bei den leichteren Fleißarbeiten ständig ins Arbeitszimmer platzen, ist das hingegen halb so wild.

BITTE
NICHT
STÖREN

Fünf Dinge, die mir helfen, in den Flow zu kommen

* 1. Die richtige Uhrzeit (bei mir: morgens!)
* 2. Meine Noise Cancellation Kopfhörer
* 3. Eine reizarme Umgebung (manchmal ziehe ich sogar die Vorhänge zu!)
* 4. Eine Aufgabe, die ich liebe und die mich fordert (das Bücherschreiben ist ideal für mich)
* 5. Mein Handy in den Flugmodus schalten oder es idealerweise in einen anderen Raum bringen, die Internetverbindung an meinem Laptop kappen und das Festnetztelefon ausstöpseln

Was hilft dir, in den Flow zu kommen?

4

Das Kapitel,
in dem wir uns mit all den Dingen
beschäftigen, die unsere Kreativität
hemmen

»Having guts always works out for me«

Stefan Sagmeister

Als ich gerade laufen lernte, verliebte ich mich nach
Aussage meiner Eltern in eine ihrer alten Schallplatten:
»Schwanensee« von Tschaikowski. Ich liebte den »Tanz
der kleinen Schwäne« und ahmte mit meinen eigenen
dicken Ärmchen und Beinchen die eleganten Posen der
Ballerinas auf dem Cover nach. Mir gefielen diese schönen Mädchen in ihren lustigen weißen Röckchen unendlich gut!

Aus mir ist keine Ballerina geworden, aber eine gewisse Schwäche fürs Ballett habe ich mir stets bewahrt.
Als ich im Sommer 2018 einen Monat in meiner Lieb-
lingsstadt New York lebte, ließ ich es mir nicht nehmen,
einen Abend im Metropolitan Opera House zu verbringen, um die Ballerina Misty Copeland in »Schwanensee«
zu sehen. Misty Copelands Geschichte hat mich immer
fasziniert. Denn sie ist eine berühmte Ballerina, obwohl
sie ganz anders aussieht als die sehr weißen, sehr dünnen
Mädchen auf dem alten Plattencover meiner Eltern. Misty Copeland ist Schwarz, und noch dazu hat sie eine für
eine Ballerina außergewöhnlich muskulöse und weibliche

Figur. All das führte dazu, dass sie sich früh gegen die Erwartungen anderer zur Wehr setzen musste, um ihren Traum, es am berühmten New Yorker American Ballet Theatre an die Spitze zu schaffen, zu verwirklichen. Doch es gab in ihrer Karriere zunächst ein noch viel größeres Hindernis: ihr Alter! Die Karriere einer Ballerina ist kaum länger als die eines Profifußballers. Die Sprünge und Pirouetten gehen mindestens ebenso auf Bänder und Knochen wie Fallrückzieher oder Blutgrätschen. Wenige tanzen bis ins Alter. Noch wichtiger scheint es aber zu sein, dass Mädchen, die ausgezeichnete Ballerinas werden wollen, extrem früh mit dem Tanzen beginnen sollten. Viele Institute bieten Ballett bereits für Dreijährige an. Misty Copeland fand jedoch erst im Alter von 13 Jahren zum Ballett. Zunächst tanzte sie nicht in einem lichtdurchfluteten Studio – sondern auf einem Basketballplatz, wie sie in ihrer Autobiography »Life In Motion« erzählt. Nach den gängigen Erwartungen an Aussehen, Physis und Werdegang einer Primaballerina fällt sie durchs Raster. Dennoch oder gerade deswegen ist Misty Copeland eine der besten und berühmtesten Ballerinas des Planeten geworden. (Und in »Schwanensee« war sie umwerfend.)

Erwartungen

Erwartungen können uns beflügeln oder lähmen. Meiner Erfahrung nach ist Letzteres jedoch deutlich häufiger der Fall.

Als kreativ arbeitende Menschen sehen wir nicht nur das, was ist, sondern auch das, was sein könnte. Wir sind Meisterinnen und Meister, wenn es darum geht, Potenziale zu erkennen und groß zu denken. Das ist eine super Sache, führt aber häufig auch zu übersteigerten Vorstellungen. Wenn wir zu hohe Erwartungen an das Ergebnis einer kreativen Unternehmung knüpfen, laufen wir Gefahr, enttäuscht zu werden. Und – was noch schlimmer ist – wir schenken nicht dem Prozess des Kreierens alle Aufmerksamkeit, sondern sind schon einen Schritt weiter, nämlich beim Beifall, den wir zu ernten hoffen. Das kann einem Projekt nur schaden. Zu hohe Erwartungen töten Kreativität. Ich halte es folgendermaßen: Ziele ja, Erwartungen nein. Zumal festgefahrene Erwartungen auch manchmal den offenen Ausgang eines kreativen Abenteuers verhindern. Um gar nicht erst in die Verlegenheit zu kommen, falsche Erwartungen zu hegen, sollten wir den Vergleich mit anderen meiden wie der Teufel das Weihwasser. Kreative Werke sind nicht miteinander vergleichbar.

Wenn wir tun, was wir lieben, ohne Applaus oder sonstigen Lohn zu erwarten, dann können wir den Prozess genießen. Und wenn sich am Ende tatsächlich Erfolg einstellt: umso schöner!

Natürlich ist es nicht leicht, die eigenen Erwartungen zu managen. Mir gelingt es einigermaßen, indem ich den kreativen Prozess und alles Geschäftliche, was damit zusammenhängt, strikt trenne. Während ich schreibe, befasse ich mich nicht mit Verkaufszahlen oder dergleichen. Ich schaue nicht, was die Trends sind, was sich gut verkauft, was andere machen. All das hat seine Berechtigung. Aber nicht, während ich kreiere.

Im November 2019 fand das Musikfestival des Rappers Tyler, The Creator in Los Angeles statt. Ein Teil des Lineups blieb bis zur letzten Sekunde geheim. Dass es einen Überraschungsgig von einem wirklich berühmten Künstler geben würde, war bekannt. Nur eben nicht, wer es sein würde. Dann war der Moment gekommen. Der Kanadier Aubrey Drake Graham betrat die Bühne. Drake ist seit Jahren einer der erfolgreichsten Rapper des Planeten. Ausverkaufte Hallen, verkaufte Tonträger im dreistelligen Millionenbereich, mehrere Grammys und so weiter. Ein Megastar. Theoretisch hätte das Publikum außer sich sein müssen vor Freude. War es aber nicht. Es war wütend und enttäuscht, skandierte »We want Frank!« und buhte Drake nach nur wenigen Songs von der Bühne. Was war geschehen? Falsche Erwartungen, das war geschehen. Irgendwie hatte sich im Vorfeld des Festivals das Gerücht verbreitet, Musiker Frank Ocean sei der Geheimgast. Die Leute begannen, sich in diese Theorie zu verlieben. Sie begannen, sich auf Frank Ocean zu freuen. Schließlich *erwarteten* sie Frank Ocean. Dass ein anderer, nicht minder berühmter und erfolgreicher Künstler die

Bühne betrat, löste einen regelrechten Schock aus. Und dann: Wut, Ärger, Enttäuschung. So ist das mit den Erwartungen.

Ich musste, als ich davon las, an folgenden Tweet von Comedy-Autor Demi Adejuyigbe denken:

> »wow, my band ›coldplay secret show‹ played
> a sold out gig for four hundred very angry
> people.« (»Wow, meine Band ›Geheimkonzert
> von Coldplay‹ hat gerade vor vollem Haus vor
> vierhundert sehr wütenden Menschen gespielt.«)

Ich vermute, Demi Adejuyigbe wollte nur einen Scherz machen und gehört nicht wirklich einer Band an, die sich »Coldplay Secret Show« nennt. Aber dieser Tweet fasst die Krux mit den Erwartungen perfekt zusammen.

Während wir unsere eigenen Erwartungen noch irgendwie managen können, haben wir auf die Erwartungen der anderen – unseres persönlichen Umfelds, unseres Publikums, unserer Kolleginnen und Kollegen – keinerlei Einfluss. Nun könnten wir uns sagen: Na ja, dieses Problem haben nur berühmte Leute. Aber das stimmt nicht. An jede und jeden von uns werden allerlei Erwartungen herangetragen, mit denen wir irgendwie fertig werden müssen.

Als ich beispielsweise noch als Lokaljournalistin unterwegs war, erzählte ich nur sehr wenigen Leuten, dass ich nebenher Romane schrieb. Ich hielt das regelrecht geheim! Warum? Weil ich mich nicht mit den Erwartungen meines Umfeldes befassen wollte. Weder wollte ich immer wieder gefragt werden, wann denn endlich eines meiner Bücher veröffentlicht wird. Das wäre mir nach den vielen Absagen, die ich regelmäßig kassierte, viel zu schmerzhaft gewesen. Vor allem aber glaubte ich zu wissen, was ich in den Gesichtern anderer Menschen sehen würde, wenn ich ihnen erzählen würde, dass ich mich für eine Schriftstellerin hielt. Außer meinem engsten Kreis hätte mir das sicherlich niemand zugetraut. Schlicht, weil ich nicht den Erwartungen entsprach, die die meisten Menschen an Leute haben, die Romane schreiben. Ich entzog mich den Erwartungen meines Umfeldes daher komplett. Und genau das würde ich auch allen anderen empfehlen – soweit das möglich ist.

Blende die Erwartungen anderer an dich aus, so gut du kannst.

Vielleicht arbeitest du bei einer Versicherung und bist nach der Arbeit leidenschaftlicher Singer-Songwriter. Und vielleicht wundert sich der Kollege, der dir im Büro gegenübersitzt, lautstark darüber und findet, das passe so gar nicht zu dir. Ignorier ihn. Du entscheidest, wer du bist. Vielleicht hast du auf Instagram großen Erfolg mit sepiagetönten Fotografien von schönen Models im Retrolook, magst dich inzwischen aber lieber mit Bildern von Füchsen und Rehen in freier Wildbahn befassen, und ein Teil deines Publikums findet, dass du spinnst. Ignorier das. Du entscheidest, wohin die Reise geht.

Wir alle sind komplexe Charaktere, wir alle haben Facetten. Wir wachsen und verändern uns zudem permanent. Das ist für andere Menschen manchmal unbequem. Aber damit müssen sie schlicht und einfach klarkommen. Die Erwartungen der anderen definieren uns nicht. Das ist *unser* Job.

Verurteilung & Scham

Etwas in die Welt zu bringen und es herzuzeigen, ist ein selbstbewusster Akt. Nicht jedem wird das gefallen.

Wenn du das, was du machst, gerne tust – sei es Kostüme fürs Cosplaying nähen, für dein eigenes Blog schreiben, Akustikgitarre spielen oder eigenen Schmuck herstellen – und dein Bestes gibst, bist du vermutlich stolz auf deine Arbeit. Und vermutlich wünschst du dir, dass andere sie genauso gerne mögen wie du. Beides zu Recht!

Aber du hast natürlich keinerlei Einfluss darauf, wie andere dich und dein Werk beurteilen. Vielleicht werden die meisten es mögen, vielleicht wird es auch vielen gar nicht schmecken. Sicher ist, dass es niemals allen gefallen wird. Also tust du gut daran, dich nicht nur auf Kritik einzustellen, sondern auch auf Bosheit. Destruktives Feedback gab es schon immer, und das Internet hat die Situation nicht besser gemacht. Die gängige Empfehlung an Kreative ist, sich ein dickes Fell zuzulegen, denn jemand, der Dinge erschafft, müsse Schmähungen »aushalten«. Das ist ein fürchterlicher Rat! Zum einen konnte mir noch nie jemand erklären, wie das geht. (Kauft man sich irgendwo im Laden ein Bärenfell oder was? Und was macht man dann damit? Wirft es sich über, wenn man eine Schmähkritik erntet?) Und zum anderen: Wir wollen uns doch nicht abhärten, wir wollen genauso feinfühlig bleiben, wie wir sind! Unsere Feinfühligkeit und unsere Offenheit sorgen schließlich erst dafür, dass wir Dinge wahrnehmen und empfinden und aus ihnen etwas Neues erschaffen können!

Ich glaube, wir können mit Hass umgehen, ohne selber hart oder hasserfüllt zu werden.

Eines vorab: Ich persönlich verachte Schmähkritiken. Ich verachte »Kritiker«, die Bücher in Mülltonnen werfen, oder »Hater«, die Sängerinnen, Maler, Schauspieler oder Comediennes online attackieren, nur, weil ihnen ihr letztes Werk nicht gefallen hat.

Ich habe bei derart destruktivem Verhalten immer folgendes Bild vor Augen: Ein Kind baut am Strand den ganzen Tag lang an einer Sandburg. Mit Zinnen, Burggraben und allem drum und dran, Hogwarts Style. Diese Sandburg zu bauen, dauert ewig, erfordert Kreativität, Durchhaltevermögen und Geschick.

Diese Sandburg zu zertreten dauert eine Sekunde und erfordert nichts außer ein wenig Zerstörungswillen. Es ist schwierig, etwas zu kreieren, und es ist leicht, etwas kaputt zu machen. Daher ist es wichtig, dass wir unsere Sandburgen beschützen.

Hate und vernichtende Kritik tun weh. Dazu sind sie ja da, genau das ist ihre Intention. Sie sind dazu da, uns zu beschämen. Das ist leider ganz normal, dem sind die allermeisten Kreativen ausgesetzt. (Vielleicht wird das irgendwann anders, wünschenswert wäre es. Bis dahin müssen wir schauen, wie wir damit umgehen.) Bisher wäre der einzige Weg, dem zu entgehen, *alles* für sich zu behalten. Niemals etwas herauszubringen. Aber Kunst und Kreativität sind nichts für Feiglinge. Letztlich ist ein Werk, eine Erfindung, eine Innovation immer auch für andere da. Also veröffentlichen wir.

Lange bevor ich meinen ersten Roman veröffentlicht habe, habe ich mit meinem Freund einen Ausflug unternommen. Wir fuhren an einem herrlichen Sommertag die Mosel entlang und kehrten schließlich spontan bei einem Winzer ein. Der Mann hatte ein wunderschönes Haus, so elegant wie die beiden Windhunde, mit denen er es bewohnte. Mir fielen sofort die außergewöhnlichen Bilder auf, die an den Wänden hingen, und ich fragte danach. Wie sich herausstellte, stammten sie vom Vater des Winzers, der ein einigermaßen bekannter Maler war. Ich weiß nicht mehr, wie wir darauf zu sprechen kamen, aber der

Winzer erzählte mir, dass sein Vater zu Lebzeiten auch Kritik für seine Bilder hatte einstecken müssen. Er habe die Kritik nicht ausgeblendet, sondern sie interessiert verfolgt. Denn sie habe zwar nichts über ihn und seine Gemälde ausgesagt, aber doch eine ganze Menge über diejenen, von denen sie kam.

Was für eine kluge Sicht der Dinge! Darin, wie wir etwas aufnehmen und bewerten, und darin, auf welche Art und Weise wir diese Bewertung zum Ausdruck bringen, stecken unendlich viele Informationen über uns. Wenn unsere Kritik differenziert und sachlich ist, sagt das etwas über uns aus. Wenn sie pauschal und destruktiv ist, sagt das ebenfalls etwas über uns aus.

Hast du schon mal von der Kampfform Jiu Jitsu gehört? Diese waffenlose Form der Selbstverteidigung geht auf die japanischen Samurai zurück. Beim Jiu Jitsu dreht sich alles darum, den Angreifer so effizient wie möglich unschädlich zu machen. Der Clou dabei ist, dass die Kraft des Angreifers gegen ihn selbst gewendet wird.

Ich halte den Standpunkt, dass Kritik mindestens so viel über die aussagt, die sie äußern, wie über das Werk, dem sie gilt, für eine Art mentalen Jiu-Jitsu-Move. Gewöhne ihn dir so früh wie möglich an, wenn du mit deinen Werken rausgehst in die große weite Welt. Es gibt auch gute, fundierte Kritik, na klar. Aber Schmähkritiken gehören eindeutig nicht dazu. Hate gehört nicht dazu. Mach dir klar, dass derartige Äußerungen alles über denjenigen sagen, der sie trifft, und nichts über dein Werk oder gar über dich.

Ich persönlich habe mich schon ganz früh in meiner Karriere dafür entschieden, mich so wenig wie möglich mit fremden Meinungen zu befassen und Rezensionen im Internet komplett auszublenden. Mir geht es dabei nicht nur darum, mich nicht den ganzen Tag lang mit Hate zu befassen. (Hass macht hässlich, innen wie außen, und ich will nichts damit zu tun haben.) Ich halte es für ebenso schädlich, mir den ganzen Tag lang Lobeshymnen auf meine Bücher reinzuziehen. Auch das würde nur dazu führen, dass ich abgelenkt und weniger bei mir wäre. Kann man nicht gebrauchen.

Das alles bedeutet übrigens nicht, dass man niemals Kritik annehmen sollte. Ich halte mich für sehr kritikfähig. Meine brillante Lektorin, die klugen Menschen in meiner Agentur und einige belesene Vertraute aus meinem Umfeld (teils aus meiner Familie, ein paar enge Freundinnen, aber auch Kolleginnen und Kollegen und sogar ein paar Literaturkritiker) dürfen mir alles sagen und hundertprozentig damit rechnen, dass ich ernsthaft darüber nachdenke. Ich nehme Kritik an. Nur eben nicht von jeder x-beliebigen, vielleicht sogar anonymen Person. Ich wundere mich über alle, die es anders machen und jede Form von Feedback gleich behandeln. Wieso sollte jemand die Kompetenz haben, die für fundiertes Feedback notwendig ist, nur weil er oder sie zufällig einen Internetzugang hat?

Nicole Staudinger hat eine wunderbare Geschichte zum Thema Kritik, die sie manchmal auf ihren Leseshows erzählt. Ein Herr kommt zu ihr an den Signiertisch und belehrt sie über dieses und jenes. Schließlich kündigt er an, ihr Buch zu lesen und sie danach genau wissen zu lassen, was er davon halte. Nicole entgegnet, dass sie darauf lieber verzichte. Der Herr unterstellt ihr daraufhin, dass sie nicht mit Kritik umgehen könne. Worauf sie entgegnet, natürlich habe er recht, dass sie mit Kritik umgehen können müsse in ihrem Beruf. Aber die nehme sie nur von Menschen an, die sie auch von sich aus um Rat bitten würde.

Das habe ich mir gemerkt. Denn das ist genau der Punkt. Feedback ist hilfreich. Aber nur, wenn es von Menschen kommt, deren Meinung du respektierst. Falls du mit deinem Schaffen in die weite Welt gehst, werden dir immer wieder Leute wie der Herr an Nicoles Signiertisch begegnen, die finden, dass du verpflichtet bist, dir ihre Meinung nicht nur anzuhören, sondern auch zu Herzen zu nehmen. Fun Fact: Bist du nicht! Sicher wird man dir hier und da Ignoranz vorwerfen, sicher auch hin und wieder Arroganz. Das macht nichts. Du bist keines von beidem. Du bist umsichtig. Du beschützt deine Sandburgen.

Aber was, wenn Kritik an dich herangetragen wurde, die dich wirklich verletzt und getroffen hat? Was, wenn der mentale Jiu-Jitsu-Move dir dieses Mal nicht weiterhilft? Auch das ist vollkommen normal. Boshafte Kinder, die in Sandburgen treten, können einen wütend und traurig machen und einen im schlimmsten Fall zwischenzeitlich aus dem kreativen Verkehr ziehen. Umso wichtiger ist es, sich nach einer solchen Erfahrung zu regenerieren.

Wenn du weißt, dass du empfindlich auf Bosheit, Neid und Hass reagierst, dann könntest du dir überlegen, auf kreative Art und Weise vorzusorgen. Wir alle haben einen Erste-Hilfe-Kasten im Wagen und idealerweise auch zu Hause. Aber wer von uns verfügt über ein emotionales First-Aid-Kit? Vielleicht solltest du dir eines anlegen, um emotionale Verwundungen schnell heilen zu können – ohne Narbenbildung. Wie es aussieht, bleibt deiner Kreativität überlassen. Aber hier sind ein paar Vorschläge.

Sechs Dinge, die ich in meinen emotionalen Erste-Hilfe-Kasten packen würde

* 1. Eine Liste lieber Freundinnen und Kolleginnen, die ich anrufen könnte (weil sie mich verstehen und wieder aufpäppeln würden)
* 2. Zitate, die mich inspirieren
* 3. Eine Playlist von Songs, die mich aufmuntern
* 4. Mein Lieblingsgedicht, »Still I Rise« von Maya Angelou
* 5. Ein paar kleine, alberne Dinge, die mich glücklich machen und meinen Spieltrieb anregen (ein Jo-Jo, ein Seifenblasenkit – solche Dinge)
* 6. Eine Tafel meiner Lieblingsschokolade

Was käme in deinen?

Du kannst natürlich auch auf andere Art und Weise kreativ mit Hate umgehen. Ein Projekt, das ich immer recht

spannend fand, sind öffentliche Lesungen von Hate-
mails. Wir wissen alle, dass offener Hass in den Kom-
mentarspalten im Internet grassiert. Pressevertreterinnen
und -vertreter sind besonders häufig davon betroffen.
Zum ersten Mal habe ich vor einigen Jahren von einer
Lesung gehört, bei der Journalistinnen und Journalisten
im Poetry-Slam-Stil aus Hasspost lasen und sie so quasi
umfunktionierten, ohne sie jedoch zu bagatellisieren. Mit
dem Publikum gemeinsam einen trinken und die Bosheit
weglachen? Super Idee. Der Late-Night-Talker Jimmy
Kimmel hat daraus vor Jahren mal ein Format gezaubert:
»Celebrities read mean Tweets« (»Promis lesen gemeine
Tweets«). Google das mal, wenn dir nach Aufmunterung
ist. Die Tweets sind fürchterlich. Aber die Lesungen sind
zum Kaputtlachen. Jiu-Jitsu-Masterclass! Falls du die
Nerven dazu hast, dann hebe böse Kommentare, Mails
oder Kritiken für eine solche Veranstaltung auf. Wenn du
das nächste Mal eine solche Bosheit abbekommst, kannst
du dir einfach sagen: »Großartig! Endlich neues Material
für meine Hatemail-Lesung!«

Das soll übrigens nicht heißen, dass Kritik an deinem
Werk keinen Wert hat. Sie hat bestimmt Wert. Nur nicht
für dich. Dein Job ist es nicht, dich stundenlang mit Kritik an Dingen zu befassen, die du vor ein paar Jahren, vor
einem Monat, vor ein paar Tagen kreiert hast. Dein Job
ist es, heute etwas Neues zu kreieren.
Und vergiss nicht: Du kreierst für diejenigen, für die das, was du machst, zufällig genau das Richtige ist. Ob das nun zehn oder

zehntausend oder zehn Millionen sind – du kreierst immer für die, die kapieren, was du da machst, und die es mögen. Vergiss den ganzen Rest. Das mag dir jetzt seltsam vorkommen. Solltest du nicht versuchen, die anderen zu überzeugen? Nein. Du kannst Leute, deren Ding du einfach nicht bist, nicht überzeugen – und das ist auch gar nicht nötig. Wenn du eine Himbeertorte backst, dann tust du das für die, die so was mögen. Und nicht für die, die Himbeeren scheußlich finden, allergisch gegen Himbeeren sind oder ganz grundsätzlich keine Torte mögen. Ja. So verrückt das klingen mag: Nicht alle mögen Himbeeren. Oder Torte. Das heißt nicht, dass mit deiner Himbeertorte etwas nicht in Ordnung ist. Wenn du den Kreis derer, die das lieben, was du im Angebot hast, vergrößern willst, dann suche nach mehr Menschen, die Himbeertorte lieben! Aber laufe niemals denen hinterher, die Mohnkuchen wollen oder auf Diät sind.

Angst und ihre Erscheinungsformen

Auf dem kreativen Weg begegnen wir vielen Herausforderungen. Manche kommen von außen, andere von innen. Die Feinde, die im Inneren lauern, haben eines gemeinsam: Sie haben immer mit irgendeiner Form von Angst zu tun.

Mit Angst kenne ich mich aus. Ich habe keine echte, diagnostizierte Angststörung oder dergleichen, aber ich fürchte mich vor allem Möglichen. Vor öffentlichen Auftritten. Vor Spinnen. Vor Clowns. (Vielen Dank auch, Stephen King!) Mein erster Bestseller drehte sich um eine Frau, die seit elf Jahren das Haus nicht verlassen hat. Das Buch ist ein Thriller. Aber im Kern ist es eine Geschichte über Angst und ihre Überwindung. Meine Hauptfigur Linda lernt darin etwas ganz Elementares: Der Weg aus der Angst führt durch die Angst. Angst zu überwinden ist simpel, aber es ist nicht einfach. Das weiß ich aus Erfahrung.

2015 lebte ich in einer kleinen Wohnung im Kölner Stadtteil Ehrenfeld. Ich mochte meine Wohnung. Nebenan lebte eine alte Italienerin, die sich oft lautstark mit ihren Verwandten unterhielt. Ihre Stimme vermischte sich mit den Geräuschen vom Kinderspielplatz hinterm Haus. Eine Geräuschkulisse, die ich seltsam beruhigend und inspirierend fand. Ich fühlte mich sehr wohl in meiner kleinen Schreibhöhle – bis ich eines Tages eine riesige Spinne in meinem Badezimmer entdeckte. Ich tat, was jede anständige Phobikerin tun würde: Ich flippte aus. Ich rief meinen Kumpel Lukas an, der nur ein paar Straßen weiter wohnte, und googelte, während er anrückte, Länder auf der Welt, in denen es keine Spinnen gibt, um meinen Umzug dorthin zu planen. Der erste Eintrag, den ich damals fand, existiert immer noch und lautet wie folgt: »Nein, es gibt keine Länder ohne Spinnen. Selbst in der Antarktis leben Spinnenarten wie die sogenannte Riesenasselspinne, die bis zu 25 Zentimeter groß werden kann. Auch in der Arktis gibt es Spinnen wie zum Beispiel die Wolfsspinne, die in den letzten Jahren sogar an Größe zunimmt ›dank‹ des Klimawandels.«

Wer selbst unter einer Phobie leidet, kann sich meine Begeisterung über diese Infos vorstellen. Am Morgen nachdem Lukas die Spinne in meiner Wohnung mit einem Glas eingefangen hatte, und wir sie draußen an einer Grünfläche ausgesetzt hatten, schämte ich mich. Das war mir plötzlich alles furchtbar unangenehm, denn normalerweise verhalte ich mich wie eine erwachsene Frau, die ihr Leben ganz gut im Griff hat. Ich wollte nie wieder in eine so unwürdige Situation geraten. Also rief ich meine Freundin Inga an, die als Therapeutin arbeitet, und schilderte ihr, was geschehen war. Inga riet mir, sofort zu handeln. Mit Hilfe von Verhaltenstherapie bekomme man so etwas gut in den Griff. Ein paar Tage später suchte ich also einen auf Phobien spezialisierten Therapeuten in Köln auf und machte Bekanntschaft mit seiner Vogelspinne. Ich möchte den gesamten Prozess hier nicht in allen Einzelheiten beschreiben, aber »Der Weg aus der Angst führt durch die Angst« fasst das Ganze ziemlich gut zusammen. Am Anfang der Sitzung konnte ich den Anblick der Vogelspinne kaum ertragen. Am Ende der Sitzung saß die Vogelspinne auf meinem Handteller – und ich war okay. Durchgeschwitzt wie nach einem Marathon. Fix und fertig, ehrlich gesagt. Aber okay. (Das Foto, das der Therapeut von mir mit der Vogelspinne auf der Hand machte, habe ich immer noch auf dem Laptop und schaue es mir hin und wieder an, wenn meine Ängste mich zu überwältigen drohen.)

Angst kann sehr hinderlich sein. Aber wir können ihr beikommen. Das Wichtigste ist, dass wir uns nicht für unsere Ängste schämen, sondern sie offen benennen. Wir können nur Gegner bekämpfen, die wir kennen. Und falls du das Gefühl hast, dass deine Ängste absurd oder gar lächerlich sind, dann erinnere dich daran, dass die Autorin dieses Buches sich vor Clowns fürchtet. Das sollte eigentlich dafür sorgen, dass du dich schnell besser fühlst.

Was Ängste mit Kreativität zu tun haben? Viele Ängste nehmen die Form von Blockaden an. Eine bestimmte Form der Blockade haben wir bereits in einem früheren Kapitel besprochen: die Weigerung, überhaupt anzufangen, und die damit verbundenen Ausreden, die wir uns zurechtlegen. (Ich habe nicht genügend Zeit, Geld, Ressourcen. Ich bin zu alt, zu jung usw.) Viele dieser Ausreden klingen erst einmal sehr logisch. Wir sind kreative Menschen, natürlich können wir uns überzeugende Geschichten ausdenken! Eigentlich haben wir aber bloß Angst, anzufangen und zu versagen. Aber auch, wenn wir uns bereits getraut und begonnen haben, haben viele von uns mit allerlei Ängsten zu kämpfen. Und die verhalten sich wie Gestaltenwandler in Fantasyromanen: Sie kommen in den unterschiedlichsten Formen und Maskeraden daher. Wir besiegen sie, indem wir sie demaskieren und ihnen dann zu Leibe rücken.

Eine Form von Blockade, mit der viele von uns immer mal wieder zu kämpfen haben, ist die Prokrastination. Bestimmt gibt es irgendwo auf diesem Planeten ein paar perfekte Einhörner, die niemals etwas aufschieben. Zu denen gehöre ich jedoch nicht. Fast alle von uns prokrastinieren manchmal. Schwierig wird es, wenn dieses Verhalten chronisch wird. Und richtig schlimm wird es, wenn wir unsere kreativen Tätigkeiten aufschieben, die wir uns schließlich selbst ausgesucht haben.

Wenn man sich ein bisschen in das Thema Prokrastination einliest, stellt man

schnell fest, dass Prokrastination nicht mit mangelndem Fleiß zu tun hat, sondern mit unangenehmen Emotionen. Verkürzt gesagt: Wir ersetzen eine Tätigkeit, die unangenehme Emotionen wie Versagensangst oder Überforderung auslöst, durch eine, die angenehm und leicht ist. Statt das nächste, extrem knifflige Level für das Videospiel zu designen, an dem wir arbeiten sollten, holen wir uns lieber noch einen Snack aus dem Kühlschrank. Anstatt das letzte, anspruchsvolle Kapitel unseres Romans zu schreiben, gucken wir uns auf YouTube Videos von Rehkitzen an, die sich mit Entenküken anfreunden.

Wenn uns das passiert, tun wir gut daran, uns zu fragen, warum wir eine Tätigkeit aufschieben, die wir eigentlich lieben. Empfinden wir zu viel Druck? Haben wir Angst, nicht zu genügen? Fehlt uns vielleicht etwas Konkretes, um die Aufgabe, vor der wir stehen, erfüllen zu können?

Sich der internen Mechanismen bewusst zu werden, die unser Handeln leiten, kann manchmal sehr hilfreich sein. So auch bei der Prokrastination. Denn die meisten von uns haben ein furchtbar schlechtes Gewissen, wenn sie prokrastinieren, und halten sich dann für faul. Das erzeugt nur noch mehr emotionalen Druck und noch mehr negative Gefühle und macht die Sache schlimmer. Also: Mach dich auf die Suche nach den Gedanken, die deiner Prokrastination zugrunde liegen. Lös diese Dinge für dich auf. Vielleicht alleine, vielleicht im Gespräch mit anderen. Und wenn du Hilfe brauchst, um dich wieder an die Arbeit zu machen, dann nutze eine der Techniken aus dem Kapitel Produktivität. Im Zweifel: Schalte deinen Internetzugang ab. Falls das nicht möglich ist, weil du ihn für deine Arbeit brauchst, dann blockiere zumindest Social-Media-Seiten und alles andere, was du nicht zum Arbeiten benötigst. Und versuche es mal mit der Pomodoro-Technik. Gerade zum (Wieder-)Einstieg kann sie sehr hilfreich sein.

Manchmal prokrastinieren wir gar nicht, manchmal fühlen wir uns schlicht und einfach blockiert. So, als hätten wir ein Brett vor dem Kopf. Das kann verschiedene Gründe haben, Angst ist nur einer davon. Jeder hat seinen eigenen Weg, mit Blockaden umzugehen. Ich habe festgestellt, dass es mir dann nicht hilft, mich in meine Arbeit zu verbeißen, sondern dass ich gut daran tue, für einen kleinen Tapetenwechsel zu sorgen. Ein Spaziergang, ein Telefonat, ein Ortswechsel – all das kann helfen. Vor allem repetitive Bewegungen und Tätigkeiten scheinen besonders nützlich zu sein, ganz so, als brächten sie die Gedanken wieder zum Sprudeln. Für manche ist es Gehen oder Radfahren, für andere sind es Tätigkeiten wie Geschirrspülen oder Autofahren.

Eine weitere besonders lähmende Form von Angst? Perfektionismus.

Wundert es dich, dass Perfektionismus für mich unter den Oberbegriff »Ängste« fällt? Tatsächlich halten viele von uns Perfektionismus für etwas Gutes. Ich sehe das anders. Es gibt einen Unterschied zwischen »sein Bestes geben« und »denken, dass man perfekt sein muss«. Ersteres ist wichtig. Nein, unerlässlich. Perfektionismus hingegen ist schädlich, und der unmögliche Wunsch, perfekt sein zu wollen, entspringt der Angst, andernfalls nicht zu genügen.

Natürlich schleife auch ich an jedem Projekt, bis die Deadline da ist und ich gezwungen bin, es loszulassen. Natürlich bin auch ich nie zufrieden. Und natürlich wünscht sich ein Teil von mir, dass ich irgendwann etwas schaffen kann, das perfekt ist. Ich strebe danach, perfekt zu werden, weiß aber gleichzeitig, dass ich es nie sein werde – und akzeptiere das. Denn ich halte Perfektion für unmöglich. Wir sind wunderbar unperfekte Wesen und kreieren wunderbar unperfekte Dinge. Und das ist okay. Die Natur ist perfekt. Wir müssen es nicht sein.

Arbeite an dir. Lerne dazu. Werde besser. Das reicht, weil es reichen muss. Mein Mantra lautet: Fortschritt statt Perfektion.

Weißt du, was das Beste an Blockaden ist? Dass jede und jeder sie kennt. Hin und wieder stolpern wir. Egal wie talentiert, wie fleißig, wie rundherum großartig wir sind.

Wenn ich mir eine rundherum großartige, rundherum kompetente Frau denken soll, dann stehen die Chancen gut, dass ich an jemanden wie Michelle Obama denke. Die Frau hat die Dinge im Griff. Du kannst dir nicht vorstellen, wie erstaunt ich daher war, als ich hörte, wie diese kluge, toughe, durchsetzungsfähige Frau im Rahmen ihrer Autobiografie »Becoming« ehrlich über ihre eigenen Ängste und Zweifel sprach. Wie sich herausstellte, litt auch die ehemalige First Lady der USA eine

Zeit lang unter etwas, mit dem viele Kreative, die ich kenne, zu kämpfen haben: dem Hochstaplersyndrom. Wer damit zu schaffen hat, meint, von anderen Menschen als besser, klüger und kompetenter wahrgenommen zu werden, als er oder sie tatsächlich ist. Ich kenne dieses Gefühl sehr gut. Es ist fürchterlich.

Niemals würde ich jemanden absichtlich täuschen. Ich bin alles andere als perfekt, aber Unbescheidenheit ist keiner meiner Fehler. Trotzdem kam ich mir, nachdem ich sehr plötzlich sehr erfolgreich wurde, wie eine Hochstaplerin vor. Das Schlimmste am Gefühl, ein Scharlatan zu sein? Der permanente Gedanke: Irgendwann werden sie es merken. Irgendwann werden sie merken, dass ich weder besonders schlau noch talentiert noch sonst wie herausragend bin. Diese Emotionen verwirrten mich. Denn es mangelte mir eigentlich nicht an Selbstbewusstsein. Ich glaubte an mich und an meine Arbeit. Und wenn ich einmal die Emotionen beiseiteließ und die reinen Fakten betrachtete, dann wusste ich eigentlich, dass ich nicht inkompetent war. Das änderte nur leider nichts an meinen Gefühlen.

Als ich Michelle Obama zum ersten Mal darüber sprechen hörte, machte das etwas mit mir. Zum einen begriff ich, dass nicht nur ich hin und wieder so empfand. Diese Sache war nicht selten. Diese Sache hatte einen Namen. Ich war nicht auf einzigartige Weise kaputt, sondern hatte lediglich mit etwas zu kämpfen, das viele Menschen belastet. Sogar die Michelle Obamas dieser Welt. Allein das hat mir schon geholfen. Daher teile ich diese Information, wo ich nur kann: »Es heißt Hochstaplersyndrom! Es bringt dich nicht um! Ich habe es auch!«

Auch Amanda Palmer, eine unglaublich coole und selbstbewusste Künstlerin und Musikerin, beschreibt in ihrem Buch »The Art of Asking« ihre Schwierigkeiten mit dem Hochstaplersyndrom. Sie nennt es die Angst vor der »Fraud Police«, einer Art bösartiger Bürgerwehr, die ausrückt, um Kunstschaffende zu überführen, die es eigentlich nicht drauf haben. Die *frauds*, also Schwindler sind. Palmer erklärt sehr schön, wieso dieses unangenehme Gefühl kreativ arbeitende Menschen womöglich eher befällt. Ein Statiker beispielsweise hat alles über sein Fachgebiet gelernt und ein Studium, vermutlich Bauingenieurwesen, abgeschlossen. Er überblickt sein Feld und ist von außen legitimiert. Das ist, wenn wir kreativ arbeiten, völlig anders. Wir können das Feld *nie* ganz überblicken. Warum? Weil es unsere Hauptaufgabe ist, das Feld permanent zu erweitern! Die Unsicherheit, das Risiko, das Nicht-Wissen sind der Kern kreativer Arbeit. Kein Wunder, dass wir uns manchmal unsicher fühlen.

Ich finde es wichtig, das zu teilen. Denn immer, wirklich immer, wenn ich öffentlich über dieses Thema gesprochen habe, kommt danach jemand zu mir und sagt (oder flüstert): »Oh mein Gott, das kenne ich auch! Danke!«

Falls du dieses Gefühl kennst und es dich belastet, dann mach dich zunächst daran, Fakten und Emotionen zu trennen. Bist du wirklich inkompetent? Falls die Antwort Ja lautet, ist das nicht so schlimm. Alles, was du brauchst, um Kompetenz zu erlangen, kannst du lernen. Und falls du eigentlich kompetent bist, dich aber nicht so *fühlst*, kannst du verschiedene Dinge tun. Du kannst mit

Du bist super!

jemandem, dem du vertraust, darüber sprechen. Und du kannst Kraft ziehen aus dem Wissen, dass das Hochstaplersyndrom nichts mit tatsächlicher Inkompetenz zu tun hat. Ehrlich gesagt bin ich, nachdem ich mir bestimmte Staatsmänner, die derzeit an der Macht sind, angesehen habe, zu dem Schluss gekommen, dass wirklich inkompetente Menschen niemals an sich zweifeln. Sie sind viel zu beschäftigt damit, lauthals ihre vermeintliche Genialität kundzutun.

Wenn mich heute diese Gedanken überfallen, weiß ich, womit ich es zu tun habe, und sage mir: »Oh, mein Hochstaplersyndrom muckt mal wieder auf!« – und arbeite einfach weiter.

»Im Zweifel für den Zweifel« …

So heißt ein Song von Tocotronic, den ich sehr mag.

Nun bin ich zwar keine Therapeutin, sondern nur eine neugierige Autorin, die sich gerne mit anderen Menschen unterhält und ihnen zuhört. Aber ich bin mir ziemlich sicher, dass all diese Ängste, die uns manchmal plagen, auf das Gefühl zurückgehen, nicht genug zu sein. Nicht gut genug, nicht schlau genug, nicht innovativ, nicht talentiert, nicht was auch immer genug. Die meisten von uns kennen Zweifel dieser Art, manche erleben sie laut, andere leise. Menschen, die von jeglichem Zweifel verschont sind, sind meiner Erfahrung nach selten, auch wenn die wenigsten gerne über ihre Zweifel reden. So, als würde ihnen dadurch ein Zacken aus der Krone brechen.

Falls du hin und wieder zweifelst, habe ich eine gute Nachricht für dich. Zweifel ist essenziell, um etwas von Bestand zu kreieren. Er führt dazu, dass wir härter arbeiten. Dazu, dass wir die Dinge aus verschiedenen Blickwinkeln betrachten. Dass wir nächtelang über Details nachdenken. Bis zu einem bestimmten Punkt ist das eine gute Sache. Nur ein Zuviel an Zweifel kann lähmend sein.

Daher wisse: Zweifel heißt nicht, dass du nicht gut genug bist. Im Gegenteil. Deine Zweifel zeigen, dass du etwas machst, das du liebst, respektierst und ernst nimmst. Mach einfach weiter. Sei mutig. Mut zu beweisen macht sich letzten Endes immer bezahlt. Und für den Fall, dass du es einfach mal von jemandem gehört haben musst: Du bist genug.

Vergleiche

Wir alle sind permanenten Vergleichen ausgesetzt. Wir müssen gar kein Lied singen, keine Schale töpfern und kein Porträt zeichnen, damit jemand mit einem mehr oder weniger passenden Vergleich um die Ecke kommt. Wir müssen lediglich existieren.

Die ewige Vergleicheritis ist ein allgemeines gesell-
schaftliches Problem. Wir vergleichen und werden verglichen. Ob es ums Aussehen geht, um Geld, Status, Erfolg, Kleidung, Gewicht, Eloquenz, Intelligenz – was
auch immer.

Und Social Media verstärkt das noch. Ich halte das für
eine ungute Tendenz. Denn Instagram und Co. führen
uns nicht nur permanent vor, was die anderen so machen.
Das an sich würde ja schon reichen. Sie zeigen uns auch
noch meistens die Schokoladenseite des Daseins, das
Highlight-Reel. Das führt zu sehr ungesunden Vergleichen, bei denen wir selbst und unser eigenes Leben nur
schlecht abschneiden können.

Ich war lange von der Vergleicheritis befallen. Mein Lieb-
lingsspiel: herausfinden, was Menschen, die ich bewundere, in meinem Alter gemacht haben. Idealerweise völ-
lige Überflieger und sonstige Wunderkinder. Mit dreißig
stolperte ich über einen Artikel über den »Club 27«, der
mich völlig verstörte. »Club 27« ist die makabre Be-
zeichnung für eine Gruppe berühmter Künstlerinnen und
Künstler, die alle mit 27 starben. Janis Joplin starb mit
nur 27 Jahren. Ebenso wie Kurt Cobain, Jimi Hendrix
und Jim Morrison. Auch Amy Winehouse wurde gerade
mal 27 Jahre alt. Mich hat das entsetzt. Zum einen natürlich, weil es schlimm ist, wenn jemand so jung stirbt.
Zum anderen aber erstaunte mich, was all diese Ikonen
in einem so zarten Alter bereits vorzuweisen hatten. Als
ich dann die Biografie von Georg Büchner las, den ich
sehr bewundere, gab mir das den Rest. Der Autor von

»Leonce und Lena« und »Woyzeck« wurde nur 23 Jahre alt! Als Büchner so alt war wie ich jetzt, war er schon 15 Jahre tot!

Eine Zeit lang habe ich mich in dieser Art von Vergleichen (und in meiner offensichtlichen Minderwertigkeit) gesuhlt. Irgendwann wurde mir zum Glück klar, dass mich das überhaupt nicht weiterbrachte. Im Gegenteil. Also fing ich an, meine Vergleicheritis zu kurieren.

Und wie das so ist: Die, die einer Sucht am schlimmsten verfallen waren, werden – sind sie erst einmal clean – zu den verbissensten Verfechtern der Abstinenz. So ist es auch bei mir. Ich halte Vergleiche für die größten Killer von Glück im Allgemeinen und Kreativität im Besonderen.

Leider werden wir, wenn wir irgendetwas schöpferisch gestalten und in die Welt bringen, mit Vergleichen überhäuft.

»Oh, das erinnert mich an X!«

»Wow, das klingt wie eine Mischung aus Y und Z!«

»Wahnsinn. Y ist das neue Z!«

Blättere ein beliebiges Magazin durch, das sich mit kreativen Werken befasst. Den *Rolling Stone*. Oder schau mal in das Feuilleton einer Tageszeitung. Rede mit der Nachbarin oder höre den Gesprächen in der Bäckerei zu. Ohne Vergleiche geht's offensichtlich nicht. Äußerst menschlich – denn wer vergleicht, ordnet für sich auch ein. Aber wie gesagt: äußerst fatal, wenn es einen selber betrifft und das, was man geschaffen hat.

230

Wie so vieles hat das Internet auch die ewige Vergleicheritis auf die Spitze getrieben. Feinheiten in der Bewertung sind verschwunden und wurden durch ein stupides
Sternesystem ersetzt. Kaum jemand macht sich noch Gedanken darüber, wie absurd es ist, so komplexe Dinge wie
Musikalben, Bücher, Konzertabende oder Restaurantbe-
suche in ein Sternesystem zu pressen. Es gilt: Hauptsache, es lässt sich vergleichen, abwerten oder hochjubeln.

Vergleiche sind also an der Tagesordnung. Aber gerade wir, die wir kreativ arbeiten, sollten uns besonders
davor hüten.

Wenn ich heute nach Vorbildern gefragt werde, antworte
ich ehrlich, dass ich keine habe. Wenn ich jemandem
nacheifern würde, würde das automatisch dazu führen,
mich mit ihm oder ihr zu vergleichen. Ich spreche lieber
von Heldinnen und Helden, von Menschen, die ich bewundere.

Dass wir und unsere Werke permanent mit anderen
verglichen werden, dagegen können wir nichts tun. Aber
wir können uns zumindest davor hüten, das Spiel mit-
zuspielen.

Wenn dich jemand um Feedback bittet, dann
versuche auf Vergleiche zu verzichten, und gib
dir stattdessen Mühe, deine Eindrücke so an-
schaulich wie möglich zu schildern. Vergleiche machen es sich zu einfach und zeugen von
mangelnder Beschäftigung mit etwas. Sie
leugnen Einzigartigkeit.

Und was noch wichtiger ist: Gib dir allergrößte Mühe, dich selbst nicht mit anderen zu vergleichen. Das ist nicht leicht. Auch mir passiert das immer mal wieder. Ich versuche dann, mich so schnell wie möglich zur Ordnung zu rufen und mir zu sagen, dass ich nicht die nächste Soundso sein will, sondern die Erste und Einzige meiner Art. Das ist der einzige Weg. Zumal kreative Werke gar nicht miteinander vergleichbar sind – auch wenn Jahresbestenlisten, Charts, Bestsellerlisten und Co. das suggerieren. Eine Jahresbestenliste wurde von einer kleinen Zahl Menschen zusammengestellt und ist subjektiv. Diese kleine Zahl Menschen bestimmt natürlich nicht wirklich darüber, was gut ist und was schlecht(er). Charts und Bestsellerlisten drücken aus, was von den meisten Menschen gekauft wurde. Aber wenn das das einzige Qualitätsmerkmal wäre, das wir anerkennen, dann wären Van Gogh und Kafka Stümper gewesen. Lass dir also nicht einreden, dass man Werke vergleichen kann. Kann man nicht. Wir tun nur so.

Wenn wir selbst uns permanent mit anderen vergleichen, schaden wir uns. Denn wir vergleichen uns meistens »nach oben«. Da können wir uns nur klein fühlen. Oder wir vergleichen uns mit Menschen, die schlicht ganz anders sind als wir. Die sprichwörtlichen »Kirschen in Nachbars Garten« sehen immer größer, röter und süßer aus als die in unserem eigenen. Sind sie aber nicht.

Wenn wir zu viel darauf schauen, was andere machen, dann entstehen womöglich Minderwertigkeitsgefühle oder – am anderen Ende der Skala – Neid, Missgunst und übersteigertes Konkurrenzdenken. Davor sollten wir uns hüten. Und das empfehle ich nicht, weil ich will, dass wir alle perfekt sind und niemals auch nur einen bösen Gedanken hegen. (Das wäre natürlich ideal, aber hey, wir können nicht alle die Langmut eines Dalai Lama haben!) Sondern ich empfehle das aus viel pragmatischeren Gründen. Mag sein, dass sich Neid und Konkurrenzgefühle zunächst belebend auf deine Produktivität auswirken. Auch negative Emotionen können Treibstoff sein. Aber uns geht es ja hier nicht darum, uns mit Energie und Ellenbogen an die Spitze zu boxen. Uns geht es um Kreativität. Und ein vom Neid zerfressenes Hirn ist vieles, aber sicher nicht kreativ. Vergiss nicht: Wir sind angetreten, um mit Hilfe unserer Superpower namens Kreativität ein schöneres, reicheres Leben zu führen. Übersteigerter Ehrgeiz, Neid und Co. sorgen jedoch für das exakte Gegenteil.

Konzentriere dich auf dich. Hör auf, dich zu vergleichen. Und wenn du unbedingt Vergleiche anstellen musst, dann vergleiche dich mit der einzigen Person, an der du etwas ändern kannst: dir selbst.

Irgendwann im Winter 2013/2014 war ich für eine Veranstaltung der Buchbranche in Berlin. Ich erlebte einen Tag voller spannender Vorträge, sprach mit zahllosen wundervollen Menschen und bekam jede Menge wertvollen Input. Für den Abend war vorgesehen, gemeinsam zu essen und anschließend noch in einen Club zu gehen. Alle freuten sich wie verrückt, ich jedoch ächzte. Nicht offen, nur innerlich.

Ich mag Menschen. Sehr. Ich unterhalte mich gerne. Vor allem höre ich irre gerne zu. Ich habe viele negative Eigenschaften, aber ich bin ziemlich umgänglich und sozial. Vermutlich ist es mir deswegen immer so unangenehm gewesen, wenn mir oft einfach ein wenig nach Flucht war. Wenn ich nach Veranstaltungen mit vielen Leuten einfach nur so schnell wie möglich nach Hause (oder ins Hotel) wollte. So war es auch an diesem Tag. Wie immer ging ich trotzdem noch mit, ich war ja da, um etwas zu lernen und zu networken, nicht um mich sieben in meinem Hotelzimmer zu verkriechen. Während des Essens machte ich brav Small Talk, spürte aber, dass ich Schwierigkeiten hatte, nicht gedanklich abzuschweifen. *Ich will ins Hotel*, hämmerte mein Gehirn. *Bitte, Mel. Ich kann nicht mehr. Ich will ins Hotel.*

Ich ignorierte das.

Kommst du noch mit in den Club?, fragte irgendwer.

Na klar, sagte ich. Und ging mit in den Club, während die leichten Kopfschmerzen, die ich schon länger verspürt hatte, stärker wurden. Im Club war ich dann eigentlich nur noch damit beschäftigt, nicht zu offensichtlich unglücklich zu wirken, während mein reizüberflutetes Gehirn ein S.O.S.-Signal nach dem anderen sendete.

Wie es der Zufall wollte, begegnete ich an diesem Abend einer erfolgreichen und wahnsinnig netten britischen Self-Publisherin. Nach einer Weile kamen wir auf das zu sprechen, worüber Autorinnen nun mal am liebsten reden: Bücher. Die Kollegin erzählte mir von dem Buch, das sie kürzlich gelesen hatte. »Still« von einer gewissen Susan Cain. Ich hatte noch nie davon gehört. »Wovon handelt es?«, fragte ich. Und erfuhr, dass Susan Cain einen Weltbestseller über introvertierte Menschen geschrieben hat, dessen Kernthese in meinen eigenen Worten folgendermaßen lautet: Extrovertierte beziehen ihre Energie aus Trubel, aus der Begegnung mit vielen anderen Menschen. Introvertierte hingegen beziehen ihre Energie aus der Ruhe, dem Alleinsein. Was, so erfuhr ich, beispielsweise erklärt, wieso manchen alles (Partys, Messen, Veranstaltungen mit vielen Menschen überhaupt) schnell zu viel wird, obwohl sie weder schüchtern noch eigenbrötlerisch sind.

Die Erkenntnis, dass das genau auf mich zutraf und die Erklärung für viele Probleme bot, die mich schon zur Schulzeit quälten, traf mich wie der Blitz aus heiterem Himmel. Wie oft war es nicht schon vorgekommen, dass ich mich ernsthaft dazu aufraffen musste, um zu einer

Party zu gehen – obwohl ich alle Leute dort wahnsinnig gerne mochte? Wie oft hatte es mir davor gegraut, bei Klassenfahrten in einem Zimmer mit Dutzenden anderen Mädchen zu übernachten und keinen Rückzugsort zu haben, obwohl diese Mädchen meine besten Freundinnen waren und ich sie liebte wie Schwestern? Wie oft hatte ich mich bei Veranstaltungen, Messen oder anderen turbulenten Events schon in der Toilette eingeschlossen, nur um fünf Minuten Ruhe zu haben, bevor ich mich wieder ins Getümmel stürzen musste?

Ich besorgte mir das Buch, von dem die Kollegin mir erzählt hatte, sofort, und es ist keine Übertreibung, wenn ich sage: »Still« war der vielleicht wichtigste Buchtipp meines Lebens.

Ich begann mit dem Lesen, um herauszufinden, was mit mir nicht stimmte. Ich beendete die Lektüre in dem Wissen, dass alles okay ist mit mir. Ich bin lediglich sehr, sehr introvertiert. Und das ist nichts Schlimmes, ganz im Gegenteil!

Es gibt einen ganz großartigen TED-Talk von Susan Cain. Er ist einer der erfolgreichsten TED-Talks aller Zeiten und hat bis dato rund zehneinhalb Millionen Aufrufe auf YouTube. Daran siehst du, wie groß dieses Thema ist. Falls du selbst introvertiert bist, wirst du dich nach diesen knapp 19 Minuten unglaublich verstanden fühlen. Und falls du eine introvertierte Person in deinem Umfeld hast, dann wirst du diese nach den 19 Minuten besser verstehen. (Spoiler Alert! Wir haben alle introvertierte Menschen in unserem Umfeld!)

Ich habe anhand von Susan Cains TED-Talk, ihres fantastischen Buches und anderer Quellen zum Thema Folgendes gelernt: Introvertierte Menschen sind nicht selten. Wir machen mindestens ein Viertel, vielleicht sogar fast die Hälfte der Bevölkerung aus. Extrovertiertheit gilt vielen als Ideal, alle bewundern die Frau, die während einer Party auf dem Tisch tanzt. Den Typen, der die Runde mit witzigen Geschichten unterhält. Das Mädchen, das immer Trubel und Gesellschaft braucht und stets die verrücktesten Ideen hat, was man morgens um vier noch unternehmen könnte, weil sie nie, nie, nie nach Hause will.

Introvertierte ticken anders.

Sehr lachen musste ich über eine Aufschrift, die ich mal auf einem T-Shirt sah und die meine Gefühle ziemlich gut zusammenfasst:

Introverts unite
We're here
We're awkward
And we want to go home

Introvertierte haben keine Angst vor anderen und lehnen sie auch nicht ab. Introvertierte sind nicht per se schüchtern. Ihr Nervensystem funktioniert lediglich anders, sie reagieren anders auf Reize. Das führt dazu, dass sie sich beispielsweise lieber mit einer einzelnen Person unterhalten statt mit einer großen Gruppe. Und dass sie manchmal auch einfach mit einem guten Buch daheim bleiben wollen, statt auf die »Party des Jahrhunderts« zu gehen.

Introvertierte brauchen weniger Input, und das kann dazu führen, dass sie sich besser lange auf eine einzige Sache konzentrieren können, ohne sich zu langweilen. Vielleicht ist das einer der Gründe, weshalb es unter Künstlerinnen und Künstlern so viele introvertierte Menschen gibt.

Nachdem ich mit Laura Kampf den Podcast »Raabe & Kampf« gestartet hatte, kam relativ schnell die Idee auf, diesem Thema eine Episode zu widmen. Das Feedback war überwältigend. Wir haben inzwischen über vierzig Podcast-Folgen zu den unterschiedlichsten Themen aufgenommen, aber zu keiner erhielten wir so viele Rückmeldungen wie zu dieser. Viele enthielten das Wort »lebensverändernd«. Ich kann das nachvollziehen. Wenn wir begriffen haben, dass wir gar nicht seltsam, übermäßig schüchtern, undankbar oder gar asozial sind, wenn wir Dinge, die wir nach Meinung der Mehrheitsgesellschaft genießen sollten, ablehnen oder nur in kleinen Dosen ertragen können, sondern lediglich introvertiert, dann entlastet uns das ungemein. Vor allem können wir, wenn wir erst einmal begriffen haben, was die Ursache unseres Unwohlseins ist, Gegenmaßnahmen ergreifen.

Ich weiß inzwischen, dass ich hinterher immer die Quittung kriege, wenn ich zu sehr gegen meine Natur handele. Das heißt nicht, dass ich nicht auf Partys gehe. Ich liebe Partys. Bis zu einem bestimmten Punkt. Wenn der erreicht ist, rufe ich mir ein Taxi und fahre heim oder ins Hotel. Ganz unabhängig davon, wie viele Menschen mir sagen, dass ich doch noch bleiben solle, es sei doch gerade mal drei Uhr. Oder zwei Uhr. Oder zehn Uhr. Die Zeit spielt keine Rolle. Wann ich mich zurückziehe, das entscheide ich. (Übrigens kenne ich auch viele introvertierte Leute, die auf den sogenannten »polnischen Abgang« schwören. Die sich gar nicht verabschieden, sondern plötzlich einfach weg sind. Auch ein Ansatz!)

Wenn Ereignisse anstehen, die meinem introvertierten Ich Schwierigkeiten bereiten, plane ich mir inzwischen Pausen ein. Ich schwänze abends die Buchmessepartys, wenn ich tagsüber einen vollen Tag mit Interviews, Auftritten und Fotoshootings hatte. Und ja, ich schließe mich manchmal immer noch auf der Toilette ein, wenn ich keinen anderen Ort finde, an dem ich kurz für mich sein kann. Zu diesen Dingen gibt es keine Alternative. Wenn ich zu lange ohne Pause die Extrovertierte spiele, bekomme ich Migräne oder werde auf andere Weise krank.

Der Trick ist auch hier wieder eigentlich ganz einfach: Wir müssen nur herausfinden, was uns guttut und was nicht, wir müssen nur die eigene Natur erkennen und ihr Rechnung tragen. Und dabei bleiben, auch wenn andere das nicht immer verstehen.

5

Das Kapitel,
in dem wir uns anschauen,
wie kreatives Wachstum aussieht –
und weshalb der Weg ohnehin
immer das Ziel ist

»Man ist niemals fertig.«

Laura Kampf

Ich liebe Silvester. Ich mag das Gefühl, dass ein altes Jahr zu Ende geht und man mit Beginn des nächsten eine neue Chance erhält. Ein weißes Blatt Papier, das man vollschreiben, bemalen oder zu einem Origami-Kranich falten kann. Ich bin ein großer Fan von Silvesterbräuchen wie Bleigießen, will jedes Jahr aufs Neue »Dinner for One« gucken, und ich freue mich, wenn man mir Glücksklee, kleine Schornsteinfeger oder glücksbringende Marzipanschweinchen schenkt. Aber ich habe auch ein eigenes Ritual für Silvester: Ich setze mich für ein Stündchen hin und schreibe einen Brief. Von Hand. In diesem Brief lasse ich das Jahr, das zu Ende geht, Revue passieren. Die Arbeit, die Erlebnisse und Reisen, die Glücksmomente und Niederlagen, die Kleinigkeiten und die ganz großen Geschichten, die Hochzeiten und Beerdigungen. Ich beschränke mich nicht nur auf das, was ich erlebt habe und was in der Welt passiert ist, ich schreibe auch auf, was ich gelernt habe. Was ich gut gemacht habe. Was ich gerne besser machen würde.

Wenn ich mit diesem kleinen, super privaten Jahresrückblick fertig bin, wende ich mich dem kommenden Jahr zu und notiere meine Hoffnungen und Wünsche. Wenn ich fertig bin, unterschreibe ich den Brief, stecke ihn in einen Umschlag, verschließe diesen und adressiere ihn an mich selbst – in der Zukunft.

Ich lese ihn wiederum an Silvester ein Jahr später.

Ich liebe dieses Ritual. Es ist unendlich interessant zu sehen, was der Melanie, die gerade mal 365 Tage jünger war als ich, wichtig war. Welche Wünsche und Hoffnungen sie für das Jahr hegte, das ich nun hinter mir habe. Ich erkenne die Dinge, die Bestand haben, die ihr Jahr für Jahr immer wieder wichtig sind. Und ich erkenne die Dinge, die sich verändern. Kurz: Ich erkenne mein eigenes Wachstum.

Ich mache das nun seit gut zehn Jahren. Diese zehn Briefe an mich selbst zeigen das vergangene Jahrzehnt meines Lebens wie in einem Zeitraffer. Und das ist sehr lehrreich. Denn oft habe ich gar nicht das Gefühl, voranzukommen. Häufig kommt es mir so vor, als wären meine Ansichten, meine Wünsche und Hoffnungen, meine Meinungen, meine Fähigkeiten und mein Selbstbild statisch. Aber aus der Vogelperspektive merke ich, dass das nicht stimmt. Ich verändere mich. Ich wachse. Wie alle Menschen. Sogar meine Handschrift hat sich in den letzten Jahren verändert. (Nicht zum Besseren, leider.)

Wachstum und Weiterentwicklung

Wachstum ist essenziell, wenn wir dauerhaft kreativ sein möchten. »Stillstand ist der Tod«, das sang schon Herbert Grönemeyer, und ich glaube, da hat er recht. Das heißt nicht, dass wir keine Pausen machen sollen. Ich bin ganz im Gegenteil der festen Überzeugung, dass Pausen ausgesprochen wichtig sind. Nach ihnen gibt es manchmal nur noch größeres Wachstum. So, wie wenn es nach ein paar Sonnentagen im Frühling einen Regenguss gibt und die Blätter an den Bäumen regelrecht explodieren. Pausen sind gut. Kompletter Stillstand ist schlecht.

Aber wie macht man das eigentlich? Wie wächst man? Unsere Leben ändern sich auch ohne unser Zutun, ob wir wollen oder nicht. Aber um als Kreative zu wachsen, müssen wir uns aktiv bemühen.

Wir müssen uns immer mal wieder fordern. Das können wir auf unterschiedliche Art tun.

2010 formierte sich im australischen Melbourne die Rockband King Gizzard & the Lizard Wizard. Ich mag diese Band, schon allein ihres durchgeknallten Namens wegen. Und ich bewundere ihren Output. Die meisten Bands bringen heutzutage maximal alle paar Jahre ein Album raus. King Gizzard hingegen veröffentlichten seit ihrer Gründung vor zehn Jahren zwei EPs, fünfzehn Studioalben und vier Livealben. Warum? Nun, ich vermute: weil sie es können!

Und nein, sie haben da nicht einfach Ausschussware

veröffentlicht. Das hat alles Hand und Fuß. Beeindruckend, oder? Deinen Output kurzzeitig massiv zu erhöhen ist ein sehr einfacher Weg, dich zu fordern und für Wachstum zu sorgen. Vor allem zu Beginn deiner kreativen Karriere. Wenn du viel machst, kannst du eigentlich nur besser werden.

Der Trickfilmzeichner und Regisseur Chuck Jones erfand unter anderem den Roadrunner oder das Stinktier, Pepe Le Pew, für die Cartoons von »Looney Tunes«, zeichnete für zahllose Filme und führte bei unzähligen weiteren Regie. Im Alter wendete er sich der Lehre zu und gab Zeichenkurse. In seiner Biografie erinnert er sich, was er einst in einem Anfängerkurs vom Zeichenlehrer hörte: »Ihr alle habt hunderttausend schlechte Zeichnungen in euch. Je schneller ihr die loswerdet, umso besser für uns alle«.

Ein überzeugendes Plädoyer für höheren Output – vor allem bei den Kreativen, die gerade anfangen mit dem Experimentieren und Loslegen!

Ein weiterer Wachstumsbeschleuniger: Premieren. Dinge zum ersten Mal tun ist für die meisten Menschen eine ambivalente Erfahrung und liegt meist irgendwo zwischen aufregend und beunruhigend.

Eine der größten Herausforderungen für mich ist es, vor vielen Menschen zu sprechen.

Im Mai 2019 feierte das deutsche Grundgesetz 70. Geburtstag und wurde an vielen verschiedenen Orten gefeiert. Auch die Bundeszentrale für politische Bildung bereitete gemeinsam mit dem Radiosender WDR 5 eine

Veranstaltung vor. Sie lud verschiedene Persönlichkeiten dazu ein, eine Liebeserklärung an das Grundgesetz zu schreiben und als kurze Rede vorzutragen. Neun kluge und eloquente Prominente – und mich. Mein erster Impuls war, abzusagen. Eine Rede vor Publikum zu halten, die auch noch fürs Radio aufgezeichnet wird, das klingt wie einem meiner Alpträume entsprungen. Doch ich entschied mich, die Herausforderung anzunehmen. Ich dachte darüber nach, was das Grundgesetz für mich bedeutet, die ich in der DDR geboren wurde, wo viele der Freiheiten, die darin festgeschrieben sind, nicht selbstverständlich waren. Ich arbeitete wie im Fieber an meiner Rede. Kurz bevor ich sie halten sollte, flog ich für ein Literaturfestival nach Oslo. Immer dann, wenn ich zwischen meinen Veranstaltungen Zeit hatte, zog ich mich in mein Hotelzimmer zurück und arbeitete daran. Ziemlich viel Mühe für ein paar Minuten, aber als der Tag aller Tage da war, war ich froh, gut vorbereitet zu sein. Ich schlief in der Nacht davor natürlich trotzdem kaum, zu groß war die Angst vor einem Blackout vor versammeltem Publikum – denn ein Manuskript war verboten, die Rede sollte vollkommen frei gehalten werden. Als ich den ehemaligen Sitzungssaal des Bundesrates in Bonn betrat, schlug mein Herz so schnell, dass ich Sorge hatte, umzukippen. Aber irgendwie hielt ich durch. Dass das Publikum mich so freundlich anschaute und an den richtigen Stellen lachte, half enorm.

Die Rede findet sich immer noch online. Ich bin stolz auf sie. Nicht, weil sie perfekt wäre. Sondern weil ich weiß, was sie mich gekostet hat. Als ich fertig war und mich danach wieder auf meinen Platz setzte, fühlte ich mich zwei Meter vierzehn groß. Nicht nur, weil ich mich überwunden hatte, sondern weil ich mir, um diese Herausforderung zu meistern, Fähigkeiten erworben hatte, die ich andernfalls nicht gelernt hätte. Ich habe mir selbst einen Crashkurs im Redeschreiben gegeben und dabei ein echtes Interesse daran entwickelt. Wie fesselt man ein Publikum? Welche Teile hat eine Rede? Welche Regeln gelten? Welche Tricks gibt es? Wie baut man Humor ein? Und wie zum Teufel trägt man das alles dann auch noch frei vor, ohne einen Blackout zu bekommen oder – meine größte Sorge – ohnmächtig zu werden? All das lernte ich in kürzester Zeit.

Diese Erfahrung brachte mich ins Grübeln. Wie viele Dinge habe ich noch nie ausprobiert, obwohl sie sicher lohnenswert, aufregend oder interessant wären?

Sieben Dinge, die ich noch nie (!) gemacht habe

* Reitstunden nehmen (Ich habe in meinem Leben bisher ca. fünf Sekunden lang auf einem Pferd gesessen. Auf einem kleinen Pony. Ich war ungefähr acht oder neun und wollte sofort wieder runter!)
* Fallschirmspringen (Ich habe schon dreimal einen Tandemsprung gebucht, aber jedes Mal kam etwas dazwischen.)

* Tauchen
* Japan bereisen
* Motorradfahren
* Mit Ölfarbe malen
* Karaoke singen

Wie lautet deine Liste?

Idealerweise enthält sie nicht nur ein paar banale Dinge, die du aus Zufall oder aus Mangel an Möglichkeiten noch nicht probiert hast, sondern auch ein paar Sachen, die dich ein kleines bisschen einschüchtern. Du sollst dich nicht überfordern. Du sollst lediglich versuchen, dich hin und wieder sachte aus deiner Komfortzone herauszuwagen. Versuche, in den nächsten Wochen ein paar dieser Dinge anzugehen. Sobald man auch nur einen kleinen Schritt aus der eigenen Komfortzone herausgetreten ist, ist man ein Stück weit gewachsen.

Wachsen können wir auch an Rückschlägen. Wir alle kennen den Allgemeinplatz, dass wir aus Fehlern lernen. Ich habe hier in diesem Buch schon oft darüber gesprochen. Nicht immer lernen wir jedoch automatisch aus Fehlschlägen. Manchmal müssen wir sie uns gezielt zunutze machen. Wenn ein Projekt schiefgegangen ist, dann musst du vielleicht erst einmal deine Wunden lecken. Das ist okay. Aber sobald du damit fertig bist, beginne mit einem *Post-mortem*. Dein Projekt – dein Roman, dein Gemälde, dein Comic, deine Sinfonie – ist tot. Betrachte sie mit dem kühlen Blick des Gerichtsmediziners aus deinem liebsten TV-Krimi. Einem der ganz, ganz abgebrühten, die bei der Sektion noch rauchen oder Wurstbrötchen essen würden, wenn sie das dürften. Wie sieht die Tote aus? Wie alt ist sie, in welchem körperlichen Zustand befindet sie sich? Wie wirkt sie auf dich? Kannst du schon von außen die Todesursache erkennen? Oder musst du genauer hinschauen? Sie aufschneiden? Dann tu es.

In der Rückschau sind wir immer klüger. Wenn du dir bewusst machst, was genau eigentlich schiefgelaufen ist, wirst du denselben Fehler nicht so schnell wieder machen. Und dann war das Projekt durchaus erfolgreich. Es war ein Lernerfolg.

Vielen von uns fällt es schwer, uns mit den eigenen Fehlern zu befassen. Dabei vergeben wir uns doch nichts, wenn wir uns klarmachen, dass wir noch viel zu lernen haben. Und falls du doch das Gefühl hast, dir einen Zacken aus der Krone gebrochen zu haben, dann denke an das, was man in Japan *Kintsugi* nennt. Kintsugi beschreibt die Technik, zerbrochene Teeschalen mit einem Material zu kleben, dem Goldstaub oder andere wertvolle Metalle zugesetzt werden. So werden die Brüche nicht kaschiert, sondern auf schönste Weise betont. Ich finde dieses Bild toll: Die zerbrochene Teetasse wurde liebevoll wieder zusammengefügt und ist hinterher schöner als eine intakte. Daran sollten wir denken, wenn wir selbst Brüche erleben. Ob bei der kreativen Arbeit oder im Leben.

Doch was, wenn wir uns nicht nur eine blutige Nase holen, sondern wenn eine echte Katastrophe eintritt?

Erinnerst du dich an Misty Copeland, die unwahrscheinliche Ballerina, die sich trotz aller Widrigkeiten in einer der besten amerikanischen Tanzkompanien behauptete? Als sie 29 Jahre alt war, war der bis zu diesem Punkt größte Moment in ihrer Karriere gekommen. Etwas, worauf sie jahrelang hingearbeitet hatte. Sie bekam die Hauptrolle in Igor Stravinskys Ballett »Der Feuervogel«. Schon während der Proben hatte Copeland ständig Schmerzen. Sie ignorierte sie. Zu wichtig war es ihr, als »Firebird« auf der Bühne zu stehen und ihre Chance zu nutzen. Sie betrat bei der umjubelten Premiere die Bühne, und sie tat, was sie immer tat. Sie tanzte. Sie liebte dieses Stück, diese Rolle. Sie würde sie allerdings nur ein einziges Mal tanzen. Denn am Premierenabend waren die Schmerzen schlimmer und schlimmer geworden. Danach gab es eine bittere Diagnose: Die Ballerina hatte sich ernsthaft am Schienbein verletzt. Das Röntgenbild zeigte nicht einen, sondern ganze sechs Ermüdungsbrüche. Eine OP war unumgänglich, und man sagte Copeland, dass sie womöglich nie wieder tanzen würde.

Dass das nicht stimmte, kannst du dir denken. Darauf will ich aber nicht hinaus, obwohl ich Geschichten, in denen Menschen entgegen aller Voraussagen wieder aufstehen, liebe. Mich fasziniert, wie Misty Copeland die Zeit, die sie nach der Operation außer Gefecht gesetzt war, genutzt hat. An Tanzen war nicht zu denken, und dennoch trainierte sie. Und zwar – aus Mangel an Alternative – im Liegen. Sie fokussierte sich auf die Teile ihres

Körpers, die sie bewegen durfte. Beispielsweise auf ihre Arme. Immer mit dem Ziel, als bessere Tänzerin aus dieser Herausforderung hervorzugehen.

Das gelang ihr. Sie erholte sich – und tanzte bald darauf besser als je zuvor.

Ob Misty Copelands Verletzung eine echte Katastrophe war, darüber kann man streiten. Der Schicksalsschlag, der einen meiner absoluten Lieblingsmusiker ereilte, war jedoch definitiv katastrophal. Im Sommer 2015 starb Nick Caves fünfzehnjähriger Sohn – Teil eines Zwillingspaares – bei einem Unfall. Die Familie war natürlich untröstlich. Nick Cave entschied sich schließlich, das Unvorstellbare künstlerisch zu verarbeiten. Die Musik, die er seither veröffentlicht hat, trägt die Spuren der Geschehnisse.

Ich liebe Nick Caves Musik, und ich mochte die Tatsache, dass er in Interviews stets etwas Abgründiges, Geheimnisvolles hatte, sehr. Er ließ sich nie so wirklich in die Karten blicken.

Nach dem Tod seines Sohnes änderte sich das. Cave begann, mit seinem Publikum in den Dialog zu treten. Er gründete das Online-Fan-Experiment »Red Hand Files«. Fans schicken ihm Fragen, und Cave antwortet. Nicht in der spontanen, launigen Manier, wie man es während eines Interview-Marathons tut, sondern er antwortet sehr tiefgründig, ausführlich, sehr persönlich.

Die nächste Tour von Nick Cave vergrößerte diese Nähe zwischen Künstler und Publikum noch. Er wagte mit seiner »Conversations«-Tour etwas ganz Neues, ging in kleinere Hallen, um näher an seinem Publikum zu sein, kam ohne seine Band The Bad Seeds, allein mit seinem Klavier – und stellte sich zwischen den Songs Fragen. Viele waren ausgesprochen intim. Er beantwortete sie alle. Sogar die nach seinem toten Sohn, nach Trauer und Verlust. Es schien, dass er seine Tour für genau diese Momente machte. Ich war bei einem dieser Konzertabende dabei. Ich sah einen anderen Künstler als zuvor. Zerbrechlicher, verwundbarer vielleicht. Aber nicht weniger kraftvoll, nicht weniger schön. Kintsugi.

Wer kreativ arbeitet, sollte sich ein Leben lang darum bemühen, dazuzulernen. Ob man das nun in der »Schule des Lebens« tut oder sich im klassischen Sinne weiterbildet, ist egal.

Erinnerst du dich noch an meinen Kumpel, den erfolgreichen Theaterschauspieler? Er ist neulich noch mal zurück in die Schule gegangen, um *Camera Acting* zu lernen. Ich fand es hochspannend, dass er die Demut besaß, sich mit lauter deutlich jüngeren Leuten, die vielleicht in zehn oder zwanzig Jahren mal sein Format erreichen werden, in einen Kurs zu setzen. Genau diese Fähigkeit zur Demut ermöglicht es uns, weiter und weiter zu wachsen. Klar, die Lernkurve ist am Anfang unseres Schaffens besonders steil. Doch letztlich ist der Lernprozess niemals abgeschlossen.

Wir können Workshops und Seminare besuchen, uns mit unseresgleichen austauschen. Wir können Bücher und anderes lesen, um immer darüber im Bilde zu bleiben, was in unserem Feld gerade *State of the Art* ist. Wie wir lernen, ist individuell. Die Hauptsache ist, dass wir es tun.

Der heilige Gral, wenn es um Wachstum und Weiterentwicklung geht, ist es, einen Mentor oder eine Mentorin zu haben. Jemanden, bei dem wir in die Lehre gehen können. Jemanden, der auf dem Weg schon weiter ist als wir und uns mit Weisheit und Güte anleitet und uns dabei hilft, rapide besser zu werden. Ein Meister Yoda. Ein Gandalf, ein Dumbledore.

Diese Menschen müssen weder älter noch erfolgreicher sein als wir selbst – und sie brauchen weder die Fähigkeiten der Jedi noch einen wallenden weißen Bart. Ich habe beispielsweise mehrere Mentorinnen und Mentoren, die wahrscheinlich gar nicht wissen, dass ich sie als solche betrachte. Wenn du Malerin werden willst und jemanden kennst, der eine Galerie betreibt, dann höre aufmerksam zu, wenn diese Person über ihren Job spricht. Sie malt vielleicht nicht. Aber sie weiß viel über Kunst. Sicher vieles, das du noch nicht weißt. Wenn du Kurzgeschichten schreiben möchtest, aber keine anderen Literaten kennst, dafür jedoch einen Onkel hast, der für die Tageszeitung schreibt, sprich mit ihm! Journalisten wissen auch, wie man eine Geschichte gut und handwerklich korrekt erzählt!

Je mehr wir lernen, desto leichter könnten wir der Illusion verfallen, dass wir jetzt genug oder gar alles wissen, was es zu wissen gibt. Vor diesem Gedanken müssen wir uns hüten, wenn wir offen bleiben wollen. Stattdessen sollten wir permanent versuchen, unseren Horizont zu erweitern. Durch Gespräche und Reisen. Durch ein unstillbares Interesse an der Welt und allem, was sie bevölkert.

Dabei hilft es auch immer mal wieder, den Blick über den Tellerrand unserer eigenen kreativen Ausdrucksform zu wagen.

Ich bin ein Büchermensch, aber meine Einflüsse kommen aus der Musik, aus der Malerei, dem Theater, dem Kino. Ich pflege diese Hobbys und versuche, immer wieder Neues zu entdecken.

Apropos Neues: Ich bin ein großer Fan von (selbst festgelegten) Regeln und Routinen, weil sie uns sehr entlasten können. Eine Regel, mit der ich bisher ausgezeichnet gefahren bin, ist diese: Ich bringe Dinge zu Ende. Einen Roman zu schreiben erfordert einen langen Atem. Wenn ich mir erlauben würde, ein Projekt abzubrechen, zu dem ich mich einmal entschlossen habe, nur, weil es schwierig wird oder weil mir etwas anderes plötzlich verlockender erscheint, könnte das schnell zur Gewohnheit werden. Daher beende ich Projekte. Meistens…

Bevor ich meinen Roman »Die Wälder« begann, habe ich an einem anderen Projekt gearbeitet. Ich mochte dieses Projekt. Ich hatte mich schon einige Monate lang damit befasst, es meinem Verlag vorgestellt – das volle Programm. Als ich im Sommer 2018 in New York war, wollte ich daran arbeiten. Doch dann drängte sich mir plötzlich die Idee zu »Die Wälder« auf und ließ mich nicht mehr los. Ich dachte kurz darüber nach, dann beschloss ich, meine selbst aufgestellte Regel zu brechen. Mein Bauchgefühl sagte mir, dass ich dieses Buch über den nächtlichen Wald schreiben sollte.

Noch Jahre zuvor hätte ich mich das nicht getraut. Ich dachte früher: Wenn du dir einmal erlaubst, einen begonnenen Text beiseitezulegen, dann bringst du nie wieder etwas zu Ende. Doch in New York erkannte ich, dass ich diese strenge Regel – die ich übrigens vom Grundsatz her immer noch sinnvoll finde – brechen konnte, ohne gleich mein ganzes Schaffen aufs Spiel zu setzen.

Es ist wichtig, Regeln immer wieder zu hinterfragen, damit sie nicht zu Dogmen werden. Und es ist okay, Regeln auch mal zu brechen – oder sie zu modifizieren. Auch das gehört für mich zu gesundem Wachstum.

Die vermutlich faszinierendste Form von Wachstum ist die Metamorphose. Ich finde es spannend, wenn Menschen sich komplett neu erfinden.

Ich habe mal bei einer solchen Verwandlung assistiert.

Oft merkt man erst, wie viel Können etwas erfordert, wenn man es selbst ausprobiert. Ich hatte schon immer großen Respekt vor Maskenbildnerinnen und Maskenbildnern, weil ich selbst nicht gut bin in diesen Dingen. Aber es dauerte eine Weile, bis ich merkte, dass es noch tausendmal schwieriger ist, andere Menschen zu schminken, als sich selbst. Es war an einem Freitag- oder Samstagabend, und eine Party in einem Kölner Club stand an. Einer meiner liebsten Freunde plante, wie viele weitere Männer aus seiner Clique, *in drag* hinzugehen. In der Wohnung, in der wir »vorglühten« und uns schminkten, lagen irgendwann überall Perücken, Lippenstifte und weitere Utensilien herum, und alles war voller Glitzer. Ich versuchte währenddessen ungeschickt, meinem Freund einen Lidstrich zu ziehen. Und habe seither noch größere Ehrfurcht vor Make-up-Artists. Besagter Freund, der schon häufiger mit Drag geliebäugelt hatte, ist mit der Zeit immer besser geworden in der Kunst der Verwandlung. Er hat sich eine neue Persona erschaffen, die einen eigenen Namen trägt, eine eigene Persönlichkeit, einen Kleidungs- und Make-up-Stil hat. Er führt sie in Clubs aus und präsentiert sie auf Instagram.

Ich liebe solche Verwandlungen. Ich glaube, den meisten Menschen geht es so. Wir sind fasziniert von Metamorphosen. (Und Drag ist natürlich ohnehin eine Kunstform für sich.)

Wir mögen Geschichten, in denen sich das vermeintlich hässliche Entchen in den schönen Schwan verwandelt. Viele von uns lieben z. B. Vorher-Nachher-Bilder. Die Faszination solcher Bilder ist tiefgründiger, als man zunächst meinen könnte. Es geht nicht nur um Gewichtsabnahme, Muskelaufbau, neue Kleidung oder cleveres Make-up, sondern darum, dass viele von uns süchtig danach sind, mit eigenen Augen zu sehen, dass Menschen sich verändern können. Wir sehnen uns nach den Potenzialen, die das eröffnet. Vielleicht sehnen wir uns auch selbst danach, uns zu verwandeln, unseren Kokon abzustreifen, in eine andere Haut zu schlüpfen. (Meiner Meinung nach ist das der Grund, weshalb Karneval, Halloween und Kostümpartys so beliebt sind. Verkleidungen sind sozial sanktionierte Formen, auf sichere und zeitlich begrenzte Art aus der eigenen Identität auszubrechen.) Nicht umsonst drehen sich schon die Märchen, die uns als Kinder erzählt werden, um Verwandlungen. Das hässliche Entlein wird zum schönen Schwan, das Aschenputtel zur Prinzessin und so weiter.

In unserem kreativen Schaffen überkommt uns vielleicht auch irgendwann der Wunsch, uns neu zu erfinden. Das Genre zu wechseln. Oder vielleicht sogar die Kunstform. Das ist nicht leicht.

Das hat zum einen mit den Erwartungen zu tun, die an uns herangetragen werden und mit denen wir uns bereits befasst haben. Kurz gesagt: Die, die daran gewöhnt sind, dass wir machen, was wir immer gemacht haben, werden Angst bekommen und unsere Metamorphose behindern. Wir selbst sind ja auch so. Wenn unsere liebste Rockband plötzlich Elektropop macht, sind wir erst einmal irritiert. Wenn dieses Model, das wir von H&M-Plakaten kennen, auf einmal schauspielert, erst recht. Oder wenn dieser Schauspieler, den wir eigentlich ganz gerne mögen, plötzlich meint, ein Buch schreiben zu müssen.

Als Moderatorin und Schauspielerin Barbara Schöneberger 2007 ihr erstes Album herausgebracht hat, hat sie ihm einen – wie ich finde – wirklich cleveren Titel gegeben, der die Publikumsreaktion selbstironisch vorwegnimmt. Es heißt »Jetzt singt sie auch noch!«. Genial, oder? Da steckt so viel drin. Ich glaube, wir trauen anderen zu wenig Facetten zu. Und uns selbst auch. Wir sind alle viele. Durchlaufen unterschiedliche Phasen. Natürlich ist es völlig okay, wenn unser kreatives Leben dem Wandel unterliegt.

Aber es sind selbstverständlich nicht nur »die anderen«, die es uns manchmal schwermachen, uns kreativ weiterzuentwickeln. Wir können das auch selbst ganz gut. Wenn wir uns verändern, ist unser Selbstbild in Gefahr. Das kann furchteinflößend oder zumindest desorientierend sein. Und letztlich gehen wir natürlich ein Risiko ein, wenn wir etwas aufgeben, das wir gut beherrschen, um etwas zu beginnen, in dem wir neu sind. Aber Kreativität birgt immer Risiken.

Casey Neistat ist ein amerikanischer Filmemacher, den ich sowohl als Person als auch als Künstler gerne mag. An seinem 34. Geburtstag startete er ein Daily Vlog über sein Leben in New York City. Er hatte sich dazu entschieden, ab sofort täglich ein YouTube-Video hochzuladen, in dem er irgendeine interessante Episode aus seinem Leben erzählt. Um zu begreifen, warum das spannend war, muss man zweierlei wissen. Zum einen, wie Daily Vlogs im Jahr 2015 normalerweise aussahen. Häufig waren das super einfach gefilmte Videotagebücher, in denen irgendwer vor einer Kamera saß und von seinem Tag berichtete. Zum anderen, was für Filme Casey Neistat machte, der zuvor mit coolen Clips für Nike oder Mercedes Furore gemacht hatte. Denn Casey Neistat drehte super aufwändige Videos mit aufregenden, neuen Perspektiven und unglaublich vielen Schnitten. Sprich: Clips, die

nicht mal eben so produziert sind. Jede Woche ein solches Video in seiner ganz eigenen Ästhetik zu konzipieren, zu drehen, zu schneiden und hochzuladen, schien herausfordernd. Das jeden Tag zu tun, schien völlig verrückt. Und doch war es genau das, was Casey Neistat tat – um sich selbst zu fordern. Fortan nahm er sein Publikum mit, während er reiste, arbeitete, mit seinem elektrischen Skateboard durch New York fuhr, Berühmtheiten traf und selbst eine wurde.

Nach rund zwei extrem produktiven Jahren, die ihn in der YouTube-Community zu einem veritablen Star machten, beendete er das Experiment wieder – nach eigenen Angaben, weil die täglichen Clips keine Herausforderung mehr seien. Als er das seinen Fans mitteilte, formulierte er es so: »Es war einfach nicht die Art von kreativem Faustkampf, die ich täglich will und brauche.«

Casey Neistat hat damit etwas den Rücken gekehrt, das ihn berühmt, extrem populär und sicher auch sehr wohlhabend gemacht hat. Er hat all das aufgegeben – zu Gunsten von kreativem Wachstum.

Als er das Aus verkündete, war ich traurig, denn ich hatte seine Vlogs immer in der Mittagspause geschaut und sehr geliebt. Aber als Kreative konnte ich diese Entscheidung absolut nachvollziehen.

Heute vielleicht sogar noch mehr als damals. Schließlich habe auch ich mich – zumindest zwischenzeitlich – von meiner eigentlichen kreativen Heimat, dem Romanschreiben, verabschiedet, um das Sachbuch zu kreieren, das du gerade liest. Ein Risiko? Definitiv! Ein Wagnis, das einige vollkommen bescheuert finden werden? Sicherlich! Aber was soll ich sagen? Mir macht's Freude! Ich kann hier Dinge transportieren, die ich niemals in einem Thriller mitteilen könnte. Dieses Sachbuch erlaubt mir, eine ganz andere Facette meines Wesens auszudrücken. Wobei: Ich veröffentliche auch dieses Buch unter meinem echten Namen. Einige sehr berühmte Kolleginnen und Kollegen von mir haben ihre »Metamorphosen« noch viel weiter getrieben und gleich ihre komplette Autorenidentität geändert.

Die Idee, sich hinter einem Pseudonym zu verbergen, ist so alt, wie sie verführerisch ist. Wir können ein Stück weit jemand anderes sein. Wir bekommen die Gelegenheit zu einer Mini-Metamorphose. Einer Zweit-Biografie.

Nun bist du wahrscheinlich kein berühmter Autor, keine berühmte Autorin, brauchst kein Pseudonym, um befreit arbeiten zu können. Worauf ich hinaus will, ist: Es fühlt sich befreiend an, sich von den Erwartungen der anderen loszusagen. Sich klarzumachen, dass man viele Facetten hat und dass es okay ist, die auszudrücken, wenn einem danach ist.

Dass wir alle ganz unterschiedliche Seiten haben, ist ziemlich selbstverständlich, aber mir ist das so richtig erst im Theater klar geworden. Vermutlich erinnerst du dich noch an die schüchterne Melanie im Teenageralter, die sich zum ersten Mal zum Schauspieltraining traute? Nun, mit Anfang zwanzig stand sie immer noch hin und wieder auf der Bühne.

Eines der schönsten Stücke, in denen ich je mitwirken durfte, war eine Bearbeitung von Georg Büchners

»Leonce und Lena«. Was mir daran so gut gefiel? Nun, bei allen anderen Produktionen, an denen ich bis dato mitgewirkt hatte, wurde jedem und jeder eine Rolle zugewiesen. Das war bei diesem Stück anders. Die Mitwirkenden wechselten von Szene zu Szene die Rollen, tauschten auf der Bühne die Kleider, damit das Publikum trotzdem leicht erkennen konnte, wer wer war. Eine Schauspielerin, die in einer Szene die junge Titelheldin Prinzessin Lena in ihrem Brautkleid gespielt hatte, konnte in der nächsten in den abgetragenen Mantel des lebenslustigen Tunichtguts Valerio schlüpfen – oder in die Kleider des schwermütigen Prinzen Leonce. Und so weiter. Während wir dieses Stück probten, fragten wir uns, ob das Publikum diesen Reigen verstehen und mögen würde. Praktischerweise schaute der Vater von einem der Schauspieler eines Abends bei einer unserer Proben vorbei und sah ein bisschen zu. Und wir fragten ihn einfach. Ist das zu kompliziert? Funktioniert das? Kapiert man das? Die Antwort habe ich nie vergessen: Natürlich versteht man das. Es geht um Gefühle. Und die kann jeder haben.

Wenn dir danach ist, von dem Weg, den du bisher beschritten hast, abzuweichen, dann tu es. Du kannst ja immer wieder zu deiner ersten Liebe zurückkehren. Kunstformen sind nicht so eifersüchtig wie Menschen.

Brad Pitt baut Häuser, Lady Gaga dreht Filme, David Bowie malte. Und es ist ein bisschen egal, wie wir das finden. Es geht um Ausdruck. Um Wachstum. Um Gefühle. Und die kann jeder haben.

Kreative Gemeinschaft

Ich habe in meiner kreativen Karriere viele Fehler gemacht, aber nur einen davon bedauere ich wirklich: Ich
bin zu lange alleine geblieben. Habe jahrelang einsam vor
mich hingearbeitet, statt mich mit anderen, die ebenfalls
schreiben, zu vernetzen.

Zwar hat es mir gutgetan, meine Werke lange im Inku-
bator zu lassen und sie erst spät herzuzeigen. Es geht mir
nicht darum, dass ich früher Feedback von Kolleginnen
und Kollegen hätte bekommen können. Mir geht es um
das Vergnügen, das ich mir versagt habe!

Viele kreative Formen haben die Geselligkeit quasi integriert. Wie oft habe ich, während ich einsam auf Lesereise war, Bands beneidet, die gemeinsam im Tourbus
reisen. Oder Theatergruppen, die alles gemeinsam erarbeiten. Die von uns, die dieses Glück nicht haben, müssen manchmal ein wenig nach »unseresgleichen« suchen.

Tatsächlich habe ich mich zum ersten Mal mit anderen
Autorinnen und Autoren unterhalten, als ich schon in der
Buchbranche angekommen war. Ich merkte erst dann,
wie sehr mir das gefehlt hatte. Es war, als hätte ich nach
jahrzehntelanger Wanderschaft durch die Wüste zu mei-
nem eigenen Stamm zurückgefunden. Denn das ist der
Stamm, zu dem ich gehöre: der Stamm der Schreibenden.
Es hat jedes Mal etwas Magisches für mich, auf einer
Buchmesseparty, nach einem Literaturfestival oder wo
auch immer mit anderen Menschen beisammenzusitzen,

die ebenfalls schreiben. Denn wir mögen uns in vielem unterscheiden, aber im Kern ähneln wir uns. Es hat seinen Grund, warum wir nicht Schauspieler, Malerinnen, Stand-up-Comedians oder Opernsängerinnen, sondern ausgerechnet Romanautorinnen und -autoren geworden sind. Wir haben ähnliche Erfahrungen gemacht, wir haben ähnliche Glücksmomente erlebt, und wir haben sehr ähnliche Probleme. Viele Dinge, die wir anderen Menschen nicht annähernd begreiflich machen könnten, verstehen wir instinktiv.

Wir sind gut vernetzt, halten Kontakt, helfen einander. Mit anderen Schreibenden befreundet zu sein, macht mein Leben so viel schöner. Daher empfehle ich dir, kreative Gemeinschaft zu suchen. Natürlich nur so viel, wie dir gefällt. Hier geht es nicht darum, dich auf Teufel komm raus einer Künstlergruppe anzuschließen, deren Mitglieder dir vielleicht gar nicht zusagen. Suche nach Leuten, die dir behagen und von denen du dich verstanden fühlst. Zeig Interesse an dem, was andere machen, die ähnliche Dinge kreieren wie du. Besuch ihre Show, ihre Vernissage, ihre Lesung, ihre Werkstatt.

Konkurrenzdenken ist Quatsch. Sich gegenseitig zu helfen und zu unterstützen macht viel mehr Sinn – und viel mehr Freude. Wenn man sich nicht nur über die eigenen Erfolge und Glücksmomente freut, sondern auch über die lieb gewonnener Kolleginnen und Kollegen, gibt es andauernd etwas zu feiern statt nur alle paar Monate oder gar Jahre mal.

Falls du übrigens wie ich ein wenig schüchtern sein solltest, dann ist das Internet ein super Ort für dich, wenn es ums Networking geht. Ich habe bisher primär die Nachteile von Social Media aufgezeigt, aber natürlich können die sozialen Netzwerke auch sehr nützlich sein. In Sachen Networking sind sie unschlagbar. Ich nutze Facebook, Instagram und Co. kaum noch, um etwas zu posten. Aber ich nutze diese Kanäle sehr gerne, um zu schauen, was spannende Menschen, die ich mal irgendwo kennengelernt habe, so tun. Wenn ich auf einem Literaturfestival im Ausland bin und mich mit einer tollen Kollegin unterhalte, dann will ich vielleicht nicht gleich nach ihrer Karte oder ihrer Mailadresse fragen. Aber ich kann ihr einfach auf Social Media folgen. Manchmal entstehen so die nettesten, langlebigsten Bindungen.

Oft auch, ohne dass man sich zuvor im echten Leben getroffen hat. Ein gedankenvoller Kommentar auf Facebook kann manchmal Wunder wirken.

Ob du Tomaten züchtest oder die innovativste Hundefriseurin bist, die die Welt je gesehen hat, ob du Cosplay liebst oder deine Zeit am liebsten mit deinem 3D-Drucker verbringst: Finde deinen Stamm. Und wenn du ihn gefunden hast, sei gut zu ihm. Wenn du einen tollen Job oder Gig angeboten bekommst, den du nicht annehmen magst: Sag nicht ab, ohne jemanden aus deinem Umfeld zu empfehlen. Wenn du über einen interessanten Workshop stolperst, teile die Info, auch wenn du selbst vielleicht nicht hingehen kannst. Wenn du eine spannende Ausschreibung siehst, leite sie an deine Kolleginnen und Kollegen weiter. Wenn eine oder einer von euch eine Premiere hat, geh hin und spiele den Cheerleader!

Wenn jemand einen Erfolg feiert, schicke Blumen. Oder eine Karte. Oder eine liebe Textnachricht. Wenn jemand etwas kreiert hat, das dir gefällt, dann sag es. Nicht nur ihm oder ihr, sondern auch all denen, denen es ebenfalls gefallen könnte.

Sei ein wertvolles Mitglied deines Stammes. Es wird dein Leben besser machen wie kaum etwas anderes.

Ich finde Gleichgesinnte auf Buchmessen und auf Social Media, auf Literaturfestivals und bei Lesungen, in Buchhandlungen und bei Poetry Slams, bei Lesebühnen und Schreibworkshops, auf Literaturblogs und in Stadtbüchereien, in Literaturinstituten und bei Verlagsveranstaltungen.

Wo findest du deinen Stamm?

Balance finden

Wenn wir alles zusammennehmen, was wir über Krea- tivität wissen, entsteht ein zunächst etwas verwirrendes Bild.

Wir sollen Inspiration suchen – und Stille.

Wir sollen handwerklich fit sein – und uns gleichzeitig auf unser Gefühl verlassen.

Wir sollen diszipliniert sein – und uns Leichtigkeit be- wahren.

Wir sollen uns anstrengen – aber dem Perfektionismus abschwören.

Wir sollen etwas für andere machen – uns aber nicht zu viel darum kümmern, was sie davon halten.

Und wir sollen stets danach streben, uns weiterzuent- wickeln und besser zu werden – aber gleichzeitig sollen wir akzeptieren, dass wir niemals »fertig« sind.

Willkommen im kreativen Leben!

Tatsächlich geht es darum, eine Balance zu finden. Klingt nach Margarine-Werbung, ist aber wichtig. Wir brau- chen ein gewisses Gleichgewicht, um dauerhaft Dinge kreieren zu können. Vielleicht erscheinen dir all die ge- nannten Dinge als unauflösbare Widersprüche und Ba- lance zwischen diesen Polen als unmöglich. Es ist wichtig, dass wir uns klarmachen, dass wir natürlich nicht alles zur selben Zeit sein »müssen«. (Müssen in Anführungs- strichen, denn wir müssen mal hübsch gar nichts!)

Das kreative Leben hat verschiedene Jahreszeiten.

Stell es dir als Garten vor, der unterschiedliche Stadien durchläuft. Manchmal blüht alles. Dann *ver*blüht alles. Manchmal reift das Obst an den Bäumen. Manchmal fallen die Blätter. Und dann liegt alles stumm da, wie tot. Nur hin und wieder hinterlässt ein kleiner Vogel Abdrücke im Schnee …

Es gibt eine Zeit, in der man säen sollte, es gibt eine Zeit, in der man ernten kann. Manchmal ist die Arbeit im Garten hart. Dann muss man mit einem Spaten die Beete umgraben, Unkraut zupfen, bis einem der Rücken schmerzt, den Komposthaufen umschichten. Und dann wieder gibt es Zeiten, in denen man lediglich die Himbeeren vom Strauch zupfen und sie sich in den Mund stecken muss. Es gibt aber auch Zeiten, in denen man den Garten in Ruhe lassen kann und sollte.

Wenn wir uns den kreativen Prozess als etwas Natürliches vorstellen – und das ist er ja auch, er liegt in unserer Natur! –, dann fällt es uns leichter, zu begreifen, wie wir all die oben genannten Dinge sein können. Nicht gleichzeitig. Sondern zeitweise. Das müssen wir auch gar nicht planen, nach einer Weile haben wir das im Gefühl.

Für mich beispielsweise durchläuft das Bücherschreiben bestimmte Zyklen. Die sind nicht immer exakt gleich, aber alles in allem sind sie relativ verlässlich.

Am Anfang steht die Inspiration. Ich habe Lust, etwas zu kreieren, und vielleicht ein vages Gefühl, was das sein könnte. (Mein Garten liegt still da, bedeckt von einer sanften Schneeschicht – aber es beginnt zu tauen. Die Natur reckt und streckt sich.) Irgendwann habe ich dann eine Idee, die verfängt. Die ich ausprobieren will. (Kein Schnee mehr, dafür die ersten Krokusse.) Ich laufe mit der Idee im Kopf herum. (Die Bäume kriegen Knospen.) Ich strecke meine Fühler aus. Mein Notizbuch ist immer bei mir, und ich schreibe ständig irgendetwas hinein. Ich habe mich in einen Magneten verwandelt, der lauter Bilder, Satzfetzen, Anekdoten, Begebenheiten und Dinge anzieht, die zu dem passen könnten, was vielleicht mein neues Buch wird. (Der Frühling ist endgültig da. Alles blüht!)

Irgendwann habe ich genug Ideen gesammelt. Bin genug rumgestromert, genug gereist, habe genug in Cafés mit Menschen geplaudert, genug Bilder aufgesogen. Jetzt ist die Zeit gekommen, den Kopf unten zu halten und diszipliniert zu arbeiten. Ordnen. Plotten. Schreiben! (Hallo Sommer!)

Ich beginne mit großem Enthusiasmus zu arbeiten, aber zwischendrin kriege ich Schwierigkeiten. Komme nicht mehr voran. Stehe vor unlösbaren Problemen. Verzweifle. (Sommergewitter!) Aber irgendwann lösen sich die Knoten, die Dinge nehmen wieder Fahrt auf, ich komme voran und fange an, zu glauben, dass es gelingen kann. Ich schleife und verbessere. (Der Sommer geht zu Ende, der Herbst kommt, die Früchte reifen, bald ist Zeit, zu ernten!) Ich stelle mein Buch fertig. Ich gebe es ab. (Die Früchte sind geerntet, die Blätter fangen an, sich gelb und rot zu färben.)

Ich bin stolz auf das, was ich kreiert habe, und erfreue mich ein bisschen daran. Dann verschwindet es im Rückspiegel. Ich ruhe mich aus. (Es wird schon wieder

Winter.) Bis mich wieder etwas inspiriert. Und alles beginnt von vorne.

Nicht jedes Jahr ist gleich. Manchmal sorgt ein später Frost dafür, dass die Knospen an den Bäumen erfrieren – und gar nichts entsteht. Manchmal ist die Ernte besonders reich. Manchmal vernichtet ein fürchterlicher Hagel alles, was ich gepflanzt habe, und die Ernte fällt aus.

Sicher ist nur: Es kommt immer wieder ein neuer Frühling. Und wenn der Frühling kommt, dann steht man auf, geht in den Garten und macht was mit dem, was einem an Erde, Samen, Wasser und Sonne zur Verfügung steht.

Ich halte es für hilfreich, auf diese Art und Weise über den kreativen Prozess nachzudenken: Die Probleme, die uns begegnen, sind nur natürlich. Die Schwierigkeiten, die wir haben, gehören schlichtweg dazu. Dass manchmal nichts passiert, uns nichts einfällt, nichts verfängt, ist so normal wie blattlose Bäume im Winter. Kein Grund zur Sorge. Nur eine Phase. Letztlich halten wir die Dinge in Balance, wenn wir den natürlichen Rhythmen folgen, die ein Projekt hat – und indem wir uns von den Hagelstürmen, die es eben immer mal gibt, nicht aus dem Konzept bringen lassen.

Natürlich gibt es aber auch Dinge, die diese Balance auf Dauer zerstören können. Die größte Gefahr für meinen Garten bestünde, wenn ich endgültig zum Workaholic würde. Das klingt erst einmal nicht so schlimm. Viele von uns benutzen das Wort Workaholic, um jemanden zu beschreiben, der viel und gerne arbeitet. Aber ein Workaholic ist jemand, der *süchtig* ist nach seiner Arbeit und der nichts anderes mehr tun kann und möchte. So funktioniert Kreativität aber nicht. Workaholics glauben, dass es den Winter nicht braucht. Dass man immer nur säen und ernten kann. Aber das ist eine Illusion.

Ich verstehe gut, dass viele von uns, die kreativ arbeiten, unter Zeitdruck stehen und Deadlines haben. (Ich habe auch Deadlines.) Trotzdem ist es wichtig, die Freiräume, die wir haben, zu nutzen. Gönn dir Pausen. Versuche, die Dinge in ein Gleichgewicht zu bringen.

Acht Punkte, die mir dabei helfen, die Dinge in Balance zu halten

* Ein Wochenende haben
* Jährliche längere Urlaube machen
* Sporadische Kurztrips mit Lieblingsmenschen (oder alleine!)
* Gespräche mit Menschen, die sich nicht die Bohne für Bücher interessieren (und die mich so daran erinnern, dass es noch etwas anderes auf dem Planeten gibt)
* Hobbys
* Bewegung
* Zeit in der Natur
* Meine Gedanken zu Papier bringen

Was hilft dir?

Die besten TED-Talks zum Thema Kreativität für deine Mittagspause

Elizabeth Gilbert: Your Elusive Creative Genius/Ihr scheues kreatives Genie

David Kelley: How to Build Your Creative Confidence/ Wie man kreatives Selbstvertrauen aufbaut

Brene Brown: The Power of Vulnerability/Die Macht der Verletzlichkeit

Shonda Rhimes: My Year of Saying Yes to Everything/Ein Jahr lang beschloss ich, immer »ja« zu sagen

Amanda Palmer: The Art of Asking/Die Kunst des Bittens

---

* *Und als Zugabe einer, der mich wirklich zum Staunen gebracht hat:*
Apollo Robbins: The Art of Misdirection/Die Kunst der Täuschung
** *Bitte sieh mir nach, dass das alles englischsprachige Reden sind. Es gibt natürlich auch jede Menge fantastische deutschsprachige TED-Talks. Aber die, die sich um »meine« Themen drehen und die mich in den letzten Jahren am meisten beflügelt haben, sind die oben stehenden. Immerhin gibt es sie aber mit deutschen Untertiteln.*

6

Das Kapitel, in dem wir uns Gedanken darüber machen, wie professionelles kreatives Arbeiten für uns aussehen könnte, sollten wir unser Hobby zum Beruf machen

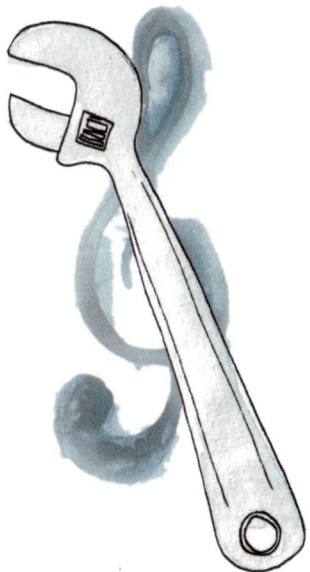

»The reward for good work is more work«

Tom Sachs

Eines vorneweg. Mir ist bewusst, dass viele Menschen, die ein kreatives Hobby haben, davon träumen, dieses Hobby zum Beruf zu machen. Ich gehörte zu diesen Menschen, und das ist noch gar nicht so lange her. Kaum sechs Jahre, um genau zu sein. Ich kann mich noch sehr genau an diesen brennenden Wunsch erinnern. Aber: Von der eigenen kreativen Arbeit leben zu können ist nicht das Nonplusultra. Wie so vieles, ist es vor allen Dingen eine Typfrage. Es gibt Menschen, die nur so glücklich werden können, und solche, die letztlich zufriedener sind, wenn sie mit ihren Werken *kein* Geld verdienen müssen. Wichtig ist in jedem Fall, sich klarzumachen, dass kreative Werke nicht erst dann valide sind, wenn man Geld dafür bekommt.

Ich kenne viele hervorragende Künstlerinnen und Künstler, die ganz normalen Jobs nachgehen. Einen fantastischen Schauspieler, der jeden Tag ins Büro geht. Eine hochtalentierte Zeichnerin, die bei einer Internetagentur jobbt. Einen exzellenten Tänzer, der hauptberuflich schreinert. Und so weiter.

Ich bin mir der Tatsache bewusst, dass viele auf »Hobby-künstler« hinabblicken. Ich finde diese Haltung lächerlich. Dass eine Erfinderin oder ein Künstler entschieden hat, nur noch vom eigenen kreativen Output zu leben, macht diesen nicht besser oder schlechter. Viele der berühmtesten Kreativen des Planeten konnten nie von ihren Werken leben und hatten andere Jobs.

Vor einigen Monaten durfte ich einen ganz besonderen klassischen Konzertabend erleben. Es wurden ausschließlich die Werke von Komponistinnen auf die Bühne gebracht, die es zu ihrer Zeit sehr schwer hatten, ernst genommen zu werden, durchzudringen und ein Publikum zu finden. Auf dem Programm standen Stücke von Clara Schumann, Alma Mahler und Fanny Mendelssohn. Ich war bezaubert von der Schönheit der Musik – und trau-

rig zu erfahren, wie tragisch die Lebenswege dieser Komponistinnen zum Teil verliefen.

Fakt ist: Die Tatsache, dass sie zu ihrer Zeit nicht anerkannt wurden, ändert nichts an der zeitlosen Schönheit ihrer Musik. Ihre Zeitgenossen verlangten von ihnen, brave Ehefrauen zu sein. Aber natürlich waren diese drei Frauen Komponistinnen, die ihren berühmten männlichen Kollegen qualitativ in nichts nachstanden.

Die »vergessenen« Komponistinnen hätten sich vielleicht gewünscht, sich professionalisieren zu dürfen, und es ist fürchterlich, dass ihnen das verwehrt blieb. Gleichzeitig gibt es aber auch Künstlerinnen und Künstler, die mit voller Absicht ihre Brotberufe fortführten – und den Klischees davon, was Kreative tun und nicht tun, trotzten. Eine der schönsten Geschichten dazu erzählt der Komponist Philip Glass in einem Interview mit dem britischen Guardian aus dem Jahr 2011. Glass war bereits ein recht berühmter Komponist, verdiente sein Geld aber immer noch als Taxifahrer und Klempner – eine Kombination, die häufig zu seltsamen Begegnungen führte. Glass erzählt, wie er einst eine Geschirrspülmaschine in einem Loft im New Yorker Stadtteil Soho installieren sollte.

Während er seiner Arbeit nachging, hörte er plötzlich ein Geräusch, blickte auf – und sah sich Robert Hughes, dem Kunstkritiker des Magazins »Time« gegenüber, der ihn ungläubig anstarrte. »Aber Sie sind Philip Glass! Was machen Sie hier?« Für Glass schien ziemlich offensichtlich, dass er dabei war, eine Geschirrspülmaschine anzuschließen, und er sagte dem Kritiker, dass er fast fertig

sei. Der Kritiker protestierte. »Aber Sie sind Künstler!«
Glass antwortete ihm, dass er Künstler, aber manchmal
eben auch Klempner sei und dass Hughes gehen und ihn
seine Arbeit machen lassen solle.

Ich liebe diese Geschichte. Sie sagt so viel darüber aus,
wie wir Kreativität und vor allem Kunstschaffende betrachten.

(Ein Stück weit ist der Unglaube des Kritikers verständlich. Stell dir vor, du rufst die Fensterputzer, und
sie schicken dir Meryl Streep!) Ich liebe aber vor allem
Philip Glass' Reaktion. Denn die ist das eigentlich Über-
raschende an dieser Geschichte. Ich unterstelle einfach
mal, dass viele Kreative, die (noch) nicht von ihrer Beru-
fung leben können, in einer solchen Situation peinlich berührt gewesen wären. Glass nicht. Warum sollte er nicht
Klempner sein dürfen, nur weil er eben auch Künstler ist?
Alles eine Frage der Haltung.

Ich bin übrigens der festen Überzeugung, dass man
auch Tätigkeiten, die wir nicht als künstlerisch einstu-
fen, mit so viel Know-how, Präzision und Einsatz machen
kann, dass man sie quasi zu einer Kunst erhebt. Und ich
bin ebenfalls der Meinung, dass manch ein Klempner ein
größerer Künstler ist in dem, was er tut, als manch einer,
der in renommierten Galerien ausstellt. Aber das ist Stoff
für ein anderes Buch.

Eines ist jedenfalls klar: Niemand kommt erfolgreich zur
Welt, die meisten von uns müssen in anderen Jobs Geld
verdienen, bevor es mit der kreativen Karriere klappt.
Falls du dir sicher bist, dass du aus deinem kreativen

Hobby einen Job machen willst, dann mach dir zunächst einmal klar, dass du Optionen hast. Es gibt mächtige Klischees darüber, wie berühmte Kreative dort gelandet sind, wo sie gelandet sind. Viele dieser Geschichten erzählen vom Sprung ins kalte Wasser. Von Mädchen, die alles hinter sich lassen, um nach L.A. zu gehen und eine Hollywoodkarriere zu starten. Von Jünglingen, die nach Paris ziehen und sich in einer schäbigen Dachkammer einmieten, um von dort aus die Kunstwelt zu erobern. »Wer es wirklich will«, wollen uns diese Geschichten suggerieren, »der setzt alles auf eine Karte.« Musst du aber nicht.

Und das meine ich, wenn ich von Optionen spreche: Es ist vollkommen legitim, die Dinge Schritt für Schritt anzugehen. Vielleicht designst du nebenher Socken. Wenn du hin und wieder welche verkaufst und fünfzig Euro im Monat verdienst, feiere das – und sieh zu, wie du auf hundert Euro kommst. Und dann auf fünfhundert. Und so weiter.

Auch ich habe ein Faible für die Geschichten von Leuten, die ins kalte Wasser gesprungen sind. Aber ich habe ein Faible für *alle* fantastischen Geschichten. Dennoch halte ich einen vorsichtigen Ansatz für klüger. Damit will ich niemanden entmutigen. Aber ich weiß, dass es sich anders anfühlt, etwas zu kreieren, wenn das finanzielle Überleben davon abhängt.

Wie auch immer. Falls es dein brennender Wunsch ist, mit deiner Kreativität Geld zu verdienen, kommen hier ein paar Anregungen.

Professionalisierung

Das Thema Nummer eins lautet: Geld. Genauso, wie es Unsinn ist, Künstlerinnen und Künstler abzuwerten, die mit ihrer Arbeit kein oder wenig Geld verdienen, ist es Unsinn, sie dafür zu verurteilen, wenn sie Geld damit verdienen *wollen*. Wenn du glaubst, einen Job aus deiner Kreativität machen zu können, dann hast du lange an dir gearbeitet und bist besser und besser geworden. Du hast ein gesundes Selbstbewusstsein entwickelt, du weißt, was du kannst, und traust dich daher zu sagen: »Das, was ich mache, ist Geld wert.« Du bewegst dich jetzt aber nicht mehr alleine auf kreativem Terrain, sondern bist in die Domäne des freien Marktes eingetreten. Und da gilt häufig: Es wird gefeilscht! Gerade am Anfang deiner Karriere wirst du oft mit Dumpingpreisen zu tun haben – oder sogar mit Leuten, die wollen, dass du umsonst etwas für sie schreibst, gratis tanzt, designst, zeichnest. Wenn du dich entschieden hast, mit deiner Kreativität Geld verdienen zu wollen, kannst du das aber eigentlich nicht mehr machen. Informiere dich also, was du nehmen solltest – und fordere es ein. Wenn du es schon nicht für dich tust, dann tu es für andere. Ruiniere ihnen nicht die Preise, indem du großartige Arbeit gegen miserable Entlohnung ablieferst.

Und lass dir nicht einreden, dass du gierig oder ein *Fake* bist, nur weil du auf anständiger Bezahlung bestehst. Gerade

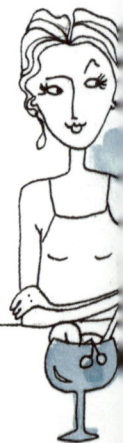

Künstlerinnen und Künstlern kann man das oft schockierend leicht einreden – ich spreche aus Erfahrung. Viele von uns glauben, dass Kunst und Geld einander ausschließen. Nicht umsonst ist das Wort »kommerziell« im Kontext von Kunst sehr negativ belegt. Mach dich von solchen Gedanken frei. Es ist nicht ehrenrührig, für gute Arbeit gut bezahlt werden zu wollen.

Professionalisierung heißt für viele auch: Investition. Ich als Autorin habe es gut, ich brauche nicht viel mehr als Stift, Papier und einen alten Laptop. Bei meiner Freundin und Podcast-Partnerin Laura Kampf beispielsweise sieht es anders aus. Sie baut Dinge und macht Videos darüber. Sie braucht eine Werkstatt, die Miete kostet, sie braucht Werkzeuge und Maschinen, eine Kamera und jede Menge Equipment. Sie hat sich nicht alles mit einem Mal gekauft, sondern die Dinge nach und nach angeschafft. Und da sie sich schon gut auskannte, als sie ihre teureren Werkzeuge angeschafft hat, hat sie bei ihren Käufen bessere, informiertere Entscheidungen getroffen, als sie es vielleicht ein paar Jahre früher getan hätte. Tolles, teures Equipment macht dich nicht aus. Ich verstehe, dass es hilfreich sein kann, aber belaste dich nicht zu früh damit. Verschulde dich nicht unnötig. Schulden erzeugen Druck. Und unter negativem Druck kreiert es sich schlecht.

Wenn du von deiner kreativen Arbeit leben möchtest, dann solltest du dich mit deinem Feld vertraut machen – über die eigentliche Tätigkeit hinaus. Du solltest deine Kolleginnen und Kollegen kennen, die Branchenblätter lesen, ein Netzwerk knüpfen. Die allermeisten Aufträge und Möglichkeiten bekommen wir am Anfang unserer Karriere über Kontakte. Von dem jungen Pärchen, das noch eine Hochzeitsfotografin für seine freie Zeremonie im Juni sucht, erfahren wir im Fotografie-Forum. Von dem netten Typen, der einen Proberaum vermietet, der ideal wäre für unsere Punk-Band, hören wir im Gespräch mit einer befreundeten Musikerin. Von der Ausschreibung für einen Literaturpreis, für die wir genau die richtige Kurzgeschichte daheim liegen haben, erfahren wir von einem Freund, den wir im Creative-Writing-Workshop kennengelernt haben. *It's who you know.*

Eine weitere Herausforderung: Wenn wir unsere Kreativität professionalisieren, müssen wir lernen, mit ganz neuen Erwartungen umzugehen, die an uns herangetragen werden – und womöglich mit ganz neuer Aufmerksamkeit. Jetzt kreieren wir nicht mehr nur dann, wenn wir wollen, sondern wenn wir sollen. Wir haben Auftraggeberinnen und Kunden, womöglich ein zahlendes Publikum. Kurz: Wir müssen abliefern.

Die größte Herausforderung, wenn wir unter diesen Bedingungen weiter kreativ sein möchten, liegt darin, uns unsere Leichtigkeit zu bewahren und uns nicht vom Druck lähmen zu lassen.

Wie ich bereits erzählt habe, habe ich sehr lange an

verschiedenen Romanmanuskripten gearbeitet, bevor ich schließlich einen Verlag fand und mit meinem Debüt »Die Falle« erfolgreich wurde. Ich brannte darauf, unter diesen neuen Bedingungen weiterzuarbeiten. Allerdings gibt es in der Buchbranche eine Art Mythos um das zweite Buch: Alle halten es für das schwierigste. Vor allem, wenn das erste sehr erfolgreich war. (In der Musikbranche gibt es etwas ganz Ähnliches. Da glauben viele, das zweite Album sei das schwierigste und scheitere fast grundsätzlich.) Dementsprechend konnte ich nirgendwo mehr hingehen, ohne dass Leute aus der Branche – Autorinnen und Autoren, Agenten, Journalistinnen – mich lautstark dafür bemitleideten, dass ich ja nun mein zweites Buch schreiben müsse. Oh, ich Ärmste! Was für einen Druck ich empfinden müsse! Da könne man ja nur scheitern! Und selbst wenn ich etwas halbwegs Lesbares hinkriegen würde: Die Kritik würde es eh hassen. Das sei bei einem zweiten Buch immer so.

So kreiert man eine *self-fulfilling prophecy*. Ich war zunächst mit allergrößtem Enthusiasmus an die Arbeit gegangen, aber nach all diesen Kommentaren – von denen die meisten übrigens gut gemeint waren – fiel es mir deutlich schwerer, mir die Leichtigkeit zu bewahren, die es braucht, um etwas erschaffen zu können.

In diesem Moment kam mir dann der lange Vorlauf hin zum Erfolg wirklich zugute, denn was mir letztlich half, waren meine Routinen.

Wenn du unter Druck stehst, ist nicht die Zeit, zu experimentieren. Kehre zu den Routinen zurück, die für dich funktionieren. Falls du keine funktionierende Routine hast: führe schleunigst eine ein. So gibst du deinem Tag eine Struktur, in der du ideal funktionieren kannst. Falls du nicht nur unter mentalem Druck, sondern auch unter Zeitdruck stehen solltest: Kennst du »Und täglich grüßt das Murmeltier«, diese 90er-Jahre-Komödie, in der der wunderbare Bill Murray bzw. sein Charakter immer und immer wieder denselben Tag erlebt? Was für ihn zum Alptraum wird, ist für die meisten Künstlerinnen und Künstler unter Zeitdruck ideal. Versuche deine eigene Version des Murmeltiertages zu kreieren. Wenn du abliefern musst, kannst du nicht irgendwann vormittags aufwachen und erst einmal eine Stunde lang überlegen, was du heute frühstücken und wie du deinen Arbeitstag aufbauen möchtest. Du brauchst eine Struktur. Je einfacher, desto besser. Voilà, Murmeltiertag. Den kannst du nicht ewig durchhalten. Sollst du auch nicht. Aber klare Abläufe helfen dabei, Projekte schnell und konzentriert zu realisieren. Je weniger gedankliche Arbeit du an kleine Entscheidungen wie Frühstück, Outfit oder Tagesplanung verschwendest, desto mehr kreative Energie (und Zeit!) kannst du in dein Projekt stecken. Das schützt dich nicht vor den emotionalen Auswirkungen von Stress und Druck, aber es hält dich funktional!

Zudem versuche ich stets, mich daran zu erinnern, warum ich das alles hier begonnen habe: weil ich Bücher und das Schreiben liebe. Und weil ich Romane kreieren möchte, mit denen man sich nach einem anstrengenden Tag im Job auf der Couch zusammenrollen und alles um sich herum vergessen kann. Zu diesem Bild zurückkehren zu können, ist für mich ein großes Glück. Es macht, dass ich mich bei der Arbeit leicht fühle.

Und noch ein letzter Tipp. Ja, wir nehmen unsere Arbeit ernst. Das sollten wir auch, vor allem, wenn wir Geld dafür verlangen. Dass wir unsere Arbeit ernst nehmen, heißt aber nicht, dass wir uns selbst zu ernst nehmen sollten. Humor hilft, besonders wenn wir unter Druck stehen. Wenn du einen Weg findest, hin und wieder über dich selbst zu lachen, bist du fein raus. Lachen pulverisiert Druck. Ob du in der Mittagspause deine lustigste Freundin anrufst, dir deine Lieblingssitcom anschaust oder deinem Hund dabei zuguckst, wie er seinen eigenen Schwanz jagt – Hauptsache, du läufst nicht permanent mit dem Gewicht der Welt auf den Schultern herum. Nimm deine Arbeit zu einhundert Prozent ernst, aber niemals dich selbst.

Versuche, dich von allem Druck, der auf dir lastet, freizumachen. Okay, womöglich hängt es von deiner neuesten Komposition ab, ob du die nächste Monatsmiete für dein Studio zahlen kannst. Aber deine Arbeit wird nicht besser, wenn du permanent an deinen Dispo denkst.

Das ist nicht leicht, ich weiß. Aber ich habe auch eine gute Nachricht: Manche Probleme redet man sich ein. Manche Dinge sind gar nicht so schwierig. Ja, viele behaupten, das zweite Album sei von vornherein zum Scheitern verurteilt. Aber stimmt das auch? Ich finde, »Nevermind« von Nirvana, »21« von Adele, »Post« von Björk, »Back to Black« von Amy Winehouse oder »Blonde« von Frank Ocean sind hervorragende zweite Alben!

Endlich frei!

Viele, die von ihrer Kreativität leben, arbeiten als Freiberuflerinnen und Freiberufler.

Als ich mich 2007 selbstständig gemacht habe, war ich glücklich über die neu gewonnene Freiheit – und ich habe nie wieder einen Blick zurück geworfen. Wenn ich in den letzten dreizehn Jahren jedoch eines gelernt habe, dann das: Wir sind alle unterschiedlich, und freiberufliches Arbeiten ist nicht für jedermann. Wenn man darüber nachdenkt, freiberuflich oder selbstständig zu arbeiten, muss man verschiedene Dinge gegeneinander abwägen.

Wer frei arbeitet, muss oftmals – zumindest am Anfang – um jeden einzelnen Auftrag kämpfen. Dass am Ende des Monats genügend Geld reinkommt, um halbwegs davon leben zu können, hängt immer davon ab, wie es gerade so läuft. Wenn eine Flaute eintritt, verdient man gar nichts. Das ist bei Angestellten natürlich anders. Auch wenn man mal tagelang nur die Zeit absitzt, weil nichts zu tun ist, wird man für jede einzelne Minute bezahlt, profitiert von Lohnfortzahlung im Krankheitsfall und so weiter. Viele Menschen wollen das nicht aufgeben. Ich finde diesen Wunsch nach relativer finanzieller Sicherheit absolut verständlich.

Trotzdem habe ich mich entschieden, frei zu arbeiten.

Ich war zunächst als freie Journalistin unterwegs und habe nebenher literarisch geschrieben. Ich mag es, meine eigene Chefin zu sein und selbst darüber zu bestimmen, was ich mit meiner Zeit mache. Ich kann mich meistens gut selbst motivieren, und finanzielle Sicherheit finde ich zwar sehr attraktiv, doch steht sie bei mir nicht an allererster Stelle. (Das möchte ich hier gar nicht glorifizieren. In den ersten Jahren meiner Selbstständigkeit lief es gar nicht gut; oft genug war es enorm knapp mit der Miete, und ich erinnere mich noch sehr gut an die Zeit, in der ich mit löchrigen Chucks an den Füßen und billigen Tütensuppen im Bauch herumlief.)

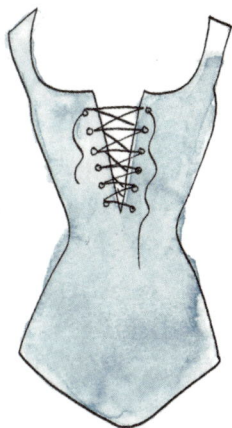

Hier sind in aller Kürze die wichtigsten Dinge, die ich gelernt habe:

Nummer eins – Struktur schaffen.

Wie wichtig mir Struktur ist, habe ich bereits deutlich gemacht. Angestellten ist ein Rahmen vorgegeben. Sie wissen, wann sie arbeiten und wann sie nach Hause gehen sollen. Pausenzeiten sind festgelegt, Urlaubstage auch.

Wenn wir uns frisch im Dasein als Selbstständige wiederfinden, gibt es diese Strukturen nicht mehr. In den meisten Fällen arbeiten wir erst einmal von daheim. Entweder, weil wir es so wollen oder weil wir uns gar kein Büro, keine Werkstatt, kein Atelier leisten können. Das heißt: Niemand außer uns selbst kontrolliert, wann wir aufstehen, wann wir mit der Arbeit anfangen, wie lange die Mittagspause dauert und so weiter. Wir sind umgeben von unserem Privatkram.

Manche von uns sind erst einmal überwältigt von dieser neuen Freiheit und haben Schwierigkeiten damit, wenn das soziale Korsett, in das wir bisher eingeschnürt waren, wegfällt. Ich habe schnell festgestellt, dass ich mir mein eigenes Korsett bauen muss, um produktiv sein zu können.

Für besonders wichtig halte ich eine regelmäßige Aufstehzeit. Die muss nicht besonders früh sein, darum geht es nicht. Es geht um einen geordneten Start des Arbeitstages, um kreative Routine. Ich habe eine Aufstehzeit gefunden, die für mich funktioniert und die ich an den meisten Tagen einhalte. Gleichzeitig ist es mir aber auch wichtig, von der hart erarbeiteten Freiheit, die ich genieße, zu profitieren. Wenn ich am Vorabend mal lange feiern war, schlafe ich hin und wieder aus. Es geht nicht um Perfektion, es geht um die richtige Mischung.

Was vielen anfangs schwerfällt, sind regelmäßige Pausen. Wenn wir frei arbeiten, laufen wir Gefahr, zu Workaholics zu mutieren. Ich halte Pausen nicht sklavisch ein, versuche aber zumindest mittags eine zu machen, um etwas Anständiges zu essen. Früher hielt ich das für Zeitverschwendung, inzwischen habe ich aber festgestellt, dass ich nach der Pause so viel frischer bin, dass ich die »verlorene« Zeit locker wieder rausarbeite.

Ähnlich wie mit den Pausen sieht es mit Wochenenden und mit Urlaub aus. Niemand hindert uns daran, die Wochenenden durchzuarbeiten, und festgelegte Urlaubstage existieren ohnehin nicht mehr. Ich mag jedoch Wochenenden. Zwar habe ich keine klassische Fünf-Tage-Woche, aber oft arbeite ich an Wochenenden deutlich weniger und lasse den Wecker aus. Wahrscheinlich ist das der Grund, weshalb Montag mein produktivster Tag in der ganzen Woche ist.

Zudem bin ich ein großer Fan von kleinen Urlauben. Die müssen nicht teuer sein. Liebe Menschen besuchen, die in einer anderen Stadt leben, oder schlicht Urlaub daheim machen und die eigene Umgebung mit frischem Blick erkunden, wandern gehen, Museen besuchen, Streifzüge durch weniger bekannte Stadtviertel unternehmen – all das kann unheimlich bereichernd sein.

Nummer zwei – Grenzen ziehen.

Als Freiberuflerinnen und Freiberufler müssen wir uns nicht nur eine eigene Struktur schaffen, wir müssen auch Grenzen ziehen. Zeitliche Grenzen. Und räumliche Grenzen – indem wir uns beispielsweise einen Teil unseres Ein-Zimmer-Apartments als Arbeitsecke abtrennen. Hin und wieder müssen wir aber auch anderen Grenzen aufzeigen. Als ich begonnen habe, frei zu arbeiten, hat mein Umfeld schnell festgestellt, dass ich plötzlich den ganzen Tag daheim war. Für viele Menschen heißt daheim sein, frei zu haben. Und das heißt wiederum, dass alle, die wirklich gerade frei haben – weil sie Urlaub haben, in den Semesterferien, in Rente oder was auch immer sind – dich tagsüber anrufen, um zu plaudern oder weil sie mit dir an den Badesee fahren möchten. Manchmal heißt das auch, dass diejenigen in deinem Umfeld, die angestellt sind und feste Zeiten einhalten müssen, der Meinung sind, dass *du* in Zukunft alle Amtsgänge erledigen solltest, die in der Familie so anfallen, dass du *jederzeit* einkaufen gehen kannst, dass du tagsüber kochen, putzen oder die Kinder betreuen kannst, *weil du ja zu Hause bist*. Dieses letzte Problem hatte ich zwar nicht, habe es aber in meinem

Umfeld oft genug mitbekommen. Mach dir und allen anderen frühzeitig (und liebevoll) klar, dass du zu Hause *arbeitest* und genauso vorankommen musst wie alle, die in Angestelltenverhältnissen arbeiten. (Und vielleicht sogar noch ein bisschen mehr.)

Freiberuflich zu arbeiten heißt vor allen Dingen: für alles selbst verantwortlich zu sein. Wer es sich leisten kann, sollte dennoch versuchen, die wichtigsten ungeliebten Arbeiten auszulagern. Ich würde Wochen brauchen, um meine Steuererklärung zu machen. In dieser Zeit schreibe ich lieber drei neue Kapitel! Alle Aufgaben, die ich ungerne mache und nicht abgeben kann, versuche ich, gebündelt an einem Tag anzugehen. Einmal in der Woche, einmal im Monat – je nachdem.

Eine Aufgabe, die übrigens für viele, mich eingeschlossen, unter die *besonders* ungeliebten Arbeiten fällt, lässt sich unter Eigenwerbung zusammenfassen. Es ist ein Dilemma. Um potenzielle Kooperationspartnerinnen, Auftraggeber und Kundinnen zu gewinnen, müssen wir der Welt klarmachen, dass wir gut sind. Aber viele von uns haben ein Leben lang gelernt, ihr Licht unter den Scheffel zu stellen. Mir ist es stets schwergefallen, mich selbst zu promoten. Falls du das ebenso ungern tust wie ich, dann solltest du ganz besonderen Wert auf die Dinge legen, die für dich sprechen. Deine Homepage und deine Social-Media-Accounts beispielsweise. Und vielleicht kannst du die Selbstpromotion irgendwann outsourcen. An eine gute Agentur zum Beispiel.

Nummer drei – Keinesfalls vereinsamen!

Wenn wir frei arbeiten und das auch noch im Home Office, verbringen wir plötzlich viel mehr Zeit daheim als zuvor. Dementsprechend haben wir weniger Sozialkontakte. Schließlich haben wir keine Kolleginnen und Kollegen mehr. Ich brauche viel Ruhe, um arbeiten zu können, und hätte große Schwierigkeiten, in einem Großraumbüro zu überleben. Dennoch fällt selbst mir hin und wieder die Decke auf den Kopf. Für gewöhnlich fahre ich dann zu meinem Lieblingscafé. Dort kann ich ebenfalls in Ruhe arbeiten, habe aber Menschen um mich. Die Crew kennt mich, manchmal plaudern wir ein bisschen. Das reicht schon. Das leise Stimmengewirr, das über der Szenerie liegt, die belebte Straßenkreuzung, die ich von meinem Lieblingsplatz aus beobachten kann – all das genieße ich sehr.

Viele meiner Freundinnen und Freunde, die ebenfalls frei arbeiten, haben sich ihre eigenen Rituale geschaffen, um der Einsamkeit tagsüber zu entgehen. Sei es eine tägliche Kaffeepause, in der man sich für zwanzig Minuten mit einem Kumpel trifft, der um die Ecke wohnt und ebenfalls im Home Office arbeitet, sei es, dass man in der Mittagspause regelmäßig die Oma facetimed – der Kreativität sind da wirklich keine Grenzen gesetzt. Ein zusätzlicher positiver Effekt, der dafür spricht, für eine kurze Kaffeepause das Haus zu verlassen: So kommt man wenigstens mal an die frische Luft! Ich erinnere mich an Zeiten in meinem Freiberuflerinnenleben, in denen ich tagelang nicht draußen war. Im Nachhinein muss ich zugeben: Das ist nicht die gesündeste Art zu leben!

Für viele ist es eine ideale Lösung, sich in einer Büro-gemeinschaft einzumieten. Das muss man sich aber erst einmal leisten können. Inzwischen gibt es in den größeren Städten Co-Working-Cafés oder andere Räume, in denen man sich tageweise einbuchen kann. Auch das kann eine gute Alternative sein.

Fünf schmerzhafte Fehler, die wir im frisch gebackenen Freiberufler*innendasein keinesfalls machen sollten

* Brutto und netto verwechseln und dumm dastehen, wenn das Finanzamt die Steuern eintreiben will
* Honorare oder Gagen zu niedrig ansetzen, indem man z. B. bei einem Auftritt nur die reine Zeit auf der Bühne bedenkt, nicht jedoch Vorbereitung und alles Drum und Dran
* Jahrelang Tag und Nacht arbeiten, weil der Job Spaß macht und sich nicht nach Arbeit anfühlt – und schließlich ausbrennen
* Nicht genügend Zeit für den Papierkram (Finanzamt! Künstlersozialkasse! Berufsversicherungen! Usw…) einplanen, weil man so beschäftigt damit ist, kreativ zu sein
* Erst einmal ein schickes Büro mieten, um repräsentieren zu können, und davon ausgehen, dass die Aufträge dann schon kommen

Exkurs: Self-Care-Basics für Kreative oder wie du auf Dauer inspiriert und glücklich bleibst

Lass es mich noch einmal in aller Deutlichkeit sagen: Wir müssen uns nicht zugrunde richten, um interessante Dinge kreieren zu können. Wir alle kennen die Klischees von den armen, unglücklichen, womöglich auch noch drogenabhängigen Künstlern. Für manche ist das sogar eine Art von Ideal. Und tatsächlich sind auch viele großartige Werke unter katastrophalen menschlichen Bedingungen entstanden. Das ist das Schöne an der Kreativität: Es muss uns nicht fantastisch gehen, damit wir sie ausüben können. Fakt ist aber: Es muss uns auch nicht schlecht gehen! Und wenn ich die Wahl habe, glücklich und gesund zu sein, während ich Dinge kreiere, dann ist mir das ehrlich gesagt lieber.

Ich erlaube mir absolut kein Urteil darüber, wenn du Kette rauchst, ausschließlich blaue M&Ms isst, dir morgens mit Wodka die Zähne putzt und pro Nacht nur zwei Stunden schläfst. Ich habe auch so meine Laster. Aber ich habe eben auch den Wunsch, langfristig das tun zu können, was ich am meisten liebe. Also versuche ich, mich selbst gut zu behandeln. Zwar kann ich mich weder für *Clean Eating* begeistern, noch gehe ich täglich zum Sport. Aber ich achte auf meine Werkzeuge. Und – nun ja: Mein wichtigstes Werkzeug bin nun mal ich!

Self Care hat für mich mit gesundem Egoismus zu tun. Also:

Nimm dir Zeit!

Wenn wir nicht genug Zeit für uns selbst haben, gehen wir ein wie Primeln, die zu selten gegossen werden. Du musst nicht gleich für ein halbes Jahr ins Schweigekloster gehen oder dir ein zweiwöchiges Yoga-Retreat auf Sri Lanka zusammensparen, um zu dir zu kommen. Kleine Fluchten sind auch ganz wunderbar. Nimm dir Zeit, um alleine durch die Stadt zu stromern und Ecken und Winkel zu entdecken, die dir bisher verborgen geblieben sind. Genieß auf einer Parkbank die Sonne. Wenn eine Katze vorbeistreunt, dann schau, ob du sie anlocken kannst und ob sie sich streicheln lässt. Oder setz dich in ein Café, das dir gefällt. Beobachte die Leute. Nimm dir immer mal die Zeit, in einem Laden vorbeizuschauen, den du magst. In einer Buchhandlung, einem Geschäft für Modellbau, in einem Blumenladen, der dir gefällt.

Es geht darum, die Dinge zu genießen, die dir Spaß machen. Wenn es das klassische Schaumbad ist, dann nimm ein Schaumbad. Wenn du stattdessen lieber zum Krav Maga-Training gehen oder dir mit deinen Freunden bei einem Spiel deines Lieblingsvereins die Kehle heiser brüllen oder an der Playstation spielen möchtest – dann mach eben das!

Unternimm aber auch immer mal was alleine. Geh allein ins Kino oder ins Museum. Oder unternimm eine kleine Reise. Ich war in den letzten Jahren allein für ein paar Tage in Prag und vier Wochen lang in New York und habe das sehr genossen. Klar, wir sind von Natur aus soziale Wesen und brauchen andere Menschen. Aber hin und wieder brauchen wir auch Zeit für uns. Es ist befreiend, sich mal nach niemandem richten zu müssen. Kein Grund, ein schlechtes Gewissen zu haben!

Pflege deine Rituale!

Jeden Frühling warte ich sehnsüchtig auf die Ankunft der Mauersegler. Kennst du die kleinen Vögel, die diese charakteristischen schrillen Rufe ausstoßen, die nach Sommer klingen und die den Himmel mit ihren Flugkunststücken verzieren? Frag mich nicht, warum, aber ich liebe diese Tiere. Den ganzen Frühling über suche ich den Himmel mit Blicken nach ihnen ab, in der Hoffnung, dass sie ihre Winterquartiere im Süden verlassen haben und bald über mir auftauchen. Die erste Sichtung – meist Ende April – macht mich jedes Mal unendlich glücklich. Wenn ich Mauersegler über mir rufen höre, bleibe ich stehen und richte den Blick nach oben. Und ich betrauere es jedes Mal, wenn sie sich Anfang August wieder auf den Weg gen Süden machen. Ihre Ankunft zu feiern und ihr Weiterziehen zu betrauern, das sind jährliche Rituale für mich. Ich habe eine Schwäche für diese wundervollen Tiere. Für sie und für tausend andere kleine oder große Dinge.

Pflege deine Vorlieben und deine kleinen Rituale. Ob es selbst geschaffene oder konventionelle sind. Magst du Halloween? Dann zelebriere es! Ich für meinen Teil gehöre zu diesen endlos kitschigen Menschen, die die Weihnachtszeit über alles lieben. Ich kaufe oder bastle Geschenke, schreibe Dutzende Weihnachtskarten von Hand und höre dabei meine perfekt kuratierte Weihnachtsplaylist. Kleine Rituale gehören für mich einfach dazu.

Verteidige dein Recht auf Hobbys!

Dass wir alle sehr beschäftigt sind, ist, denke ich, klar. Dennoch hast du – trotz allem – ein Recht auf ein Hobby. Hobbys haben mich und viele andere Menschen schon oft vorm Wahnsinn bewahrt. Warum? Weil sie uns zeigen, dass es noch andere Dinge gibt im Leben – neben der Arbeit.

Falls deine kreative Arbeit dein Hobby ist: super! Falls du dein Hobby so wie ich zum Beruf gemacht hast, dann wird es Zeit, dass du dir ein neues suchst. Ich habe lange nach dem idealen neuen Hobby gesucht. Mit Mitte dreißig habe ich mir einen lang gehegten Wunsch erfüllt und erstmals Ballettstunden genommen. Ballett war toll, aber ich habe es nicht geschafft, regelmäßig zum Unterricht zu gehen. Ich würde gerne Geige spielen lernen, mag die Leute in meiner Nachbarschaft aber zu gerne, um ihnen das anzutun. Und ich verabscheue jegliche sportliche Aktivität, dementsprechend sehe ich Joggen und Krafttraining als notwendiges Übel, ganz sicher aber nicht als Hobby an. Ich habe mich letztlich etwas ganz Naheliegendem zugewandt, das ich schon immer gerne gemacht habe: dem Kochen! Ich genieße es, auf dem Markt einzukaufen, ich sammle Kochbücher und liebe es, auf Pinterest nach neuen Rezepten zu suchen. Ich finde es entspannend, Gemüse zu schnippeln und in Töpfen zu rühren. Und vor allem liebe ich es, zu essen! Idealerweise mit lieben Menschen um mich herum. Kochen ist der ideale Ausgleich zu meiner Arbeit. Was ist deiner?

Übe dich in Selbstakzeptanz!

Das hier ist kein Selbsthilfebuch. Trotzdem müssen wir kurz über Selbstakzeptanz sprechen. Denn ohne hilft auch alle Zeit der Welt, die du in Self Care investierst, nichts.

Die meisten von uns haben ihre Schwächen und ihre kleinen Komplexe. Aber wenn ich in den letzten 38 Jahren etwas gelernt habe, dann das: das, was dich anders macht, die Dinge, für die du früher vielleicht sogar gehänselt wurdest und die du seither womöglich sorgsam versteckst, sind genau die Dinge, die deinen Reiz ausmachen. Dein vermeintlich uncooles Interesse an Modellbau. Die Tatsache, dass du dich schon immer viel mehr für deine Nähmaschine interessiert hast als für Partys, oder dass du 2016 lieber allein den Jakobsweg gegangen bist, statt mit deiner Clique nach Ibiza zu fliegen. Die Tatsache, dass du wahnsinnig empfindlich und immer noch nicht über diese Sache mit Bambis Mutter hinweg bist. Dass du nicht tanzen kannst. Oder unfähig zu Small Talk bist. Oder ständig rot wirst. Was auch immer es sein mag, sei versichert, dass es dich bloß charmant macht. Perfektion ist eh langweilig. Welche vermeintlichen Makel dich auch immer plagen, umarme sie. So schnell wie möglich. Du wirst es sonst später irgendwann bereuen, so viel Zeit mit diesen überflüssigen Gedanken verschwendet zu haben.

Halte dich an die richtigen Menschen und Orte!

In meinem Leben gibt es zwei Gruppen von Menschen. Die, die *nichts* mit meiner Kunst zu tun haben, die keine Ahnung davon haben, ob ich eine gute Autorin bin oder eine schlechte, und denen das letztlich auch vollkommen egal ist, weil mein Können und mein Erfolg nicht der Grund sind, warum sie gerne Zeit mit mir verbringen. Und dann gibt es die, die *alles* mit meiner Kunst zu tun haben, weil sie selber schreiben oder zumindest in irgendeiner Form in der Buchbranche arbeiten. Beide Gruppen sind aus unterschiedlichen Gründen wichtig für mich. Auch wenn ich es liebe, mit anderen Büchermenschen abzuhängen, finde ich es essenziell, die Kontakte zu meinen Freundinnen und Freunden, die damit so gar nichts am Hut haben, nicht zu vernachlässigen. Wenn wir irgendwann nur noch über unser Schaffen reden – im schlimmsten Fall mit Menschen, die genau dasselbe machen –, kreisen wir nur noch um uns selbst, und werden unweigerlich egozentrisch und langweilig. Verbringe viel Zeit mit Menschen, in deren Gegenwart du dich wohlfühlst und die sich in deiner Gegenwart wohlfühlen. Sowohl mit denen, die sich für deine Arbeit interessieren, als auch mit denen, die damit so gar nichts am Hut haben.

Neben Menschen, mit denen ich gerne Zeit verbringe, sind mir auch Orte, an denen ich mich besonders wohlfühle, sehr wichtig.

* * *

*Meine sechs liebsten Inspirations- und
Zufluchtsorte*

* Das Rheinufer
* Meine liebste Parkbank
* Der ruhigste Tisch in meinem Lieblingscafé
* Mein Lieblingsmuseum, tagsüber unter der Woche
* Kirchen jenseits der Gottesdienste
* Die Stadtbücherei

Welches sind deine?

7

Das Kapitel,
in dem wir uns mit kreativem Ausdruck
jenseits des Künstlerischen befassen und
lernen, dass Not erfinderisch macht

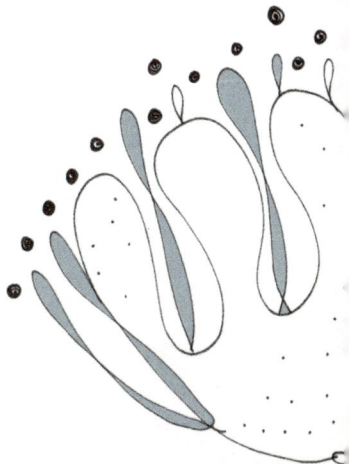

»You can change the world by being yourself.«

Yoko Ono

Wir haben uns bisher mit vielen unterschiedlichen Menschen befasst, die – jede und jeder auf ganz eigene Weise – kreativ sind. Viele von ihnen sind Künstlerinnen und Künstler. Wie eingangs erwähnt, durchzieht Kreativität jedoch alle Lebensbereiche.

In ihrem Buch »Kreativität – Wie unser Denken die Welt immer neu erschafft« beschreiben David Eagleman und Anthony Brandt den Menschen als paradoxes Wesen, das einerseits Vorhersagbares schätzt, andererseits aber permanent nach Neuem giert. Ersteres liege daran, dass unsere Gehirne versuchen, Energie zu sparen. Auf Bekanntes können wir reagieren, da brauchen wir nicht viel Hirnleistung aufwenden. Diese Vertrautheit macht nach einer Weile jedoch gleichgültig, und das Gehirn will neue Reize. Ständige Wiederholung ist langweilig. Und weil wir Menschen so sind, wie wir sind, tragen wir nicht nur alle den *Wunsch* nach Neuem in uns, sondern auch das *Potenzial,* Neues zu kreieren. Eagleman und Brandt drücken es so aus: »Innovationstrieb ist in jedem Gehirn angelegt, und der daraus resultierende Kampf gegen Eintönigkeit ist der Motor der gewaltigen Veränderungen von einer Generation, einem Jahrzehnt und einem Jahr zum anderen. Der Wunsch, Neues zu schaffen, ist Teil unserer biologischen Ausstattung.«

Kreative Durchbrüche finden sich in Wissenschaft, Technik und Handwerk, in Start-ups und alteingesessenen Unternehmen, in Familien und Organisationen – schlicht: überall.

Erfindungsreichtum jenseits des Künstlerischen

Als Kind habe ich gerne »Das lustige Taschenbuch« gelesen, und ich erinnere mich noch gut an Erfinder Daniel Düsentrieb. Leute, die Dinge erfinden können, haben mich immer fasziniert. Die Tatsache, dass nichts von dem, das ich tagtäglich verwende, selbstverständlich ist, ist erstaunlich. Allein heute Morgen habe ich schon Dutzende Dinge verwendet, die es nur gibt, weil jemand eine Idee hatte und sie in die Welt gebracht hat. Zahnbürste und Laptop, Kaffeemaschine und Bleistift, USB-Stick und Lippenstift und Handy und Tageszeitung – alles Erfindungen. Selbst mein Frühstück hat jemand erfunden. Irgendwann kam jemand auf die Idee, dass man Körner zu Mehl machen kann und dass es gut schmeckt, wenn man das auf ganz bestimmte Art und Weise mit Wasser und Salz und Hefe und ein bisschen Zucker verrührt und zu etwas backt, das wir Brötchen nennen.

Erfindungen formen unsere Welt. Bis in den letzten Winkel, bis ins letzte Pixel.

Thomas Edison und Nicola Tesla kennen vermutlich die meisten von uns. Mit den Erfindungen ist es aber genauso wie mit der Kunst: Man muss kein seltenes Genie sein, um eine gute Idee zu haben und ihr zu folgen. (Und Erfinder müssen nicht aussehen wie ältere Herren.) Eine der spannendsten Erfinderinnen war Hedy Lamarr – eine Filmdiva im Hollywood der 1930er-Jahre. Sie war beim legendären Filmstudio MGM unter Vertrag und wurde 1938 durch den Film »Algiers« ein Star.

Hedy Lamarr hieß mit bürgerlichem Namen Hedwig Eva Maria Kiesler und hatte nicht nur schauspielerische Ambitionen. Zusammen mit George Antheil, einem befreundeten Komponisten, entwickelte sie eine ganz besondere, störsichere Funksteuerung für Torpedos, die sie 1942 zum Patent anmeldete. Das erklärte Ziel: dem Militär dabei helfen, Hitlerdeutschland zu besiegen. Das Militär hatte jedoch kein Interesse und riet Lamarr – in meinen Worten – sich nicht ihren hübschen Kopf zu zerbrechen. Erst Jahrzehnte später stellte sich heraus, wie bahnbrechend ihre Erfindung tatsächlich war.

Viele sind der Meinung, dass wir ohne diese Innovation heute etwas nicht hätten, auf das die meisten von uns nicht mehr verzichten können: »Wenn Hedy Lamarr nicht gewesen wäre, hätten wir heute kein Wi-Fi«, schrieb der britische Guardian im Jahr 2011. Sie wurde 2014 posthum in die »National Inventors Hall of Fame« aufgenommen.

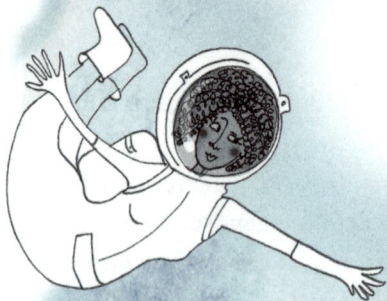

Auch drei weitere Pionierinnen kamen in den letzten Jahren zu spätem, teils posthumem Ruhm. Die Mathematikerinnen Katherine Johnson und Dorothy Vaughan und die Ingenieurin Mary Jackson arbeiteten zur Zeit des »Wettlaufs ins All« für die NASA und waren maßgeblich daran beteiligt, die Mondlandung möglich zu machen. Da sie nicht nur weiblichen Geschlechts, sondern noch dazu Afro-Amerikanerinnen waren – in einer Zeit, in der in den USA die sogenannte Rassentrennung herrschte –, wurden ihre Leistungen lange komplett ignoriert. Erst durch das Buch »Hidden Figures – Unerkannte Heldinnen« von Margot Lee Shetterly und durch den gleichnamigen Hollywoodfilm wurden die Namen der drei Raumfahrt-Pionierinnen weltweit bekannt. Katherine Johnson wurde 2015 für ihre Beiträge zur Berechnung der Flugbahnen u. a. für die erste bemannte Mondlandung, die ohne sie nicht möglich gewesen wäre, vom damaligen US-Präsidenten Barack Obama mit der *Presidential Medal of Freedom,* einer der beiden höchsten zivilen Ehrungen der USA, ausgezeichnet. Dorothy Vaughan und Mary Jackson waren zu diesem Zeitpunkt der späten Anerkennung längst verstorben. Wir kennen heute jedoch ihre Namen. Und das ist wichtig.

Wenn du also in den Spiegel (oder in deine Vita) schaust und feststellst, dass du wenig mit Edison oder Tesla gemeinsam hast, dann denke an Vorreiterinnen wie diese brillanten Frauen und lass dich nicht aufhalten. Wenn du Innovationen in dir trägst, eine begeisterte Erfinderin oder Naturwissenschaftlerin bist, dann mach was mit deinem Talent! Wir brauchen es!

Manch lebensverändernde Erfindung kann übrigens auch ganz klein sein.

Ein Beispiel. Bevor ich im Herbst 2018 die Lesereise zu meinem dritten Roman »Der Schatten« antrat, reiste ich mit meinem besten Freund durch Italien. Ich wollte noch ein bisschen Sonne und Entspannung tanken. (Und Pizza, Pasta und Vino.) Venedig, Padua, Verona – das war der Plan. Schon in Venedig verbrachte ich schlaflose Nächte. Nicht wegen der Hitze – sondern wegen der Mücken! Mücken lieben mich. Schon immer. Leider bin ich gegen manche Mückenarten allergisch, sodass einige Mückenstiche bei mir auf Hühnereigröße anschwellen können. Eines Nachts wurde ich in Padua wach, weil mein Gesicht juckte. Ich fasste hin und stellte fest, dass es an mehreren Stellen bereits stark angeschwollen war. Irritiert knipste ich das

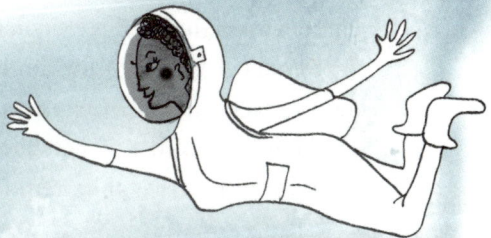

Licht an, setzte mich auf. Das weckte auch meinen besten Freund. (Wir sind die Art von Freunden, die sich seit der Schulzeit kennen und auf Reisen keine getrennten Hotelzimmer brauchen.) Er setzte sich schlaftrunken auf, blinzelte mich an und schien mit Mühe einen Schreckensschrei zu unterdrücken. Nach einem Blick in den Spiegel wurde mir klar warum: Mein Gesicht war ziemlich deformiert, ich erinnerte ein bisschen an Disney's Variante vom »Glöckner von Notre-Dame«. Diese Episode war ziemlich lustig – und ziemlich unangenehm. Inzwischen habe ich aber etwas gefunden, das hilft: Hitze! Irgendein kluger Mensch hat herausgefunden, dass dosierte Hitze das Gift von Mücken, aber auch beispielsweise das von Wespen zerstört. Und eine Art »Brennstab« erfunden, den man auf den Stich drückt, der kontrolliert Hitze abgibt – und insektengeplagten Menschen wie mir Linderung verschafft. Ich bin jeden Sommer aufs Neue dankbar für diese scheinbar kleine Innovation und frage mich immer wieder: Wieso ist da nicht schon früher jemand drauf gekommen?

Ein gutes Beispiel für eine Erfindung, die reichlich spät in der Menschheitsgeschichte kam, ist auch etwas, das die meisten von uns ganz selbstverständlich verwenden, wenn wir eine Reise machen: der Rollkoffer. Ich war erstaunt zu erfahren, dass sie erst seit den Achtzigerjahren Standard sind. Kannst du dir vorstellen, all dein Urlaubsgepäck zu tragen, statt es hinter dir herzuziehen? Ich auch nicht. Und trotzdem hat es so lange gedauert, bis sich Rollkoffer etablierten. *Fun fact*: Die Idee, Rollen unter einen Koffer zu schrauben, gab es schon früher – sie ließ sich aber aus verschiedenen Gründen nicht durchsetzen. Und so gilt heute der US-amerikanische Pilot Robert Plath als Erfinder des Rollkoffers. Der flog in den Achtzigern für eine amerikanische Airline und hatte irgendwann genug davon, sein Gepäck durch die Flughäfen des Landes zu schleppen.

Plath wurde zum Multimillionär. Mit einer Mischung aus cleverer Idee, Unternehmergeist und der Tatsache, dass die Zeit reif war für seine Innovation.

Die Möglichkeiten für kleine und große Erfindungen sind unendlich. Was mich jedes Mal so daran begeistert, wenn ich eine innovative Idee entdecke, ist, dass sie so offensichtlich scheint, wenn sie erst einmal jemand hatte …

Elf kreative Erfindungen für den Alltag

* 1. Fahrkartenautomaten in der U-Bahn (in Peking), die einen mit Pfandflaschen bezahlen lassen
* 2. Läden mit zwei unterschiedlichen Einkaufskörben, einem, der anzeigt, dass man sich über Rat und Hilfe vom Personal freut, und einen, der anzeigt, dass man keine Hilfe braucht und shoppen will, ohne angesprochen zu werden
* 3. Ein Basketballkorb über dem Mülleimer
* 4. Ein Aufzug, bei dem die Knöpfe in Bodennähe sind,

damit man sie mit den Füßen drücken kann (falls man die Hände voll oder Angst vor Bakterien und Viren hat)

* 5. Eine Motorradjacke mit Bremslichtern
* 6. Kopfhörerkabel, die sich nicht verheddern können
* 7. Ein Tracking-Device für den Schlüsselbund (den doch fast jeder immer mal verlegt)
* 8. Eine Kältekammer im Bekleidungsladen, in der man Wintersachen bei echten winterlichen Temperaturen ausprobieren kann
* 9. Eine Zahnarztpraxis mit Wimmelbildern über dem Behandlungsstuhl, die die Patientinnen und Patienten ablenken
* 10. Die Toilette in einem Kino, die mit Bildschirmen versehen ist, damit man nichts vom Film verpasst
* 11. Eine Tankstelle, bei der die Zapfpistolen von der Decke hängen – sodass es egal wird, auf welcher Seite des Wagens sich der Tankdeckel befindet

Ob es darum geht, ein innovatives Start-up zu gründen, ein Produkt zu kreieren, auf das die Welt gewartet hat, oder etwas ganz anderes zu erfinden, der gängigste Rat lautet: *Scratch your own itch.* Grob übersetzt: Kratz da, wo es dich selber juckt. Will heißen: Schau, was du selber brauchen könntest. Und dann kreiere genau das.

Wir merken: Wir werden immer wieder auf uns selbst zurückgeworfen. Kunst beginnt bei dem, was uns selbst umtreibt. Und mit anderen kreativen Formen ist es ganz genauso. Wir müssen uns auf unsere Vorlieben und Werte besinnen, um etwas von Wert zu kreieren.

Genau das hat auch Sara Nuru getan, als sie 2016 gemeinsam mit ihrer Schwester Sali ihr eigenes Business gründete. Viele kennen Sara Nuru sicher zuerst als Model, aber sie besitzt auch ein spannendes Social Business. Als Kinder äthiopischer Eltern liebten die Schwestern Sara und Sali die traditionelle Kaffeezeremonie, die ihre Mutter jeden Mittwoch zelebrierte. Als ich Sara Nurus Buch »Roots« gelesen habe, war ich fasziniert von der Zeremonie, die sie darin beschreibt. Der Kaffee wird dabei dreimal aufgegossen. »Der erste Aufguss ist der stärkste und dient dem reinen Genuss, bei der zweiten Tasse werden Probleme und Sorgen besprochen, der dritte Aufguss schließlich soll für alle Anwesenden Segen bringen.« Schön, oder? Aber darauf will ich gar nicht hinaus. Spannend finde ich den Prozess – von der Idee zum eigenen Business –, den Sara Nuru in ihrem Buch beschreibt. Sie und ihre Schwester hatten die Idee, äthiopischen Kaffee zu importieren, aber sie hatten keinerlei Ahnung vom Geschäft.

Sie stürzten sich Hals über Kopf und mit Enthusiasmus in die Recherche, lernten das Business, reisten immer wieder nach Äthiopien, informierten sich, wurden nicht ernst genommen, lernten noch mehr, wurden nicht ernst genommen. Nach und nach kannten sie sich immer besser aus. Sie fanden Möglichkeiten, ihre Idee zu realisieren – und sie definierten, was ihnen wichtig war. Dass ihr Business fair und nachhaltig sein sollte vor allem. Nachdem viel Zeit und Herzblut in das Projekt geflossen war, rösteten sie drei Jahre später erstmals ihren eigenen Kaffee – und hatten ein Produkt. Dieses in die Hände der Kundschaft zu kriegen, warf natürlich wieder neue

Probleme auf... und die Schwestern lösten sie. Eines nach dem anderen.

Klingt das nicht wie der klassische kreative Prozess? Du bist inspiriert, hast eine Idee, machst dich an die Umsetzung, übst, wirst besser, scheiterst, stehst wieder auf, löst zwischendrin allerlei Probleme und hast am Ende ein fertiges Werk!

Ob wir einen Film drehen oder ein Business gründen – für jede ambitionierte Unternehmung brauchen wir neben Entschlossenheit vor allem eines: Kreativität.

Was ich übrigens besonders spannend finde am Business der Nuru-Schwestern, ist die Tatsache, dass sie sich nicht nur für äthiopischen Kaffee interessieren, sondern auch für die Menschen vor Ort – vor allem für die Frauen, die in Wertschöpfungsketten oft am schlechtesten wegkommen und denen sie mit Mikrokrediten helfen.

Mikrokredite sind selbst eine unfassbar kreative Idee, mit deren Hilfe ein großes Problem gelöst wurde.

Der Wirtschaftswissenschaftler Muhammad Yunus beobachtete in seiner Heimat Bangladesch das folgende Phänomen: Arme brauchen Kredite, um ein Geschäft gründen oder weiterführen zu können. Um Materialien anschaffen zu können beispielsweise, aus denen sie etwas herstellen können. Oft handelt es sich bei dem Geld, das sie benötigen, um vergleichsweise kleine Summen – Pfennigbeträge. Eine Form von Kredit, die herkömmliche Banken nicht im Portfolio haben. Also erfand Yunus besagten Mikrokredit. In den frühen Achtzigerjahren gründete er die Grameen Bank, die eben solche Kleinstkredite an Arme vergibt, die so in die Lage versetzt werden sollen, aus eigener Kraft ihrer materiellen Not zu entkommen. 2006 erhielt Yunus für sein Schaffen den Friedensnobelpreis. Und sein Modell hat rund um die Welt Schule gemacht. Bis hin zum kleinen Kaffeebusiness von zwei in Berlin ansässigen Schwestern.

Das Internet macht noch einmal ganz neue Möglichkeiten auf, kreativ zu werden. Vieles, was durchs Web spukt, ist natürlich alles andere als innovativ. Aber hier und da gibt es immer mal wieder kreative Perlen zu entdecken.

Klar, heute hat jede zweite Hunde- oder Katzenbesitzerin einen eigenen Account für ihren kleinen Liebling angelegt. Originell ist das nicht mehr. Doch als Tabatha Bundesen 2012 auf die Idee kam, Fotos ihrer Katze mit dem herrlich mürrischen Gesichtsausdruck – teils mit misanthropischen Bildunterschriften – auf Facebook zu posten, war die Idee noch neu, und »Grumpy Cat« wurde eine Internetsensation.

Für junge Kreative ist das World Wide Web nach wie vor ein riesiger Abenteuerspielplatz. Und das potenzielle Publikum wird gleich mitgeliefert. Oft sind die Ideen, die gut funktionieren, sehr einfach. Aktuell – im Frühjahr 2020 – ist auf Instagram der Account *@dudewithsign* mit über 7 Millionen Abonnentinnen und Abonnenten super erfolgreich. Der Name ist Programm. Auf jedem Foto steht ein Typ mit einem einfachen Schild aus Pappe in der Gegend herum, auf dem ein Spruch geschrieben steht. Mal lustig, mal absurd, mal ernst, meist ein Kommentar aufs moderne Leben, den wir alle sofort verstehen.

Meine Favoriten: »Middle Seat Gets the Armrest« (Wer in der Mitte sitzt, kriegt die Armlehne) und »Stop Showing Me Ads for Things I Just Talked About« (Hör auf, mir Werbung für Dinge anzuzeigen, über die ich gerade eben gesprochen habe). Der Inhalt ist nicht neu, die Darreichungsform schon. *Boom!*, Internetsensation.

Ausgesprochen spannend ist auch der Account von *@laetitiaky*, ihres Zeichens Visual Artist von der Elfenbeinküste.

Denn auch Ky gelingt es, uns übersättigten Internet-Usern noch etwas Neues zu zeigen. Die Künstlerin drapiert ihr eigenes Haar zu komplizierten Skulpturen, die so erstaunlich sind, dass man sich an ihrem Account kaum sattsehen kann.

Manchmal sind es auch ganz kleine, skurrile Ideen, die mir den Glauben daran, dass das Internet immer noch ein Hort der Kreativität ist, zurückgeben. Im August 2019 stieß ich auf diesen Tweet hier von einem User namens @rinderhack:

> *»ES IST VOLLBRACHT! Ich habe die vergangenen*
> *11 Monate jeden Tweet mit einem Wort aus dem*
> *Song »Jein« von @fettesbrot begonnen. Wenn ihr*
> *jetzt meine Tweets in (sic!) bis zum September*
> *2018 lest, sehr (sic!) ihr den kompletten Song in*
> *der richtigen Reihenfolge :)«*

Ich musste schmunzeln, als ich das gesehen habe. Ich habe natürlich gleich nachgeschaut, und es stimmte. Wenn man alle Tweets des Users nahm und sich jeweils nur das erste Wort anschaute, ergaben sie den kompletten Songtext. Fand ich großartig. So viel Mühe für eine solche Schnapsidee! Aber auch das ist Kreativität – und zwar eine ihrer schönsten Formen. Wir denken uns lustigen Quatsch aus, haben Spaß, während wir ihn umsetzen – und freuen uns diebisch darauf, das Ergebnis zu präsentieren. Ich habe das Gefühl, die diebische Freude in diesem Tweet regelrecht herauslesen zu können. Sogar die Vertipper transportieren, dass es da jemand kaum erwarten konnte, der ganzen Welt von dem brillanten Kunststückchen zu berichten, das er kreiert hatte.

Weil mir das so gut gefallen hat, habe ich die Idee übrigens aufgegriffen. Wenn du jeweils das erste Wort aus jedem Kapitel dieses Buches nimmst, erhältst du meinen liebsten Song von Radiohead. (Kleiner Scherz. Ich habe tatsächlich darüber nachgedacht, aber es war zu mühsam. Auch mein Durchhaltevermögen kennt Grenzen.)

Was ich hier aber dringend deutlich machen wollte, ist das, was ich am Internet so spannend finde: den Aspekt des Empowerment. Jede und jeder kann und darf sich sofort dem Publikum präsentieren. Womit auch immer. Niemand ist hier mehr abhängig von Galerien, Plattenfirmen oder Verlagen. Wenn du dein Werk im Internet präsentieren möchtest, dann bieten sich dir wahnsinnig viele Möglichkeiten (und wahnsinnig viel Konkurrenz). Meine Empfehlung bleibt dieselbe, ob du einen konventionelleren Weg beschreitest oder dich ganz auf die Welt online verlässt: Sei authentisch. Schau, was dir gefällt, und blende zunächst aus, was die meisten Klicks gibt.

Genau das hat auch Musiker Jack Conte gemacht. Das Unternehmen, das er gründete, basiert zu hundert Prozent auf Problemen, die Conte selbst begegneten. Vor allem der Schwierigkeit, von seiner Kunst zu leben. Seine Gründungsgeschichte geht so: Conte und seine Frau haben eine Band namens Pomplamoose. 2013 denkt Conte: Man müsste mal ein Musikvideo drehen. Er nimmt dafür 10 000 Dollar in die Hand. Sehr viel Geld also. Er macht das Video, lädt es auf YouTube hoch – und… Falls du jetzt gedacht hast, dass er scheitert und dass sein Video nur von einer Handvoll Familienmitgliedern geklickt wird, irrst du dich. Es wird innerhalb eines Monats *eine Million Mal* gesehen! Es ist ein viraler Hit! Das böse Erwachen kam erst, als Conte herausfand, wie viel Geld er damit auf YouTube verdient hatte: ganze 166 Dollar.

Jack Conte fand dieses System ausgesprochen unfair und dachte sich etwas ganz Neues aus. Er gründete Patreon, ein Unternehmen, das Kreative mit potenziellen Mäzenen aus aller Welt zusammenbringt. So können du und ich Künstlerinnen und Künstler mit einem monatlichen Betrag, den wir selbst festlegen, bei ihrer Arbeit unterstützen – und sie unabhängig und beweglich halten. Patreon funktioniert dabei ganz anders als sonstige Crowdfunding-

Projekte, weil ja nicht einmalig ein großer Betrag gesammelt wird, sondern weil es um einen regelmäßigen Geldfluss geht. Für diesen erhalten die Unterstützerinnen und Unterstützer exklusives Material – von unveröffentlichten Songs oder exklusiven Videos bis hin zu Merchandise. Patreon ist sehr erfolgreich. Auch einige Kreative, die bereits in diesem Buch vorkamen, nutzen es – mit großem Erfolg. Amanda Palmer zum Beispiel. Oder meine bessere Podcast-Hälfte Laura.

Eine clevere Idee! Und ein gutes Beispiel für das Prinzip »Scratch your own itch«.

Doch nicht nur Leute, die von ihrer Kunst leben wollen, auch der Aktivismus muss sich immer wieder etwas Neues einfallen lassen. Denn so sind wir Menschen nun mal: Wir gieren nach Abwechslung.

Erinnerst du dich an die ALS Ice Bucket Challenge, die sich 2014 zwischenzeitlich einer unglaublichen Beliebtheit auf den sozialen Netzwerken erfreute? Da kippten sich in kurzen Videos Menschen einen Kübel Eiswasser über den Kopf. Die Idee: Wer die Herausforderung angenommen hatte, musste sich wie gesagt in Eis baden und gleichzeitig einen gewissen Betrag an eine Organisation spenden, die sich für die Forschung an der Nervenerkrankung ALS einsetzt und zugleich Betroffene unterstützt. Eine kreative Idee, die sich von dem abhob, was es zuvor online zu sehen gab, und die schnell viral ging.

Fakt ist eben: keine breite Aufmerksamkeit ohne Kreativität, keine Veränderung ohne Kreativität, kein Fortschritt ohne Kreativität. Kein *Leben* ohne Kreativität.

Kreativität in Krisen

Dieses Kapitel hier schreibe ich im Frühjahr 2020, mitten in einer Pandemie. Ich bin froh, dass ich gerade über Kreativität schreibe. Manch anderes Thema wäre vielleicht durch die Coronakrise obsolet geworden oder würde plötzlich banal erscheinen. Mit Kreativität ist es anders. Derzeit gibt es viele sehr ernste Probleme, die neue, originelle Lösungen erfordern. Gerade in Krisen beginnt Kreativität zu erblühen. Ob es sich nun um eine persönliche, eine gesellschaftliche oder eine globale Krise handelt.

Schon immer haben Menschen gegen Krisen angekämpft, indem sie sich Geschichten ausgedacht und Dinge kreiert haben. Kreation gegen Destruktion! Viele der schönsten und spannendsten Kunstwerke sind in Krisen entstanden oder haben sie sogar zum Thema. Boccaccios »Il Decamerone« schrieb er im von der Pest verwüsteten Florenz.

Der niederländische Autor und Historiker Rutger Bregman erklärt in seinem Buch »Im Grunde gut«, dass Krisen – für viele überraschend – nicht das Schlechteste, sondern das Beste im Menschen hervorbringen. Und dazu gehört natürlich auch Einfallsreichtum! Bregman beschreibt beispielsweise, wie einige britische Ladenbesitzer während der als »Blitz« bekannten Luftangriffe reagierten: »Unternehmer stellten Schilder vor die Ruinen, die einst ihre Geschäfte gewesen waren: ›MORE OPEN THAN USUAL.‹ (WEITER GEÖFFNET ALS SONST.) Der Eigentümer eines Pubs griff die Verwüstung gar humoris-

tisch auf: ›OUR WINDOWS ARE GONE, BUT OUR SPI-
RITS ARE EXCELLENT. COME IN AND TRY THEM.‹
(UNSERE FENSTER SIND HINÜBER, ABER UNSERE
STIMMUNG IST AUSGEZEICHNET. KOMMT REIN
UND PRÜFT ES.)«

Kreativität heißt eben nicht nur, etwas zu erschaffen.
Es geht auch um die Reaktion auf schwierige Situationen.

Ich glaube, wenn wir über Kreativität in Krisen nachdenken, müssen wir zwischen zwei Themenblöcken unterscheiden. Zum einen gibt es Kunst und andere kreative
Werke, die die Krise selbst zum Thema haben. Und dann
gibt es die Form von Kreativität, die durch die Krise ent-
standene Probleme löst.

Es gibt zahllose gute Beispiele für Ersteres. Sehr beeindruckend fand ich beispielsweise ein Kunstwerk des
dänisch-isländischen Künstlers Ólafur Elíasson und des
grönländischen Geologen Minik Rosing, das die Klima-
krise zum Thema hatte. Für die Installation »Ice Watch«
stellten sie vierundzwanzig riesige Eisblöcke vorm Lon-
doner Museum Tate Modern auf – die bald zu schmelzen
begannen. »Put your hands on the ice, listen to it, smell it,
look at it – and witness the ecological changes our world
is undergoing« (Legt eure Hände auf das Eis, hört ihm zu,
riecht an ihm, seht es euch an – und werdet Zeug*innen
der ökologischen Veränderungen, denen unsere Welt unterliegt), forderte Elíasson das Publikum auf. Er hoffte, so
auf die vermutlich bedrohlichste Menschheitskrise überhaupt aufmerksam und sie fühlbar zu machen.

Welche Meisterwerke die Coronakrise hervorbringt,

wird sich erst im Nachhinein zeigen. Doch viele große und kleine kreative Problemlösungen zeichnen sich schon jetzt ab. Zwei, drei Beispiele:

Vielen Kreativen stehen aufgrund der weitreichenden Schließungen keine Theaterbühnen zur Verfügung. Die Lösung: Sie bringen ihre Kunst online mit Hilfe von Livestreams unters Volk. (Online gibt es zu Coronazeiten übrigens nicht nur Livestreams voller Kultur und spannender Gespräche, sondern sogar Partys. DJ-Set inklusive.) Auch ich bin vom Veranstaltungsverbot während Corona betroffen und musste die Lesereise zu meinem vierten Roman abbrechen. Im Mai 2020 wurde eine sehr kreative Lösung an mich herangetragen: eine Lesung im Autokino! Die Gäste bekamen mich auf Leinwand zu sehen, der Sound kam übers Autoradio. Als Applaus am Ende bekam ich wildes Gehupe! Es war herrlich.

Noch ein Beispiel? Wir haben uns ja inzwischen alle irgendwie ans Maskentragen während der Pandemie gewöhnt. Die 21-jährige US-Amerikanerin Ashley Lawrence hat jedoch früh begriffen, dass das Tragen von Mund-Nasen-Masken für eine ganz bestimmte Gruppe eine echte Schwierigkeit darstellen wird: für Gehörlose, die zur Kommunikation darauf angewiesen sind, die Lippenbewegungen ihres Gegenübers sehen zu können. Die Lösung: Lawrence wird aktiv und macht eigene Masken. Diese bestehen teils aus Stoff, teils aus Folie, sodass der Mund sichtbar bleibt. Bald darauf sah ich dann auch die ersten Menschen mit Kunststoff-Visier herumlaufen. So behielten sie ihre »Tröpfchen« für sich, aber ihre kompletten Gesichter blieben sichtbar. Ich mag diese Visiere, einerseits, weil sie mich an Kostümteile aus Science-Fiction-Filmen erinnern, und andererseits, weil sie eine clevere Alternative zu Mund-Nasen-Masken sind.

Auch Großbritannien ist hart von den Auswirkungen der Krise getroffen, das Gesundheitssystem ächzt. Der 99-jährige Tom Moore möchte dem medizinischen Personal und den Pflegekräften seinen Dank ausdrücken. Er will einen Spendenaufruf starten. Doch wie kann er Aufmerksamkeit generieren? Die Lösung: mit einem Spendenlauf der besonderen Art. Der Weltkriegsveteran ist mit seinen fast hundert Jahren nicht mehr ganz so gut zu Fuß – und er darf wegen der Pandemie nicht vor die Tür. Also schreitet er mit seinem Rollator 25-Meter-Bahnen in seinem Garten ab, in der Hoffnung, tausend Pfund an den britischen Gesundheitsdienst spenden zu können. Die Aktion gefiel seinen Landsleuten; insgesamt hat er knapp 33 Millionen Pfund gesammelt.

Dass Krisen Kreativität freisetzen, wissen wir also. Das Sprichwort »Not macht erfinderisch« ist steinalt. Die Frage, die ich im Kontext dieses Buches jedoch spannend finde, ist: *Wieso* macht Not erfinderisch? Und dann natürlich: Wie können wir die kreative Energie, die während besonders schwieriger Phasen entsteht, auch in ruhigeren Zeiten freisetzen?

Die Antwort auf Frage Nummer eins ist im Grunde ganz einfach, denn die meisten Punkte haben wir bereits in früheren Kapiteln angerissen.

Erstens – Wir wissen, dass Kreativität immer mit Problemlösung zu tun hat. Und je dringlicher ein Problem ist, desto engagierter suchen wir nach Lösungen. Während einer Krise ist alles ziemlich dringend. Zudem erlegt sie uns Beschränkungen auf – und die stacheln unseren Geist, wie wir ebenfalls bereits erörtert haben, zu echten Glanzleistungen an.

Zweitens – Wir haben uns mit der Tatsache auseinandergesetzt, dass das Dringende manchmal mit dem Wichtigen konkurriert. Oft befassen wir uns mit vielen kleinen wenig wichtigen, dafür aber dringenden Dingen (E-Mails!), statt die wichtigen Aufgaben zu erledigen, die jedoch nicht so dringlich sind. (Buch schreiben! Bild malen! usw.) Wer den Ausweg aus einer Krise sucht, hat dieses Problem nicht. Das Dringende und das Wichtige sind dasselbe!

Drittens – Erinnerst du dich noch an unsere wankelmütige Freundin Motivation? Sich dauerhaft zu motivieren ist für viele von uns ein Problem. Es sei denn, wir befinden uns in einer Krise. Sie zu lösen, ist dringlich. Vielleicht geht es sogar um unser (finanzielles, emotionales oder tatsächliches) Überleben. Wir sind ganz automatisch motiviert. Zudem fühlt es sich gut an, etwas tun zu können, weil wir uns so weniger hilflos fühlen.

Viertens – Blockaden sind kein so großes Thema mehr. Wer um das Überleben seines Businesses kämpft, an einem Impfstoff forscht oder andere sehr dringende Probleme löst, hat viel weniger mit Blockaden zu kämpfen als jemand, der alle Zeit der Welt hat oder für den wenig von der Lösung des Problems abhängt.

Fünftens – Routinen werden unterbrochen. Und das setzt Potenziale frei. Ja, ich bin ein Fan von Routinen, weil sie uns helfen, konzentriert und produktiv zu arbeiten. Aber es ist unbestreitbar, dass wir hin und wieder auch aus ihnen ausbrechen müssen. Krisen nehmen uns diesen Ausbruch ab und katapultieren uns ganz automatisch weit aus unserer Komfortzone heraus.

Und sechstens – Krisen stellen uns vor Probleme, die einerseits neu, andererseits klar definiert sind. Wir sind gezwungen, neue Lösungsansätze zu versuchen, und gleichzeitig gibt es keinerlei Unklarheiten darüber, was das Ziel ist. Bei globalen Krisen wie einer Pandemie verbinden sich noch dazu alle möglichen Potenziale, weil sich sehr viele verschiedene Menschen fragen, was sie mit ihren ganz spezifischen Talenten beitragen können. So kann es passieren, dass sie gemeinsam etwas nie Dagewesenes kreieren.

Davon können wir auch in weniger dramatischen Zeiten profitieren. Wir können die kreativen Probleme, denen wir uns widmen, genau definieren und so dafür sorgen, dass Klarheit herrscht. Wir können lernen, zwischen Wichtigem und Dringendem zu unterscheiden. Wir können uns immer wieder klarmachen, warum wir tun, was wir tun, und weshalb es so wichtig ist, um motiviert zu bleiben. Und wir können immer mal wieder aus unseren Routinen ausbrechen, um die Dinge von einem anderen Blickwinkel aus zu betrachten.

Ich bin die Letzte, die die Krisen, mit denen wir konfrontiert sind, schönreden möchte. Aber während der aktuellen Pandemie stoße ich immer wieder auf Ideen, die mich faszinieren oder berühren. Der hundertjährige Brite, der mit seiner Gehhilfe Spenden sammelte, wird mir sicher noch lange im Gedächtnis bleiben. Er demonstrierte nämlich das wichtigste kreative Prinzip überhaupt: Gute Ideen müssen nicht kompliziert sein. Das Wichtigste ist, sie umzusetzen.

Was ich während dieser globalen, aber auch während manch ganz persönlicher Krise gelernt habe, ist Folgendes. Kreativität kann uns auf doppelte Art aus der Patsche helfen. Zum einen kann sie uns ganz pragmatisch dabei helfen, gut – oder zumindest: besser – durch eine Krise zu kommen. (Wir haben z. B. Aufträge verloren und werden kreativ, um neue Betätigungsfelder aufzutun.) Und dann kann sie uns auch dabei helfen, emotional besser mit den Auswirkungen einer Krise fertigzuwerden. (Es geht uns nicht gut, wir haben finanzielle Sorgen, weil wir Aufträge verloren haben, und es anstrengend ist, neue Betätigungsfelder zu finden. Aber wenn wir malen, kochen, gärtnern, backen, töpfern, schreiben, vergessen wir unsere Sorgen zumindest für Momente und werden etwas von dem Druck los, der auf uns lastet.)
Es ist schon fast ein Klischee, aber es ist nun einmal

wahr: Kreativer Ausdruck kann etwas sehr Therapeutisches haben. Natürlich ist therapeutische Hilfe bei ernsthaften Problemen unerlässlich. Aber ich glaube, dass wir vieles selbst verarbeiten können, wenn wir erst einmal unseren kreativen Kanal gefunden haben. Bei mir ist es das Schreiben. Aber was genau es ist, spielt keine Rolle. Hauptsache, wir haben ein Ventil.

Wenn wir uns ausdrücken, hilft uns das, Dinge festzuhalten, sie einzuordnen – und sie letztlich auch besser zu überblicken. Wenn wir etwas beispielsweise auf die Leinwand bringen, das zuvor nur in unserem Kopf war und das wir vielleicht gar nicht bewusst wahrgenommen haben, dann können wir im wahrsten Sinne des Wortes einen Schritt zurücktreten und das Ganze von außen betrachten.

Das Therapeutische daran liegt meist gar nicht in unserer Absicht. Ich jedenfalls habe noch nie bewusst einen Text geschrieben, um etwas zu verarbeiten. Ich schreibe normalerweise Fiktion, und klassisches Tagebuchschreiben habe ich noch nie länger als ein paar Wochen durchgehalten. Es gibt mir gar nichts. Und dennoch hat Schreiben etwas Kathartisches und Therapeutisches für mich. Ich fühle mich gut und ausgeglichen, wenn ich regelmäßig schreibe. Wenn ich mich für zu lange Zeit vom Schreibtisch entferne, werde ich unruhig. Es ist, als würde ich an den Rändern ausfransen. Druck baut sich in meinem Inneren auf wie bei einer Dampfmaschine. Mir fehlt dann mein Ventil.

Bei dir ist es vielleicht nicht das Schreiben, sondern etwas völlig anderes. Vielleicht gehst du raus in die Natur, suchst schöne Blüten, presst und sammelst sie. Vielleicht spielst du Cello. Oder Schlagzeug. Oder die singende Säge. (Ich bin fasziniert von der singenden Säge. Wenn du mal Langeweile hast, gib »singende Säge« bei YouTube ein. Großartig!) Womöglich gehörst du auch zu den Leuten, die gut stricken können und die ich häufig in Zügen beobachte und bewundere, weil sie dabei so entspannt aussehen.

Was es auch ist: Wenn du mir ähnelst, dann fühlt es sich gut an, wenn du es tust, und es fehlt dir, wenn du es vernachlässigst. Ob wir das so nennen wollen oder nicht, diese Tätigkeiten haben etwas Therapeutisches.

Um von dieser Wirkung profitieren zu können, müssen wir gar nichts über Psychologie, Kunsttherapie oder dergleichen wissen. Wir müssen lediglich kreieren. Einfach der Idee, die wir hatten, folgen. Einfach schauen, was daraus wird. Wie ein Archäologe, der eine Fossilie findet und sie Stück für Stück vorsichtig freilegt, um herauszufinden, womit er es eigentlich zu tun hat. Wir können unserer Kreativität vertrauen und werden letztlich häufig überrascht sein von dem, was wir erschaffen. Ich weiß selbst nicht so recht, wie das funktioniert, aber häufig sind unsere Werke klüger als wir. Um es mit Queen zu sagen: *It's a kind of magic.*

Kreativität ist die Fähigkeit in uns, die Zauberei am nächsten kommt. Mit dieser Fähigkeit können wir die Welt verbessern, verschönern. Nicht nur berühmte Künstlerinnen oder geniale Erfinder. Wir alle.

Der Schmetterlingseffekt besagt, dass der Flügelschlag eines Schmetterlings in Brasilien einen Tornado in Texas auslösen kann. Ich glaube, dass es mit den Dingen, die wir erschaffen – ob groß, ob klein, ob einfach oder komplex –, genauso ist.

Ein kreativer Akt kann die Welt verändern. Unsere eigene, die unserer Liebsten – und die Welt da draußen.

Nachwort

Ich habe im Laufe meines Lebens viele Bücher über kreative Menschen gelesen. Sie faszinieren mich einfach.

Während ich dieses Buch hier geschrieben habe, fiel mir auch eine ganz besondere Künstlerin wieder ein, von der ich vor vielen, vielen Jahren zum ersten Mal gehört hatte: Florence Foster Jenkins. Ich hatte ihre Geschichte nicht mehr ganz genau im Kopf und las sie daher nach. Und stellte fest, dass es inzwischen auch einen ganz tollen Film über sie gibt – mit Meryl Streep!

Tatsächlich ist FFJs kreative Biografie eine, die mich bei der Lektüre ganz besonders berührt hat. Florence Foster Jenkins war eine reiche New Yorkerin, Jahrgang 1868. Sie liebte die Oper – und sie sang furchtbar gerne. Sie war das, was wir heute eine Society-Lady nennen würden, keine Opernsängerin. Aber sie hielt sich für eine.

Und da sie sehr reich und dementsprechend privilegiert war, war sie in der Lage, in großen Sälen aufzutreten und sogar Platten aufzunehmen. Die Aufnahmen sind erhalten, und als ich sie mir zum ersten Mal anhörte, war ich fassungslos.

Florence Foster Jenkins singt in etwa wie ich: extrem enthusiastisch – und ohne auch nur einen einzigen Ton zu treffen.

Viele machten sich über sie lustig. Eine Sängerin, die nicht singen kann! Was für eine Lachnummer!

Die Antwort, die sie ihren Kritikerinnen und Kritikern gab, ist allerdings Weltklasse.

»People may say I can't sing. But no one can ever say I didn't sing!«

(»Die Leute können vielleicht behaupten, dass ich nicht singen kann, aber niemand kann behaupten, dass ich nicht gesungen hätte.«)

Am Ende des Tages kommt es nur darauf an: aufs Machen und auf die Freude daran.

Danke!

Ein Buch entsteht, indem sehr viele kreative Menschen zusammenarbeiten. Und dann steht am Ende doch nur ein einziger Name drauf. Eigentlich ungerecht. Daher möchte ich mich an dieser Stelle ganz herzlich bei meiner großartigen (und sehr kreativen) Lektorin und Verlegerin Regina Kammerer, bei Illustratorin Inka Hagen und allen anderen bei btb und bei Random House bedanken, die an diesem Buch mitgearbeitet haben – oder die dafür sorgen, dass es seinen Weg in die Buchhandlungen und in die richtigen Hände findet.

Vielen Dank auch an copywrite, meine Literaturagentur, für die Unterstützung – insbesondere an Georg Simader und Felix Rudloff.

Danke an die vielen kreativen Köpfe im Buchhandel, die – Krise hin oder her – immer wieder neue Wege finden, Menschen für Bücher zu begeistern. Schön, dass es euch gibt.

Ein extra großes Dankeschön geht wie immer an meine Familie und an J., meinen *partner in creativity*.

Und natürlich an all die wunderbaren Menschen in meinem Umfeld, die dieses Buch inspiriert haben – vor allem an Laura Kampf, Alexandra Fazan, Bisrat Negassi, Marianna Déri, Frank Berzbach, Anne Siegel, Nicole Staudinger. Und an Sonia Fontana, die mir vor vielen, vielen Jahren Julia Camerons »Der Weg des Künstlers« geschenkt und damit alles verändert hat. (Schmetterlings-effekt.)

Melanie Raabe, Juli 2020

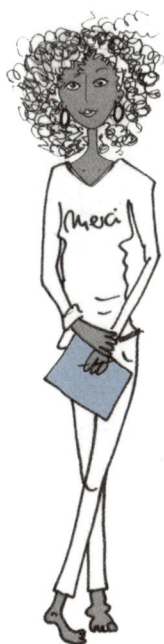

Quellen

Vorwort

King, Stephen: On Writing – A Memoir of the Craft.
London: Hodder & Stoughton, 2000.

Raabe & Kampf
https://anchor.fm/raabeundkampf

Kapitel 1

Laurence, Rebecca: 40 years on from the party where hip hop
was born
https://www.bbc.com/culture/article/20130809-the-party-where-
hip-hop-was-born

Sophia Schirmer, Constanze Kainz und Paul Blickle: Am Anfang
saß ein Mädchen auf der Straße
https://www.zeit.de/campus/2019-08/greta-thunberg-klima-
schutz-aktivistin-fridays-for-future

Zaria Talley: How Beyoncé Made People Listen to Full Albums
Again
https://www.theodysseyonline.com/beyonce-people-listen-full-
albums

Berzbach, Frank: Die Kunst, ein kreatives Leben zu führen.
Mainz: Verlag Hermann Schmidt, 2013.

Enayati, Amanda: A creative life is a healthy life https://edition.
cnn.com/2012/05/25/health/enayati-innovation-passion-stress/
index.html

Stahl, Ashley: Here's How Creativity Actually Improves Your
Health
https://www.forbes.com/sites/ashleystahl/2018/07/25/heres-how-
creativity-actually-improves-your-health/

Wolin, Steven J., M.D., Wolin, Sybil, Ph.D.: The Resilient Self –
How Survivors of Troubled Families Rise Above Adversity.
New York: Random House, 1993.

Prescott, Margaret V., Sekendur Banu, Bailey, Bryce und
Hoshino, Janice: Art Making as a Component and Facilitator of
Resiliency With Homeless Youth
https://files.eric.ed.gov/fulltext/EJ825771.pdf

Mandela, Nelson: Der lange Weg zur Freiheit.
Frankfurt am Main: Fischer Taschenbuch Verlag, 1997.

Poff, Jon-Michael: 19 Unbelievable But True Stories People
Shared That, TBH, I'm Still Having Trouble Believing
https://www.buzzfeed.com/jonmichaelpoff/unbelievable-true-
stories

Levine, Nick: 10 amazing real-life Bill Murray stories that prove
the man's a total legend
https://www.nme.com/blogs/nme-blogs/10-amazing-bill-murray-
stories-that-prove-hes-a-total-legend-4082

Wynne-Jones, Jonathan: Bill Murray turns fiction into fact
https://www.telegraph.co.uk/news/uknews/1531473/Bill-
Murray-turns-fiction-into-fact.html

Bill-Murray-Story
https://www.billmurraystory.com

Wallace, Danny: Random Acts of Kindness: 365 Ways To Make the World A Nicer Place.
London: Ebury, 2004.

Kapitel 2

ElizabethGilbert.com: Podcast »Ep. 207: ›Living the Dream and Facing the Nightmare‹ featuring Neil Gaiman«
https://www.elizabethgilbert.com/magic-lessons/

Kapitel 3

Chabris, Christopher und Simons, Daniel: Der unsichtbare Gorilla – Wie unser Hirn sich täuschen lässt.
München: Piper, 2011.

Eagleman, David und Brandt, Anthony: Kreativität – Wie unser Denken die Welt immer wieder neu erschafft.
München: Siedler Verlag, 2018.

Johansson, Frans: Der Medici-Effekt – Wie Innovation entsteht.
Kulmbach: Plassen Verlag, 2018.

Hermes, Will: The Story of 4'33
https://www.npr.org/2000/05/08/1073885/4-33

Saunders, George: Fuchs 8.
München: Luchterhand Literaturverlag, 2019.

Gladwell, Malcolm: Outliers: The Story of Success.
New York: Little, Brown and Company, 2008.

Fuentes, Carlos: Rettungsleine zur Welt
https://www.spiegel.de/spiegel/print/d-9206907.html

Hesse, María: Frida Kahlo – eine Biografie.
Berlin: Insel Verlag, 2018.

Lu, Jennifer: How a parasitic fungus turns ants into »zombies«
https://www.nationalgeographic.com/animals/2019/04/cordy-
ceps-zombie-fungus-takes-over-ants/

Raabe, Melanie: Die Falle.
München: btb Verlag, 2015.

Bertrand, Natasha: »Fifty Shades of Grey« started out as »Twilight' fan fiction before becoming an international phenomenon
https://www.businessinsider.com/fifty-shades-of-grey-started-as-
twilight-fan-fiction-2015-6?r=DE&IR=T

Cuccinello, Hayley C.: Fifty Shades Of Green: How Fanfiction
Went From Dirty Little Secret To Money Machine
https://www.forbes.com/sites/hayleycuccinello/2017/02/10/fifty-
shades-of-green-how-fanfiction-went-from-dirty-little-secret-to-
money-machine/#2a62ad0264cf

Rowley, Glenn: Find Out Which Songs Inspired Billie Eilish's
»When We All Fall Asleep, Where Do We Go?«
https://www.billboard.com/articles/columns/pop/9343498/
billie-eilish-album-inspiration-playlists

Burroughs, Augusten: William Eggleston, the Pioneer of Color
Photography
https://www.nytimes.com/2016/10/17/t-magazine/william-eggles-
ton-photographer-interview-augusten-burroughs.html

Cameron, Julia: Der Weg des Künstlers – Ein spiritueller Pfad
zur Aktivierung unserer Kreativität.
München: Droemersche Verlagsanstalt, 2000.

Abramović, Marina: Durch Mauern gehen.
München: Luchterhand Literaturverlag, 2016.

McGonigal, Kelly: The Willpower Instinct – How Self-Control Works, Why It Matters, and What You Can Do to Get More of It.
New York: Avery, 2013.

Duhigg, Charles: Die Macht der Gewohnheit – Warum wir tun, was wir tun.
München: Piper, 2014.

Gaiman, Neil: The View from the Cheap Seats – Selected Non-fiction.
New York: HarperCollins, 2016.

Foundation for the Study of Highly Sensitive Persons:
The Highly Sensitive Person
https://hsperson.com

Rosen, Jody: The American Revolutionary
https://www.nytimes.com/interactive/2015/07/08/t-magazine/hamilton-lin-manuel-miranda-roots-sondheim.html

Singer, Olivia: Rei Kawakubo ist die Grenzgängerin, die die Mode braucht
https://www.vogue.de/mode/artikel/rei-kawakubo

Socha, Miles: Rei Kawakubo: Exclusive Q&A
https://wwd.com/fashion-news/fashion-features/rei-kawakubo-qa-6486260/

Thomas, Sean: Portraits of a serial killer?
https://www.theguardian.com/artanddesign/2005/jan/12/art

Millington, Allison: Mark Wahlberg just shared the details of his daily routine, which involves a 2:30 a.m. start, 2 workouts, and cryotherapy — but it doesn't add up
https://www.insider.com/mark-wahlberg-daily-routine-includes-two-workouts-2018-9

Ferriss, Tim: Die 4-Stunden-Woche.
Berlin: Ullstein Taschenbuch, 2011.

Ferriss, Tim: »Productivity« Tricks for the Neurotic, Manic-
Depressive, and Crazy (Like Me)
https://tim.blog/2013/11/03/productivity-hacks/

NPR Author Interviews: Grant Achatz: The Chef Who Lost His
Sense Of Taste
https://www.npr.org/2011/03/03/134195812/grant-achatz-the-
chef-who-lost-his-sense-of-taste

Solomon, Andrew: Cancer & Creativity: One Chef's True Story
https://www.foodandwine.com/news/cancer-and-creativity-one-
chefs-true-story

Staudinger, Nicole: Stehaufqueen – Die Herausforderungen des
Lebens majestätisch meistern.
München: Knaur, 2018.

Exkurs: Ein Zustand namens Flow und wie man ihn kultiviert

Csikszentmihalyi, Mihaly: Flow und Kreativität – Wie Sie Ihre
Grenzen überwinden und das Unmögliche schaffen.
Stuttgart: Klett-Cotta, 1997.

Kapitel 4

Copeland, Misty: Life In Motion – An Unlikely Ballerina.
New York: Touchstone, 2014.

Kornhaber, Spencer: When the Biggest Rapper in the World Gets
Booed Off Stage
https://www.theatlantic.com/entertainment/archive/2019/11/
drake-booed-off-stage-camp-flog-gnaw-carnival-why/601765/

Gutefrage.net: Gibt es Länder, in denen es keine Spinnen gibt?
https://www.gutefrage.net/frage/gibt-es-laender-in-denen-es-
keine-spinnen-gibt-oo

Obama, Michelle: Becoming – Meine Geschichte.
München: Goldmann, 2018.

Palmer, Amanda: The Art of Asking or How I Learned to Stop
Worrying and Let People Help.
New York: Grand Central Publishing, 2014.

Exkurs: Wieso Introvertierte anders ticken, und was du wissen solltest, falls du zu ihnen gehörst

Cain, Susan: Still – Die Kraft der Introvertierten.
München: Goldmann, 2013.

TED-Talk – Susan Cain: Die Macht der Introvertierten
https://www.ted.com/talks/susan_cain_the_power_of_
introverts?language=de

Kapitel 5

Jones, Chuck: Chuck Amuck – The Life and Time of an
Animated Cartoonist.
New York: Farrar Straus & Giroux, 1999.

The Red Hand Files
https://www.theredhandfiles.com

Heath, Chris: The Love and Terror of Nick Cave
https://www.gq.com/story/the-love-and-terror-of-nick-cave

Contrera, Jessica: YouTube celebrity Casey Neistat is ending his
daily vlog
https://www.washingtonpost.com/news/arts-and-entertainment/

wp/2016/11/20/youtube-celebrity-casey-neistat-is-ending-his-daily-vlog/

Die besten TED-Talks zum Thema Kreativität für deine Mittagspause

Elizabeth Gilbert: Your Elusive Creative Genius / Ihr scheues kreatives Genie
https://www.ted.com/talks/elizabeth_gilbert_your_elusive_creative_genius?language=de

David Kelley: How to Build Your Creative Confidence / Wie man kreatives Selbstvertrauen aufbaut
https://www.ted.com/talks/david_kelley_how_to_build_your_creative_confidence?language=de

Brene Brown: The Power of Vulnerability / Die Macht der Verletzlichkeit
https://www.ted.com/talks/brene_brown_the_power_of_vulnerability?language=de

Shonda Rhimes: My Year of Saying Yes to Everything / Ein Jahr lang beschloss ich, immer »ja« zu sagen
https://www.ted.com/talks/shonda_rhimes_my_year_of_saying_yes_to_everything/transcript?language=de

Amanda Palmer: The Art of Asking / Die Kunst des Bittens
https://www.ted.com/talks/amanda_palmer_the_art_of_asking?language=de

Apollo Robbins: The Art of Misdirection / Die Kunst der Täuschung
https://www.ted.com/talks/apollo_robbins_the_art_of_misdirection?language=de

Kapitel 6

O'Mahony, John: When Less Means More
https://www.theguardian.com/education/2001/nov/24/arts.high-
ereducation1

Kapitel 7

Guardian.com, Barnett, Laura: If it wasn't for Hedy Lamarr, we
wouldn't have Wi-Fi
https://www.theguardian.com/theguardian/shortcuts/2011/
dec/04/hedy-lamarr-wifi

Welt.de, Dippold, Katharina: Hedy Lamarrs Intellekt wurde nie
anerkannt
https://www.welt.de/icon/iconista/article180716166/Verkanntes-
Technik-Genie-Hedy-Lamarrs-Intellekt-wurde-nie-anerkannt.
html

Smithsonian.com, Wei-Haas, Maya: The True Story of »Hidden Figures«, the Forgotten Women Who Helped Win the Space
Race
https://www.smithsonianmag.com/history/forgotten-black-
women-mathematicians-who-helped-win-wars-and-send-
astronauts-space-180960393/

Essence.com, Mesidor, Sean: Black Girl Magic History: 8 Facts
You Should Know About The Real »Hidden Figures«
https://www.essence.com/holidays/black-history-month/hidden-
figures-facts/

Gunkel, Christoph: Zieh!
https://www.spiegel.de/geschichte/erfindung-des-rollkoffers-
a-947400.html

Vaičiulaitytė, Giedrė: 100 Genius Solutions To Everyday Problems You Didn't Know Existed
https://www.boredpanda.com/creative-solutions-everyday-problems/utm_source=google&utm_medium=organic&utm_campaign=organic

AwesomeInventions: These Innovative Ideas Are Beyond Awesome
https://www.awesomeinventions.com/innovative-ideas/

Nuru, Sara mit Borufka, Sarah: Roots.
München: Goldmann Verlag, 2019.

Endres, Alexandra: Banker der Armen
https://www.zeit.de/online/2006/42/Friedensnobelpreis-Yunus

Schieferdecker, Daniel: Einfach mal Mäzen werden
https://www.zeit.de/kultur/musik/2020-05/patreon-musiker-crowdfunding-corona

Tate: Olafur Eliasson and Minik Rosing Ice Watch
https://www.tate.org.uk/whats-on/tate-modern/exhibition/olafur-eliasson-and-minik-rosing-ice-watch

Coyne, Marley: This See-Through Mask Lets The Deaf Communicate While Staying Safe
https://www.forbes.com/sites/marleycoyne/2020/04/04/this-see-through-mask-lets-the-deaf-communicate-while-staying-safe/#743b33695257

BBC News: Captain Tom Moore raises nearly £33m as NHS appeal closes
https://www.bbc.com/news/uk-england-beds-bucks-herts-52498156

Boyes, Alice: Why Are People More Creative in a Crisis?
https://www.psychologytoday.com/us/blog/in-practice/202003/why-are-people-more-creative-in-crisis

Deutscher Wetterdienst: Chaostheorie – Teil 1: Der Schmetterlingseffekt
https://www.dwd.de/DE/wetter/thema_des_tages/2020/6/8.html

Nachwort

Deutschlandfunk.de, Goege, Hartmut: Florence Foster Jenkins:
Sie traf keinen Ton
https://www.deutschlandfunk.de/vor-75-jahren-in-der-carnegie-
hall-florence-foster-jenkins.871.de.html?dram:article_id=461611

Inhalt

Sollte diese Publikation Links auf Websiten Dritter enthalten,
so übernehmen wir für deren Inhalte keine Haftung,
da wir uns diese nicht zu eigen machen, sondern lediglich auf
deren Stand zum Zeitpunkt der Erstveröffentlichung verweisen.

 Dieses Buch ist auch als E-Book erhältlich.

MIX
Papier aus verantwor-
tungsvollen Quellen
FSC
www.fsc.org
FSC® C083411

Penguin Random House Verlagsgruppe FSC® N001967

1. Auflage
Copyright © 2020 by btb Verlag
in der Penguin Random House Verlagsgruppe GmbH,
Neumarkterstraße 28, 81673 München
Covergestaltung: semper smile, München
Umschlagbild: Arcangel Images (477787)
Illustrationen: Inka Hagen, www.inkahagen.de
Satz: Uhl + Massopust, Aalen
Druck und Einband: CPI books GmbH, Leck
Printed in Germany
ISBN 978-3-442-75892-0
www.btb-verlag.de

www.facebook.com/btbverlag

Raabe & Kampf
– der Podcast

Raabe & Kampf ist der Podcast
von Melanie Raabe und Laura Kampf –
und war Initialzündung für

»KREATIVITÄT –
Wie sie uns mutiger, glücklicher
und stärker macht«.

Raabe & Kampf kommen aus dem gleichen Dorf,
haben dieselbe Schule besucht und sind seit
vielen Jahren befreundet. Inzwischen ist Melanie
Raabe Bestsellerautorin – und Laura Kampf
Künstlerin, Designerin und Makerin mit
derzeit über 500.000 Abonnentinnen und
Abonnenten auf Youtube.
In ihrem gemeinsamen Podcast machen Melanie
Raabe und Laura Kampf das, was sie ohnehin
ständig tun: Sie sprechen einmal wöchentlich
bei Kaffee oder Kölsch über Kunst, Kreativität
und alles, was sie inspiriert.